PLAN DE INVERSIONES

PLANEAMIENTO ESTRATÉGICO DE INVERSIONES

IMPLEMENTACIÓN DE PROYECTOS DE INVERSIÓN DESTINADO A LA DEFENSA, AL APOYO A LOS DESASTRES NATURALES, AL DESARROLLO NACIONAL Y APLICABLE A OTROS SECTORES DE LA GESTIÓN PÚBLICA Y ENTIDADES DEL ESTADO

PLAN DE INVERSIONES

PLANEAMIENTO ESTRATÉGICO DE INVERSIONES

IMPLEMENTACIÓN DE PROYECTOS DE INVERSIÓN DESTINADO A LA DEFENSA, AL APOYO A LOS DESASTRES NATURALES, AL DESARROLLO NACIONAL Y APLICABLE A OTROS SECTORES DE LA GESTIÓN PÚBLICA Y ENTIDADES DEL ESTADO

AUTOR / EDITOR
GUIOVANI GASTAÑAGA ALVAREZ
Avenida Prolongación Paseo la República 7719 Dpto 402 Santiago de Surco Lima – Perú.
e – mail:
guigasalva@gmail.com ; materialdeguerra2011@hotmail.com
Teléfono: +511-998462606 - +0511-4919417
Primera edición 2020
ISBN: 978-612-00-5280-8

"Falso y carente de ambiciones es aquel hombre que en su vida cotidiana pregona y pide a todo el mundo que no quiere tener problemas.

*Ésta falacia de la vida del hombre que rehúye de los problemas, solo es la manifestación del refugio de la *incapacidad o debilidad con deseos utópicos, para enfrentar o escapar de la realidad que la vida nos entrega todos los días.*

Hombre que no tiene problemas no es hombre, porque el problema en realidad es el incentivo que se recibe día a día para poder hacer funcionar la maquinaria pensante y racional que Dios y la naturaleza nos ha dado, con la finalidad de poder encontrar el camino de la solución; en consecuencia, sin problemas la vida no tendría sentido".

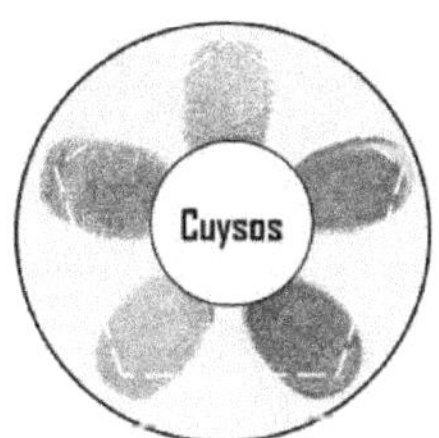

Guiovani Gastañaga Alvarez

ÍNDICE

CAPITULO IV

ESTRUCTURA CRONOLÓGICA DEL PLAN DE INVERSIONES

CAPITULO V

LINEAMIENTOS DEL DISEÑO DEL PLAN DE INVERSIONES

CAPITULO VI

PROSPECTIVA PARA LAS INVERSIONES

ÍNDICE DE TABLAS:

ÍNDICE DE FIGURAS:

INTRODUCCIÓN

En el libro *LA ESTRATEGIA DE COMPRA – Implementación de Proyectos de Inversión destinado a la Defensa, al apoyo a los desastres naturales y al Desarrollo Nacional* se visualizó como una guía de conocimiento para todos aquellos altos funcionarios que ocupen cargos en distintos niveles del gobierno y que en especial puedan laborar en la cartera del sector Defensa de un determinado país, del mismo modo para todo funcionario público de los diferentes gobiernos locales y regionales, profesional y población en general que quieran conocer más de cerca el mundo de las compras de equipamiento destinado a la Defensa Nacional que por su naturaleza multirol o multipropósito también son empleados en otros Roles Fundamentales que la Constitución establece, también a esta situación involucra la implementación de toda infraestructura que se pueda relación al campo militar.

Es necesario mencionar que la implementación de inversiones de equipamiento destinado a la defensa, por lo general ante la opinión pública y diversos sectores, generan una percepción negativa con hechos cuestionables porque consideran que sus procedimientos de compra evidencian intereses subalternos con altos índice de corrupción, donde el gobierno de turno, aprovechando su periodo de funciones, dan viabilidad a este tipo de procedimientos sin que exista muchas veces un planeamiento estratégico respectivo; percepción que se sustenta porque la adquisición de equipamiento militar demandan costos onerosos y que esos recursos financieros mejor hubieran sido orientados a la implementación de construcciones de obras o bienes relacionadas al carácter social, educativo, de desarrollo, etc.

Para lograr el éxito que permita implementar un Inversión (Proyecto de Inversión, Reposición, Optimización, Ampliación Marginal, Rehabilitación, una Asociación Público Privada o una Obra por Impuestos) que esté relacionado al sector Defensa demanda la necesidad de implementar una "*Estrategia de*

Compra", la misma que comprende el desarrollo de tres *"Líneas Directrices"* que se constituyen en las rutas por donde debe seguir una inversión desde su concepción como idea hasta la implementación física respectiva.

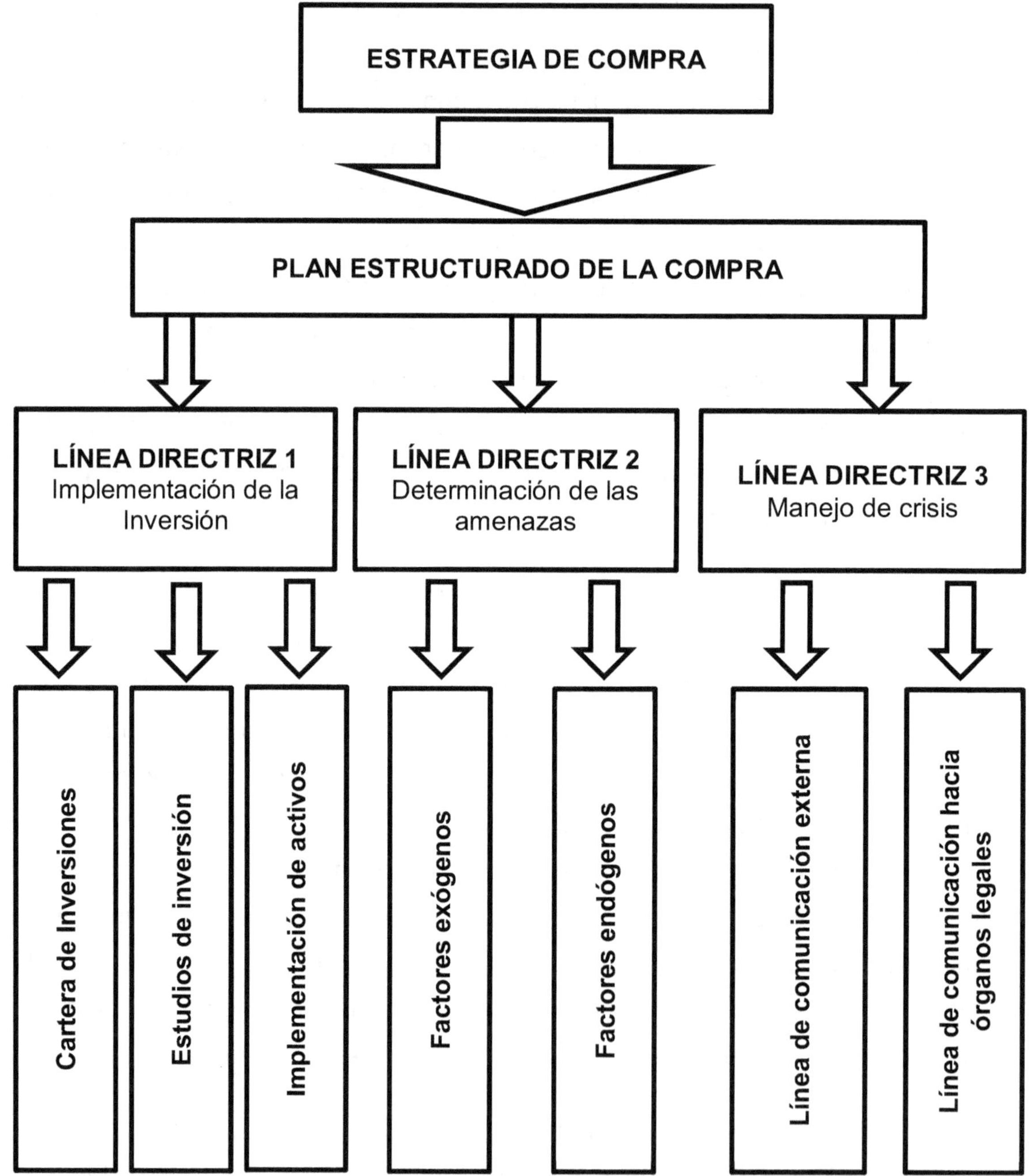

FIGURA 1. *Líneas Directrices de la Estrategia de Compra.*

Estas «Líneas Directrices» deben de sustentarse sobre la base tanto de las normas legales nacionales como internacionales que sean aplicables a este tipo de procedimiento, y convertirse en las columnas estructurales antisísmicas de cualquier procedimiento de compra. La primera «Línea Directriz» se refiere a la implementación de la inversión propiamente dicha; la segunda, a la determinación, identificación y neutralización de las amenazas; y la tercera, al manejo de crisis. Todas ellas se sustentan en factores de orden técnico, operativo, legal y tienen una influencia de carácter tanto exógeno como endógeno. Conjugados unos con otros permiten identificar el valor cuantitativo que puede existir entre las amenazas existentes respecto a las fortalezas que pueda tener una entidad u organización, para evaluar el costo beneficio, o el costo efectividad para decidir, en esencia, la factibilidad de éxito o fracaso de la consecución de una inversión con su consecuente adquisición, de un equipamiento militar o de la construcción de una obra relacionada a instalaciones militares.

La primera «Línea Directriz», que se relaciona a la «Implementación de la Inversión», se considera como punto inicial del desarrollo de la «Cartera de Inversiones», que en esencia viene a ser el «Plan de Inversiones», el mismo que debe estar estructurado cronológicamente en base a las posibilidades de financiamiento futuro que el sector defensa puedan disponer con una alta probabilidad de ser asignados sin que se tenga que afectar obligaciones permanentes y planes futuros relacionados a otros sectores del Estado de un país. Es pertinente indicar que la asignación de recursos para este tipo de intervenciones siempre serán decisiones políticas porque involucrarán aprobaciones del Ejecutivo y del Congreso de la República de acuerdo a sus alcances y prerrogativas.

TABLA 1

FASES DE PROCEDIMIENTO DE PLANEAMIENTO DEL PLAN

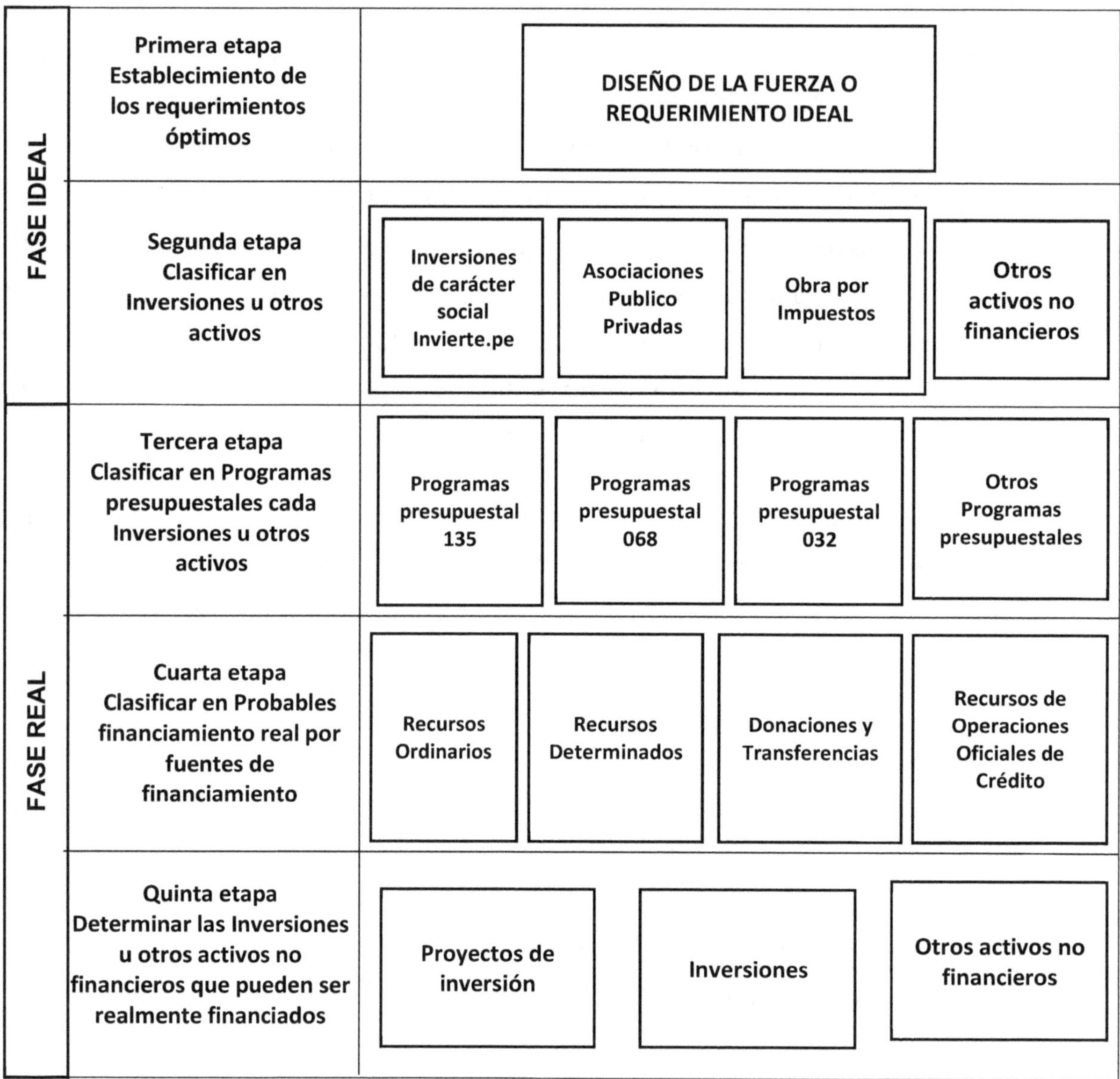

FASE IDEAL	Primera etapa Establecimiento de los requerimientos óptimos	DISEÑO DE LA FUERZA O REQUERIMIENTO IDEAL			
FASE IDEAL	Segunda etapa Clasificar en Inversiones u otros activos	Inversiones de carácter social Invierte.pe	Asociaciones Publico Privadas	Obra por Impuestos	Otros activos no financieros
FASE REAL	Tercera etapa Clasificar en Programas presupuestales cada Inversiones u otros activos	Programas presupuestal 135	Programas presupuestal 068	Programas presupuestal 032	Otros Programas presupuestales
FASE REAL	Cuarta etapa Clasificar en Probables financiamiento real por fuentes de financiamiento	Recursos Ordinarios	Recursos Determinados	Donaciones y Transferencias	Recursos de Operaciones Oficiales de Crédito
FASE REAL	Quinta etapa Determinar las Inversiones u otros activos no financieros que pueden ser realmente financiados	Proyectos de inversión	Inversiones	Otros activos no financieros	

El libro el «**Plan de Inversiones**» se constituye en una guía para realizar y desarrollar el "Planeamiento Estratégico de inversiones" que permita la implementación de proyectos de inversión destinada a la defensa, al apoyo a los desastres naturales, al desarrollo nacional. Es pertinente indicar que los procedimientos que se establece en este libro también pueden ser aplicables a otros sectores de la gestión pública y entidades del Estado, porque considero que son más adecuados para visualizar cómo la concepción de una organización ideal de lo que uno aspira en el futuro, luego del estudio de las Políticas Públicas, los Programas Presupuestales y las Fuentes de Financiamiento a través de una metodología planteada se aterrice en una posibilidad real de implementación.

El Plan de Inversiones, se constituye en la base fundamental del inicio de la implementación de un conjunto de inversiones que en el futuro permitan alcanzar un «Diseño de Fuerza» con las capacidades militares competentes en función a las posibilidades de financiamiento para cumplir con los Roles Fundamentales que establece la misión Constitucional de un País; por tanto, este plan se constituye en un programa en el cual se desarrollan de manera cronológica «Acciones Estratégicas» enmarcados dentro de "Ejes de Desarrollo Estratégicos (EDE)» o «Acciones Directrices Estratégicas (ADA)», bajo una metodológica que comprende una serie de pasos que se inician desde el diagnóstico de las brechas determinadas como producto del Diseño de la Fuerza, la clasificación en tipo y formas de inversión, las mismas que están encuadradas dentro de una «Pertinencia» y de una «Finalidad» a lo largo del tiempo, para concluir en el establecimiento de un Plan de Inversiones definitivo y redimensionado de acuerdo a las posibilidades de financiamiento para ser desarrollados en el Corto, Mediano y de un Largo Plazo (cercano inmediato, cercano mediato, contingente y prospectivo), que por la naturaleza de los «Activos Estratégicos- (Activos No Financieros) » que formarían parte del dimensionamiento físico de cada una de las inversiones el diseño de dicho Plan de Inversiones debería alcanzar a los cincuenta años.

Guiovani Gastañaga Alvarez

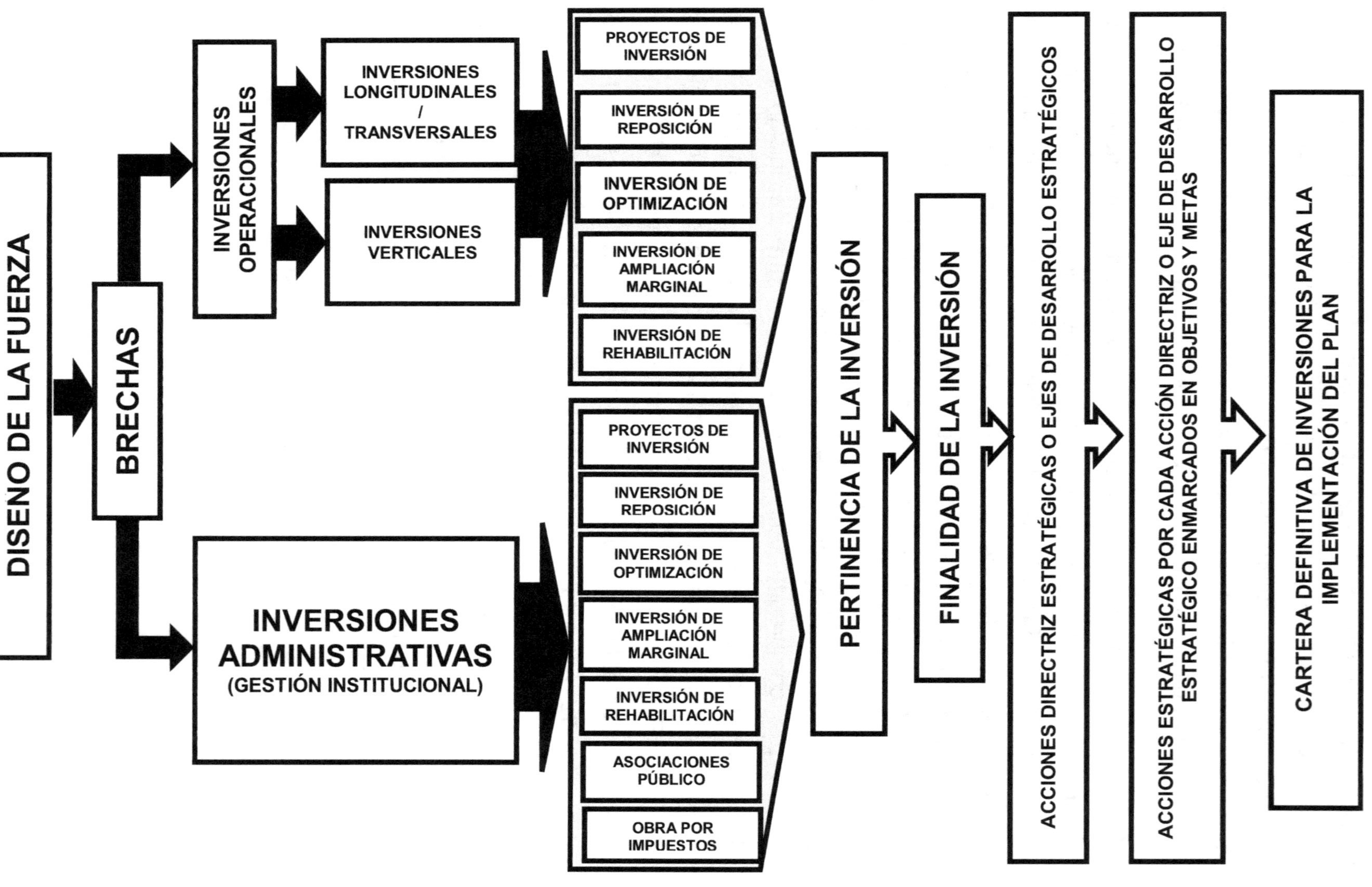

***FIGURA 2:** Esquema que sigue el desarrollo del Plan de Inversiones.*

CAPÍTULO I

PERTINENCIA DEL PLAN DE INVERSIONES

1.1 DEFINICIÓN Y ALCANCES DEL PLAN DE INVERSIONES

El Plan de Inversiones de activos no financieros destinado a la defensa, se constituye en un programa en el cual el sector Defensa en su conjunto o de manera institucional por cada Fuerza Armada desarrollan de manera cronológica distintos Ejes de Desarrollo Estratégicos (EDE) o Acciones Directrices Estratégicas (ADA) para implementar un conjunto de inversiones interrelacionadas entre sí ,y lograr un objetivo común de alcanzar "Capacidades Fundamentales" que les permitan de manera progresiva de acuerdo a la disponibilidad de recursos económicos ir respondiendo a los distintos Roles Constitucionales.

El desarrollo del Plan de Inversiones viene a constituirse en un proceso integral, organizado, detallado y personalizado, en el cual cada una de las Inversiones que se tengan que ejecutar se deben de encuadrar en políticas de Estado y en políticas públicas, las mismas que alineadas, según correspondan a cada rol constitucional, garanticen alcanzar los objetivos esperados y determinados, dentro de plazos cronológicos y del empleo de recursos asignados para su implementación.

La importancia del Plan de Inversiones radica en que permitirá tener un mapa de ruta que oriente el camino por donde se tendrá que seguir a través de los años nuestros objetivos, plazos y el establecimiento de las estrategias por adoptar la búsqueda del financiamiento económico respectivo. Considero que el Plan de Inversión debe ser estructurado en un plazo óptimo de unos cincuenta años:

> "...la planificación que todo Estado o país debería efectuar para la implementación de equipamiento destinado a la defensa debe ser sobre la base de una prospectiva de cincuenta años como promedio[1]..."

[1] *GASTAÑAGA ALVAREZ, Guiovani. Libro "La Estrategia de Compra – Proyectos de Inversión destinados a la Defensa, al apoyo de los desastres naturales y al Desarrollo Nacional". Primera edición, 2019.*

Del mismo modo, el periodo o también denominado plazos que contemple el Plan de Inversiones debe contener inversiones de corto plazo, mediano plazo, largo plazo cercano (inmediato y mediato), largo plazo contingente y un largo plazo prospectivo, cuyos parámetros estimados de duración en años se muestra en la siguiente tabla:

TABLA 2

PERÍODO DEL PROCESO DE DESARROLLO DEL PLAN O CARTERA DE INVERSIONES

<table>
<tr><th colspan="3">TIPO DE INVERSIONES SEGÚN SU PLAZO</th><th>DEL PUNTO CERO EN AÑOS PROMEDIO</th><th>INTERVALO EN AÑOS ENTRE PERIODOS</th></tr>
<tr><td colspan="3">Inversiones de Corto Plazo</td><td>2</td><td>2</td></tr>
<tr><td colspan="3">Inversiones de Mediano Plazo</td><td>5</td><td>3</td></tr>
<tr><td rowspan="4">Inversiones de Largo Plazo</td><td rowspan="2">Cercano</td><td>Inmediato</td><td>12</td><td>7</td></tr>
<tr><td>Mediato</td><td>20</td><td>8</td></tr>
<tr><td colspan="2">Contingente</td><td>40</td><td>20</td></tr>
<tr><td colspan="2">Prospectivo</td><td>50</td><td>10</td></tr>
</table>

NOTA: *El detalle de las consideraciones de los periodos que contemplen el Plan de Inversiones se desarrollará en capítulos siguientes.*
FUENTE: *Tabla 3 del Libro "La Estrategia de Compra" - página 39 - Primera edición, 2019.*

1.2 PERTINENCIA Y MARCO GENERAL DE UNA INVERSIÓN

La Pertinencia de la Inversión se define como la medida en que los objetivos de un proyecto de inversión son coherentes con las necesidades de los potenciales beneficiarios dentro de un contexto nacional, regional o local, y alineadas en especial a una política de Estado en la cual la intervención resolverá los problemas del sector defensa y de sus instituciones que la conforman.

Pertinencia se trata de un adjetivo que se refiere a lo perteneciente a algo o aquello que viene a propósito; en este sentido, cada Inversión que forme parte del Plan de Inversiones debe de tener un origen que se sustente sobre bases establecidas en todos o algunos de los siguientes aspectos:

a. Constitución Política del País,

b. Roles Constitucionales, en la que se asigne las funciones y misiones de las Fuerzas Armadas en su conjunto,

c. políticas de Estado,

d. políticas de Gobierno,

e. doctrina,

f. resoluciones institucionales, y

g. planes de operaciones de empleo de la organización para:

(1) Operaciones relacionadas a la Defensa de la Integridad y Soberanía provocada por otros Estados u organizaciones externas (frente externo).

(2) Operaciones relacionadas al Control Interno.

(3) Planes para empleo de la organización en apoyo al sistema de gestión de riesgos y desastres.

(4) Planes, memorándum u otros convenios o documentos de índole internacional relacionados a la participación de las Fuerzas Armadas en la política exterior.

Del mismo modo, las bases de la Pertinencia de las Inversiones se inspiran en el espíritu de las políticas de Estado y de las normas permanentes que se puedan derivar en función a un Rol o misión Constitucional.

En consecuencia, la Pertinencia de cada intervención que forma parte del Plan de Inversiones debe de responder a las siguientes preguntas:

¿La inversión en cualquiera de sus modalidades o tipos responde a una necesidad enmarcada dentro de un Rol o misión Constitucional?

¿La intervención de una inversión responde a una determinada norma o política de Estado específica?

¿Está concebida dentro de los alcances de una doctrina existente o como base referencial para optimizar, reponer, mejorar, ampliar, entre otros, un "Servicio Público" existente dentro del sector Defensa?

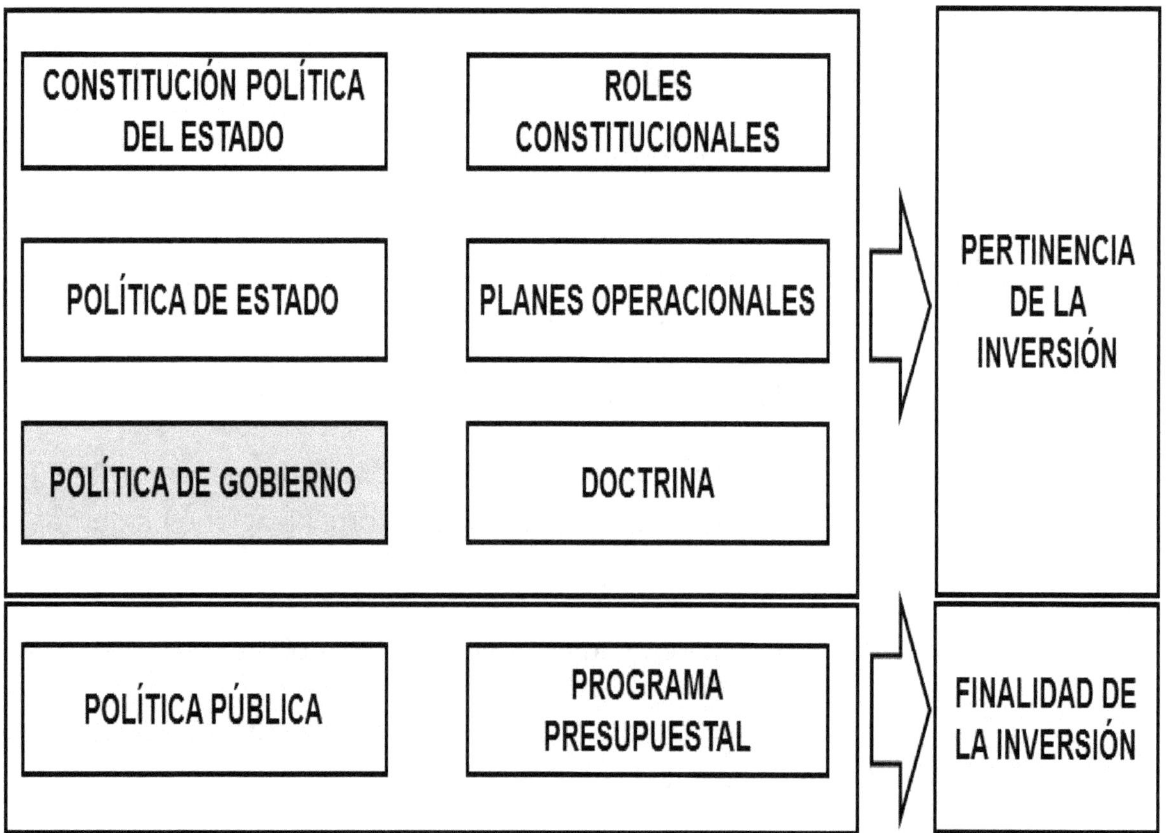

FIGURA 3. *Bases que sustentan la Pertinencia y la Finalidad de una inversión que forma parte del Plan de Inversiones.*

Por tanto, la Pertinencia de una Inversión es hacer referencia a que la intervención que la entidad u organización conciba es necesaria, imprescindible y fundamental para alcanzar capacidades fundamentales (operativas) con las cuales pueda cumplir cualquiera de los Roles o misiones Constitucionales. En concreto, la Pertinencia de una Inversión debe de responder a los siguientes aspectos:

a. A la Constitución Política del país y también al resto de leyes y normativas legales existentes.

b. A la coherencia y conveniencia que la implementación de una inversión se ve enmarcada dentro del conjunto de normas, planes y/o doctrinas relacionadas al Sistema de Defensa y Desarrollo Nacional.

En lo que respecta a la carencia de una doctrina, Manuales de Organización y Funciones (MOF), Cuadros de organización y equipos (Coeq), planes de operaciones, con los cuales aparezca un requerimiento nuevo, mejora u optimización imprescindible de su implementación, la Pertinencia de la Inversión se puede concebir de la siguiente manera:

a. A través de un Comité de Estudio Técnico Operacional, en la cual se establece la necesidad de la inversión, se identifique las brechas y se establezca la tipología de la inversión a que diera lugar.

b. La estructura del informe técnico operacional, donde se establece la necesidad de implementar una inversión, en donde debe de contener como mínimo los siguientes puntos:

(1) Desarrollo de la «Concepción Técnica», donde se describa las capacidades de producción, la tecnología y la localización de la inversión por ejecutar.

(2) Establecimiento del «Dimensionamiento» de la implementación de las inversiones, que en primer lugar debe ser de carácter físico y donde se establezcan un valor cuantitativo estimado de los Activos Estratégicos, y que en segundo lugar se instaure un dimensionamiento económico, donde se estime el valor económico necesario de la implementación de la inversión que forma parte del Plan de Inversiones.

Es preciso tener en cuenta que cada inversión representa el desarrollo de una Concepción Técnica y un Dimensionamiento físico - económico, por cuanto el primero se refiere específicamente a la capacidad de producción, la tecnología y la localización donde se efectúa el Servicio[2] y el segundo contempla los aspectos de naturaleza económica y física de los activos a implementar dentro de una Unidad Productora de Servicios[3].

1.3 LA CONSTITUCIÓN POLÍTICA COMO PERTINENCIA

La Constitución se fundamenta en la primera base de la Pertinencia de las Inversiones en el sector Defensa de todo país. En el caso del Perú, esas prerrogativas se materializan en esencia en los Roles o misiones Fundamentales de cada una de las instituciones de las Fuerzas Armadas, donde esa Carta Magna contempla los siguientes aspectos:

> *"...La Defensa Nacional es integral y permanente. Se desarrolla en los ámbitos internos y externos. Toda persona, natural o jurídica, está obligada a participar en la Defensa Nacional, de conformidad con la ley[4]. Asimismo, la dirección, la preparación y el ejercicio de la Defensa Nacional se realizan a través de un sistema cuya organización y cuyas funciones determina la ley. El presidente de la República dirige el Sistema de Defensa Nacional y la Ley determina los alcances y procedimientos de la movilización para los efectos de la Defensa Nacional[5]..."*

> *"...Las Fuerzas Armadas están constituidas por el Ejército, la Marina de Guerra y la Fuerza Aérea. Estas tienen como finalidad primordial garantizar la independencia, la soberanía y la integridad territorial de la*

[2] ***Servicios:*** *se refiere a los servicios que el Estado tiene la responsabilidad de brindar o de garantizar su prestación, incluyendo a los servicios públicos. DIRECTIVA N° 001-2019-EF/63.01 DIRECTIVA GENERAL DEL SISTEMA NACIONAL DE PROGRAMACIÓN MULTIANUAL Y GESTIÓN DE INVERSIONES*

[3] ***Unidad productora de Servicios****: es el conjunto de recursos o factores productivos (infraestructura, equipos, personal, organización, capacidades de gestión, entre otros) que, articulados entre sí, tienen la capacidad de proveer bienes o servicios a la población objetivo. Constituye el producto generado o modificado por un proyecto de inversión. DIRECTIVA N° 001-2019-EF/63.01 DIRECTIVA GENERAL DEL SISTEMA NACIONAL DE PROGRAMACIÓN MULTIANUAL Y GESTIÓN DE INVERSIONES.*

[4] *Artículo 163 de la Constitución Política del Perú - El Sistema de Defensa Nacional.*

[5] *Artículo 164 - Constitución Política del Perú referido a la Dirección, preparación y ejercicio del Sistema de Defensa Nacional.*

República. Asumen el control del orden interno de conformidad con el artículo 137° de la Constitución[6]...".

Nota: Con los artículos anteriores se sustentan los roles relacionados al frente externo e interno, por lo tanto en la formulación de las diferentes inversiones que se dieran se debe contemplar estas prerrogativas que da la constitución en la finalidad.

"...El presidente de la República es el jefe supremo de las Fuerzas Armadas y de la Policía Nacional[7]. Las leyes y los reglamentos respectivos determinan la organización, las funciones, las especialidades, la preparación y el empleo, y norman la disciplina de las Fuerzas Armadas y de la Policía Nacional. Las Fuerzas Armadas organizan sus reservas y disponen de ellas según las necesidades de la Defensa Nacional, de acuerdo a ley[8]. La Ley asigna los fondos destinados a satisfacer los requerimientos logísticos de las Fuerzas Armadas y la Policía Nacional. Tales fondos deben ser dedicados exclusivamente a fines institucionales, bajo el control de la autoridad señalada por la ley[9]..."

"...Las Fuerzas Armadas y la Policía Nacional participan en el desarrollo económico y social del país, y en la defensa civil de acuerdo a ley[10]...".

Nota: La consideración anterior se constituye en la Pertinencia de las Inversiones que se desarrollen dentro del Sistema Nacional de Gestión en riesgos y desastres, del mismo modo, que aquellos puedan estar relacionados al Desarrollo Nacional, como los aspectos relacionados al acceso universal a los servicios de salud y a la seguridad social, tal cual lo vienen ejecutando las Plataformas Itinerantes de Acción Social, a cargo de la Marina de Guerra del Perú, en apoyo a la población. Del mismo modo, respecto al desarrollo sostenible y la gestión ambiental, en las que se involucra la reducción de la minería ilegal, la reducción del tráfico ilícito de drogas, la prevención y recuperación ambiental y también del desarrollo de ciencia, tecnología e innovación.

---

[6] *Artículo 165 - Constitución Política del Perú sobre la Finalidad de las FFAA.*
[7] *Artículo 167 - Constitución Política del Perú. Jefe Supremo de las FFAA y Policía Nacional.*
[8] *Artículo 168 - Constitución Política del Perú. Organización y funciones de la FFAA y Policía Nacional.*
[9] *Artículo 170 - Constitución Política del Perú. Requerimientos Logísticos de las FFAA y Policía Nacional.*
[10] *Artículo 171- Constitución Política del Perú. FFAA y Policía nacional y el desarrollo del país.*

1.4 POLÍTICAS DE ESTADO COMO PERTINENCIA

1.4.1 **Consideraciones de Políticas de Estado**

Las políticas de Estado se constituyen en otra base de importancia de la Pertinencia para todo tipo de inversiones, no solo del sector defensa, sino de toda la estructura del Estado, y que se conceptualizan como los ejes de desarrollo o acciones directrices importantes, por las cuales un Estado prospera, comprendiendo que estos ejes o acciones se mantienen perennes, no interesando cual fuera la impresión ideológica o tendencias políticas que puedan tener cada uno de los gobernantes o grupos durante su mandato gubernamental.

Comparto el concepto de otros autores que establecen que la concepción de las políticas de Estado debe ser producto del consenso de las diferentes organizaciones que conforman un Estado, que pueden ser en definitiva muchas veces reacias a alcanzar dicho acuerdo, pero que son necesarias para poder establecer los cánones y rutas por los cuales un país debe seguir y guían su destino hacia el futuro.

Dar viabilidad a una política de Estado requiere de recursos económicos y la obtención de estos, para el sector defensa resulta a veces una realidad atípicamente similar, pero no idéntica entre un país y otro, porque para muchos se puede sustentar en las fortalezas de materias primas, principalmente gasíferas y mineras, mas no para otros. En consecuencia, los medios económicos que proporcionarían la implementación de cada política de Estado provienen de la realización de actividades macroecómicas, y a los cuales denomino Objetivos Nacionales Guías (ONG), como si fueran estas grandes «highways», que tiene muchos carriles por donde diversos tipos y tamaños de vehículos se pueden desplazar a distintos destinos y direcciones. En este sentido, considero para el caso peruano que esas highways estarían basadas en las fortalezas territoriales e históricas, y pueden verse como Ejes de Desarrollo sostenido u Objetivos Nacionales Guía (ONG). Estos se constituirán en buenas posibilidades para el sector Defensa y se darían a partir de las actividades que menciono a continuación: actividad minera, actividad agrícola y ganadera, actividad pesquera y actividad turística.

La aseveración que se hace en el párrafo anterior es necesaria para poder idear un Plan de Inversión relacionado a la implementación de equipamiento destinado para la defensa, porque los activos que contemplen cada una de las inversión de ese plan, su adquisición viene en realidad a ser producto de una decisión política, porque ellos son los que asignan los recursos económico requeridos. Por tanto, para optimizar las inversiones estas deben estar enmarcadas dentro de políticas de Estado destinadas específicamente a la finalidad y ventajas de las Fuerzas Armadas. Lo más óptimo es hacer que los recursos económicos contengan fuentes de «Financiamiento de Núcleo Duro» y mantengan como aspecto complementario las fuentes de «Financiamiento de carácter coyuntural».

1.4.2 **Las Políticas de Estado del Perú.**

Las políticas de Estado visualizadas para el Perú están concebidas en base al consenso alcanzado en el Foro del Acuerdo Nacional[11] en el año 2002 (sociedad civil, Estado y partidos políticos), en las cuales se definen los lineamientos generales que orientan el accionar del Estado en el largo plazo a fin de lograr el bienestar de las personas y el desarrollo sostenible del país.

[11] *El Acuerdo Nacional es el conjunto de políticas de Estado elaboradas y aprobadas sobre la base del diálogo y del consenso, luego de un proceso de talleres y consultas a nivel nacional, con el fin de definir un rumbo para el desarrollo sostenible del país y afirmar su gobernabilidad democrática. La suscripción del Acuerdo Nacional se llevó a cabo en un acto solemne en Palacio de Gobierno, el 22 de julio de 2002, con la participación del entonces Presidente de la República, Alejandro Toledo, el Presidente del Consejo de Ministros, Roberto Dañino, y los principales representantes de las organizaciones políticas y de la sociedad civil integrantes del Acuerdo Nacional.*

TABLA 3

POLÍTICAS DE ESTADO QUE CONSIDERA EL ACUERDO NACIONAL

DEMOCRACIA Y ESTADO DE DERECHO	EQUIDAD Y JUSTICIA SOCIAL	COMPETITIVIDAD DEL PAÍS	ESTADO EFICIENTE, TRANSPARENTE Y DESCENTRALIZADO
Régimen democrático y Estado de derecho	Reducción de la pobreza	Afirmación de la economía social de mercado	Estado eficiente y transparente
Democratización y fortalecimiento del sistema de partidos	Igualdad de oportunidades sin discriminación	Competitividad, productividad y formalización económica	Institucionalidad de las Fuerzas Armadas
Afirmación de la identidad nacional	Acceso universal a la educación, y promoción de la cultura y el deporte	Desarrollo sostenible y gestión ambiental	Ética, transparencia y erradicación de la corrupción
Institucionalización del dialogo y la concertación	Acceso universal a servicios de salud y seguridad social	Desarrollo de la ciencia y la tecnología	Erradicación del narcotráfico
Planeamiento estratégico y transparencia	Acceso al empleo pleno digno y productivo	Desarrollo en infraestructura y vivienda	Plena vigencia de la Constitución y los derechos humanos
Política exterior para la democracia y el desarrollo	Promoción de la seguridad alimentaria y la nutrición	Ampliación de mercados con reciprocidad	Acceso a la información y libertad de expresión
Seguridad ciudadana y erradicación de la violencia	Fortalecimiento dela familia y protección de la niñez	Desarrollo agrario y rural	Eliminación del terrorismo y reconciliación nacional
Descentralización política, económica y administrativa			Sostenibilidad fiscal y reducción de la deuda pública
Seguridad Nacional			

El Acuerdo Nacional básicamente consiste en treinta y cinco políticas de Estado agrupadas en los cuatro ejes temáticos que se indican a continuación:

a. Democracia y Estado de derecho[12],
b. Equidad y justicia social[13],
c. Competitividad del país[14],
d. Estado eficiente, transparente y descentralizado[15].

---

[12] *Con ese objetivo el Estado: (a) defenderá el imperio de la Constitución asegurando su funcionamiento como Estado constitucional unitario y descentralizado, bajo los principios de independencia, pluralismo, equilibrio de poderes y demás que lo integran; (b) garantizará el respeto a las ideas, organizaciones políticas y demás organizaciones de la sociedad civil, y velará por el resguardo de las garantías y libertades fundamentales, teniendo en cuenta que la persona y la sociedad son el fin supremo del Estado; (c) fomentará la afirmación de una cultura democrática que promueva una ciudadanía consciente de sus derechos y deberes; y (d) establecerá normas que sancionen a quienes violen o colaboren en la violación de la constitucionalidad, los derechos fundamentales y la legalidad.*

[13] *Con ese objetivo, partiendo de un enfoque de desarrollo humano sustentable, con equidad entre hombres y mujeres, sin discriminación, y en forma descentralizada, el Estado: (a) Promoverá la producción, el desarrollo empresarial local y el empleo; (b) fortalecerá las capacidades locales de gestión que promuevan el acceso a la información, la capacitación, la transferencia tecnológica y un mayor acceso al crédito; (c) promoverá la ejecución de proyectos de infraestructura logística y productiva, como parte de planes integrales de desarrollo local y regional con intervención de la actividad privada; (d) asignará recursos crecientes de inversión social en educación y salud para maximizar la eficiencia de los programas, orientándolos hacia las personas de mayor pobreza; (e) fomentará el pleno ejercicio de la ciudadanía y la participación de los ciudadanos en situación de pobreza en la identificación de necesidades, el diseño de soluciones y la gestión de los programas; (f) establecerá un sistema local de identificación, atención y promoción del empleo a personas sin sustento; (g) fomentará el desarrollo institucional, la eficacia, la equidad y la transparencia del Estado en el uso de los recursos en general y, especialmente, en aquellos orientados a programas de reducción de la pobreza, propiciando el concurso y la vigilancia de la sociedad civil; (h) garantizará el ejercicio de los derechos de las personas y el acceso a la administración de justicia de la población que vive en situación de pobreza; (i) fomentará una cultura de prevención y control de riesgos y vulnerabilidades ante los desastres, asignando recursos para la prevención, asistencia y reconstrucción.*

[14] *Con ese objetivo, el Estado: (a) garantizará la estabilidad de las instituciones y las reglas de juego; (b) promoverá la competitividad del país, el planeamiento estratégico concertado y las políticas de desarrollo sectorial en los niveles nacional, regional y local; (c) estimulará la inversión privada; (d) fomentará el desarrollo de la infraestructura; (e) evitará el abuso de posiciones dominantes y prácticas restrictivas de la libre competencia y propiciará la participación de organizaciones de consumidores en todo el territorio; (f) fomentará la igualdad de oportunidades que tiendan a la adecuada distribución del ingreso; y (g) propiciará el fortalecimiento del aparato productivo nacional a través de la inversión en las capacidades humanas y el capital fijo.*

[15] *Con este objetivo el Estado: (a) incrementará la cobertura, calidad y celeridad de la atención de trámites así como de la provisión y prestación de los servicios públicos, para lo que establecerá y evaluará periódicamente los estándares básicos de los servicios que el Estado garantiza a la población; (b) establecerá en la administración pública mecanismos de mejora continua en la asignación, ejecución, calidad y control del gasto fiscal; (c) dará acceso a la información sobre planes, programas, proyectos, presupuestos, operaciones financieras, adquisiciones y gastos públicos proyectados o ejecutados en cada región, departamento, provincia, distrito o instancia de gobierno; (d) pondrá en uso instrumentos de fiscalización ciudadana que garanticen la transparencia y la rendición de cuentas en todas las instancias de gobierno; (e) erradicará la utilización proselitista del Estado y la formación de clientelas; (f) mejorará la capacidad de gestión del Estado mediante la reforma integral de la administración pública en todos sus niveles; (g) reducirá los costos de acceso a los bienes y servicios públicos; y (h) revalorará y fortalecerá la*

1.4.3 Las políticas de Estado relacionadas a los Roles Fundamentales de las FF.AA.

De las treinta y cinco políticas de Estado que fueron planteadas en el Acuerdo Nacional, de manera específica dentro de los cuatro ejes temáticos relacionados a la democracia y Estado de derecho, a la equidad y justicia social, a la competitividad del país y el Estado eficiente, transparente y descentralizado, las Fuerzas Armadas pueden participar y desarrollar sus capacidades con los siguientes objetivos:

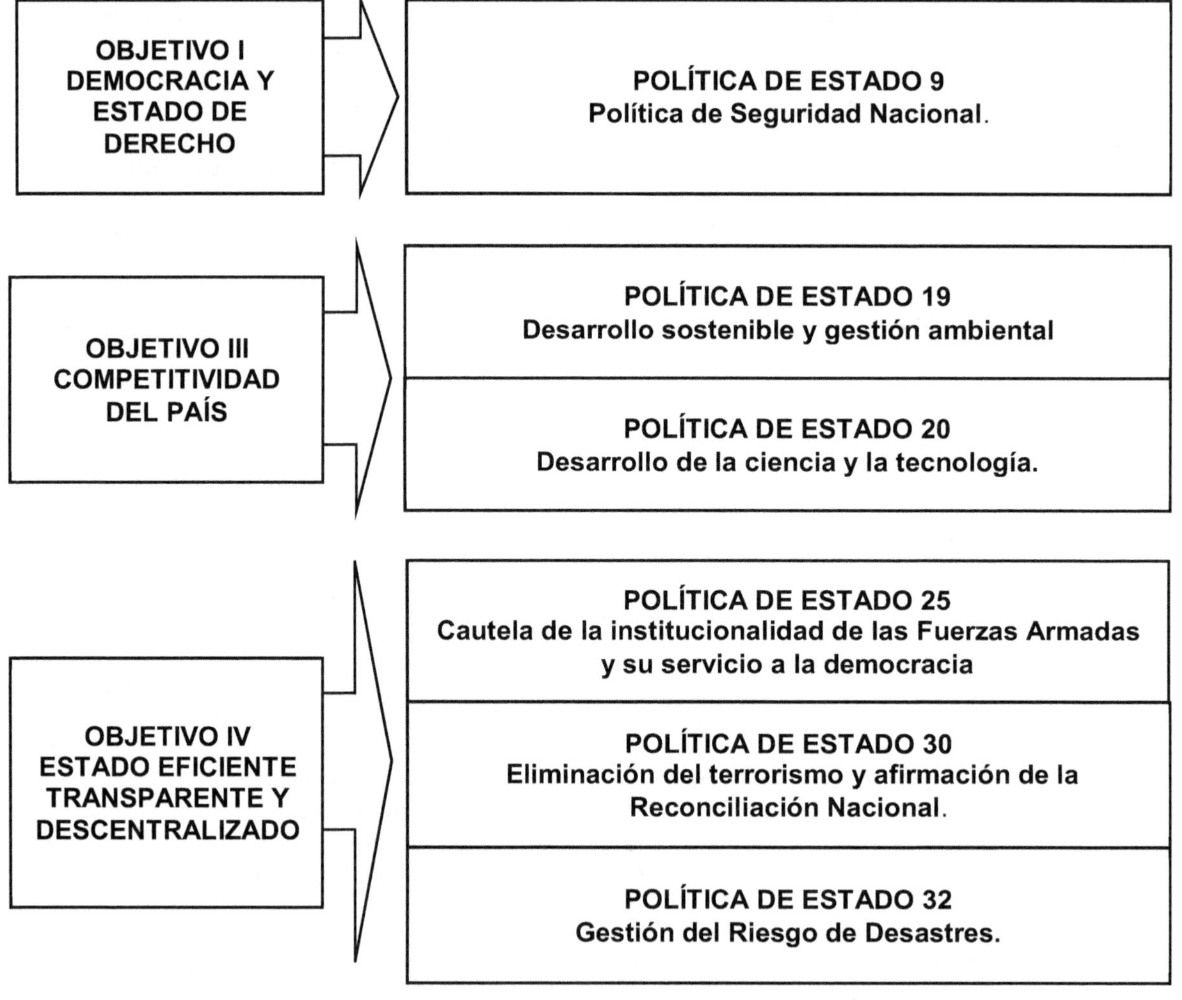

FIGURA 4. *Políticas de Estado que considera el Acuerdo Nacional donde las Fuerzas Armadas tienen prerrogativas por la misión y finalidad que cumplen dentro de los roles fundamentales y Constitucionales.*

---

carrera pública promoviendo el ingreso y la permanencia de los servidores que demuestren alta competencia y solvencia moral.

OBJETIVO I: DEMOCRACIA Y ESTADO DE DERECHO

Política de Estado 9: Política de seguridad nacional

En esta política de Estado se establece el compromiso de mantener una política de seguridad nacional que garantice la independencia, soberanía, integridad territorial y la salvaguarda de los intereses nacionales, las cuales se suponen como una tarea que involucra a la sociedad en su conjunto, a los organismos de conducción del Estado, en especial a las Fuerzas Armadas, en el marco de la Constitución y las leyes. Por tanto se comprometen a prevenir y afrontar cualquier amenaza externa o interna que ponga en peligro la paz social, la seguridad integral y el bienestar general.

En donde ese Objetivo es Fomentar la participación activa de toda la sociedad en su conjunto, en el logro de objetivos de la política de Seguridad Nacional; garantizará la plena operatividad de las Fuerzas Armadas orientadas a la disuasión, defensa y prevención de conflictos, así como al mantenimiento de la paz; impulsar la enseñanza de los conceptos básicos de la seguridad nacional en todos los niveles del sistema educativo nacional; fomentar la participación activa en la protección de la Antártida, el medio ambiente, el desarrollo de la Amazonía y la integración nacional y la de mantener una estrecha coordinación entre el sistema de Defensa Nacional y la política exterior para la definición y defensa de los intereses permanentes del Estado.

OBJETIVO III: COMPETITIVIDAD DEL PAÍS

Política de Estado 20: Desarrollo de la ciencia y la tecnología

En esta política de Estado se establece el compromiso de fortalecer la capacidad del país para generar y utilizar conocimientos científicos y tecnológicos, para desarrollar los recursos humanos y para mejorar la gestión de los recursos naturales y la competitividad de las empresas; de incrementar las actividades de investigación y el control de los resultados obtenidos, evaluándolos debida y puntualmente; de asignar mayores recursos financieros mediante concursos públicos de méritos que conduzcan a la selección de los mejores investigadores y proyectos, así como de proteger la propiedad intelectual.

Política de Estado 19: Desarrollo sostenible y gestión ambiental

Con esta política se compromete a integrar la política nacional ambiental con las políticas económicas, sociales, culturales y de ordenamiento territorial, para contribuir a superar la pobreza y lograr el desarrollo sostenible del Perú. Nos comprometemos también a institucionalizar la gestión ambiental, pública y privada, para proteger la diversidad biológica, facilitar el aprovechamiento sostenible de los recursos naturales, asegurar la protección ambiental y promover centros poblados y ciudades sostenibles; lo cual ayudará a mejorar la calidad de vida, especialmente de la población más vulnerable del país.

OBJETIVO IV: ESTADO EFICIENTE TRANSPARENTE Y DESCENTRALIZADO.

Política de Estado 25: Cautela de la institucionalidad de las Fuerzas Armadas y su servicio a la democracia

En esta Política de Estado, se comprometen a optimizar el servicio que prestan las Fuerzas Armadas para el mantenimiento de la paz y la integridad territorial, dentro del irrestricto respeto a los preceptos constitucionales, al ordenamiento legal y a los derechos humanos. Buscando con este objetivo: Afirmar la institucionalidad, profesionalidad y neutralidad de las Fuerzas Armadas; Garantizar el control democrático de las Fuerzas Armadas; reafirmar su carácter no deliberante a través de una adecuada relación civil-militar; promover unas Fuerzas Armadas modernas, flexibles, eficientes, eficaces y de accionar conjunto regidas por valores éticos y morales propios de la democracia; promover su participación en la defensa regional, la seguridad hemisférica y en las misiones de paz en el marco de la Organización de las Naciones Unidas; proveer los elementos materiales necesarios para el cumplimiento de su misión constitucional y el papel asignado por el Estado, garantizar la aplicación de los mecanismos previstos en el ordenamiento legal que establecen la transparencia y control en la adquisición y venta de bienes y servicios:

Política de Estado 30: Eliminación del terrorismo y afirmación de la Reconciliación Nacional

Se comprometen a eliminar el terrorismo con una estrategia integral para su erradicación, observando la plena vigencia de los derechos humanos y el debido proceso, al mismo tiempo, continuar con la reconciliación nacional bajo el convencimiento que sólo en un clima de paz y concordia el Perú derrotará la pobreza y alcanzará el bienestar.

Política de Estado 32: Gestión del Riesgo de Desastres

Se comprometen a promover una política de gestión del riesgo de desastres, con la finalidad de proteger la vida, la salud y la integridad de las personas; así como el patrimonio público y privado, promoviendo y velando por la ubicación de la población y sus equipamientos en las zonas de mayor seguridad, reduciendo las vulnerabilidades con equidad e inclusión, bajo un enfoque de procesos que comprenda: la estimación y reducción del riesgo, la respuesta ante emergencias y desastres y la reconstrucción. Esta política será implementada por los organismos públicos de todos los niveles de gobierno, con la participación activa de la sociedad civil y la cooperación internacional, promoviendo una cultura de la prevención y contribuyendo directamente en el proceso de desarrollo sostenible a nivel nacional, regional y local.

TABLA 4

PERTINENCIA DE LAS INVERSIONES QUE DEBE FORMAR PARTE DE UN PLAN DE INVERSIONES, ALINEADOS AL TIPO DE ROL FUNDAMENTAL

ROL GARANTIZAR LA INDEPENDENCIA, SOBERANÍA E INTEGRIDAD TERRITORIAL	ROL PARTICIPAR EN EL ORDEN INTERNO	ROL PARTICIPAR EN EL SISTEMA NACIONAL DE GESTIÓN DE RIESGOS Y DESASTRES	ROL PARTICIPAR EN EL DESARROLLO NACIONAL	ROL PARTICIPAR EN LA POLÍTICA EXTERIOR
CONSTITUCIÓN POLÍTICA DEL PERÚ ARTÍCULOS 137, 163, 165, 170	CONSTITUCIÓN POLÍTICA DEL PERÚ ARTÍCULOS 137, 165, 170	CONSTITUCIÓN POLÍTICA DEL PERÚ ARTÍCULOS 170, 171	CONSTITUCIÓN POLÍTICA DEL PERÚ ARTÍCULOS 170, 171	CONSTITUCIÓN POLÍTICA DEL PERÚ ARTÍCULOS 170
POLÍTICA DE ESTADO	POLÍTICA DE ESTADO	POLÍTICA DE ESTADO	POLÍTICA DE ESTADO	POLÍTICA DE ESTADO
OBJETIVO I DEMOCRACIA Y ESTADO DE DERECHO POLÍTICA DE ESTADO 9 POLÍTICA DE SEGURIDAD NACIONAL	OBJETIVO IV ESTADO EFICIENTE, TRANSPARENTE Y DESCENTRALIZADO POLÍTICA DE ESTADO 30 ELIMINACIÓN DEL TERRORISMO Y AFIRMACIÓN DE LA RECONCILIACIÓN NACIONAL	OBJETIVO IV ESTADO EFICIENTE, TRANSPARENTE Y DESCENTRALIZADO POLÍTICA DE ESTADO 32 GESTIÓN DEL RIESGO DE DESASTRES	OBJETIVO II EQUIDAD Y JUSTICIA SOCIAL POLÍTICA DE ESTADO 13 ACCESO UNIVERSAL A LOS SERVICIOS DE SALUD Y A LA SEGURIDAD SOCIAL OBJETIVO III COMPETITIVIDAD DEL PAÍS POLÍTICA DE ESTADO 19 DESARROLLO SOSTENIBLE Y GESTIÓN AMBIENTAL POLÍTICA DE ESTADO 20 DESARROLLO DE LA CIENCIA Y LA TECNOLOGÍA	OBJETIVO I DEMOCRACIA Y ESTADO DE DERECHO POLÍTICA DE ESTADO 6 POLÍTICA EXTERIOR PARA LA DEMOCRACIA Y EL DESARROLLO

En consecuencia, una vez determinada la Pertinencia de la Inversión que responderá a una política de Estado, con bases legales o normativas, doctrina, etc., permitirá que cada inversión considerada dentro del Plan de Inversiones esté clasificada según el tipo de Rol Fundamental que cumplirá. Este aspecto según el desarrollo de dicho Plan de Inversiones se constituirá en la partida de nacimiento de la Finalidad de toda Inversión, que responderá al objeto y ámbito de aplicación de una o varias políticas públicas, las mismas que para su implementación serán materializadas de manera financiera a través de los programas presupuestales, que en contexto son las unidades de programación de las acciones de las entidades públicas, asimismo estas entidades integradas y articuladas orientan a proveer productos (bienes y servicios) y lograr un resultado específico a favor de la población, y así contribuir al logro de un resultado final asociado a un objetivo de la política pública, teniendo en cuenta que un programa presupuestal es una categoría presupuestaria que se constituye en un instrumento de PpR (Presupuesto por Resultados)[16].

1.5 POLÍTICAS NACIONALES Y SECTORIALES.-

Las políticas nacionales dentro del sector Defensa se enmarcan dentro de las políticas de Estado y en esencia responden a la identificación de problemas o necesidades relacionadas a los Roles Fundamentales donde participan las Fuerzas Armadas y son priorizados en la agenda pública del Ministerio de Defensa, de acuerdo a la situación de otros Ministerios en los cuales puedan visualizarse lineamientos multisectoriales en su diseño, ejecución y supervisión en todos los niveles de gobierno. Estas políticas nacionales responden a aspectos del gobierno de turno en el que se encuentran, siendo de esta manera un tanto coyunturales al constituirse como base de Pertinencia de una Inversión.

Estas prerrogativas por ejemplo las observamos en el Artículo 4°, numeral 1, de la Ley N° 29158, Ley Orgánica del Poder Ejecutivo, que establece que el Poder Ejecutivo tiene la competencia exclusiva de "diseñar y supervisar las

[16] *El PpR es una estrategia de gestión pública que permite vincular la asignación de recursos presupuestales a bienes y servicios (productos) y a resultados a favor de la población, con la característica de permitir que estos puedan ser medibles. Para lograrlo es necesario un compromiso de las entidades públicas, definir responsables, generar información, y rendir cuentas.*

políticas nacionales y sectoriales", las cuales son de cumplimiento obligatorio por todas las entidades del Estado, en todos los niveles de gobierno.

> *"...Las Políticas Nacionales definen los objetivos prioritarios, los lineamientos, los contenidos principales de las Políticas Públicas, los estándares nacionales de cumplimiento y la provisión de servicios que deben ser alcanzados y supervisados para asegurar el normal desarrollo de las actividades públicas y privadas. Las Políticas Nacionales conforman la política general de gobierno. La Política Sectorial es el subconjunto de Políticas Nacionales que afecta una actividad económica y social específica pública o privada. Las Políticas Nacionales y Sectoriales consideran los intereses generales del Estado y la diversidad de las realidades regionales y locales, concordando con el carácter unitario y descentralizado del gobierno de la República. Para su formulación el Poder Ejecutivo establece mecanismos de coordinación con los gobiernos regionales, gobiernos locales y otras entidades, según requiera o corresponda a la naturaleza de cada política...".*

CAPÍTULO II

FINALIDAD DEL PLAN DE INVERSIONES

2.1 LA FINALIDAD QUE SUSTENTA UNA INVERSIÓN DENTRO DEL PLAN DE INVERSIÓN

Toda inversión que este considerada dentro de un Plan de Inversiones debe estar sustentada siempre en una Pertinencia y en una Finalidad, porque estos dos conceptos se constituyen en las bases y justificaciones por las cuales se tiene que implementar una intervención (inversiones) para prestar un Servicio, y dar de esta manera solución a una demanda que esté relacionada a cualquiera de los roles que pueda cumplir el sector Defensa.

Como vimos en el capítulo anterior, la Pertinencia de una Inversión está estructurada sobre la base de la Constitución Política de un país, de los roles o misiones Constitucionales que tengan atribuciones las Fuerzas Armadas, de las políticas de Estado, de la doctrina existente, de las resoluciones institucionales y planes de operaciones, que tienen vigencia para muchos años; en consecuencia, esta pertinencia que sustenta cualquier tipo de intervención para poder ser viabilizada debe tener una Finalidad, y esta se dará a través del uso de las herramientas de carácter legal y de gestión, con las cuales se asigne recursos económicos o financieros, se constituyen las herramientas legales las políticas públicas y las herramientas de gestión los programas presupuestales.

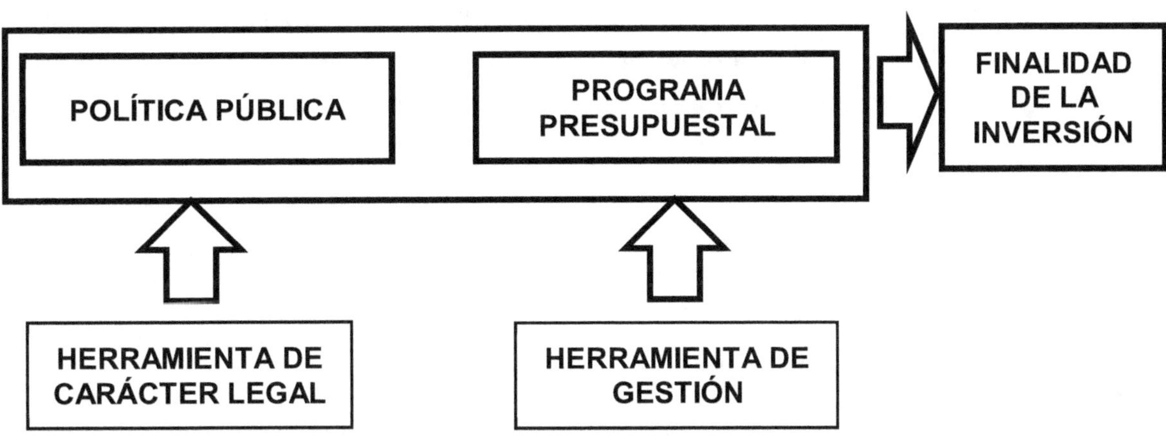

FIGURA 5: *Aspectos que sustentan la Finalidad de una inversión.*

2.2 LAS POLÍTICAS PÚBLICAS COMO FINALIDAD

2.2.1 Políticas Públicas

Según Domingo Ruiz López[17] y Carlos Eduardo Cadenas Ayala[18], en su escrito denominado *¿Qué es una Política Pública?*, y en base a otros autores, se indica:

> *"...Las Políticas Públicas son las acciones de gobierno, es la acción emitida por éste, que busca cómo dar respuestas a las diversas demandas de la sociedad, como señala Chandler y Plano, se pueden entender como uso estratégico de recursos para aliviar los problemas nacionales. El estudio de las Políticas Públicas como bien plantea Pallares (la cual es una visión anticuada para otros autores), debe realizarse, plantearse bajo tres cuestiones: "Qué políticas desarrolla el Estado en los diferentes ámbitos de su actividad, cómo se elaboran y desarrollan y cómo se evalúan y cambian". "Analizar Qué hacen los gobiernos, Cómo y Por qué lo hacen y Qué Efecto produce." Estas sencillas preguntas nos pueden servir como una sencilla guía para ir analizando una Política Pública, sin aún entrar en terminología económica o política compleja...".*

> *"...Asimismo manifiestan que las Políticas Públicas, reflejan las prioridades de un país, sector o región, en la cual se expresan en planes estratégicos y éstos, a su vez, en proyectos de inversión social, en general; y proyectos de inversión pública, en particular. Los proyectos constituyen la unidad operacional básica de promoción del desarrollo. En esencia, un plan estratégico contiene grandes objetivos, a los que se denominan objetivos estratégicos, y un conjunto de acciones para lograrlos. Un tipo de acción es la que consiste, precisamente, en la ejecución de proyectos. Los proyectos deben, por tanto, contribuir al logro de los objetivos estratégicos en el marco de una determinada política*

[17] *DOMINGO RUIZ LÓPEZ. Licenciado en Derecho por la UNLA, Maestro en Fiscal por la Universidad de Guanajuato, Director General del Centro de Investigaciones y Estudios Legislativos del H. Congreso del Estado de Michoacán, profesor en las licenciaturas en Derecho y Ciencias de la Comunicación de la Universidad Latina de América así como profesor en la Facultad de Economía y en la Maestría en Fiscal de la Universidad Michoacana de San Nicolás de hidalgo.*

[18] *CARLOS EDUARDO CADÉNAS AYALA. Maestro en Políticas Públicas por el Instituto Tecnológico Autónomo de México, Investigador del Centro de Investigaciones y Estudios Legislativos del H. Congreso del Estado de Michoacán.*

pública, tratando de mantener su compatibilidad básica con las actividades regulares del sector público...".

2.2.2 Políticas Públicas como finalidad de las inversiones

Política pública es "todo lo que los gobiernos deciden hacer o no hacer". Esta es una de las definiciones más difundidas del término y le pertenece a Thomas Dye, autor de *Entendiendo las "Políticas Públicas"* (2008). En efecto, las políticas públicas remiten a las acciones -o inacciones- de los gobiernos, y están dirigidas a la solución de los problemas de la colectividad. Como señala Manuel Tamayo Saez (1997): "Las políticas públicas son el conjunto de objetivos, decisiones y acciones que lleva a cabo un gobierno para solucionar los problemas que en un momento determinado los ciudadanos y el propio gobierno consideran prioritarios".

En mi libro *La Estrategia de Compra* para el caso de las Inversiones en el sector defensa respecto a la política pública indica que:

> "...*toda implementación de equipamiento destinado a la defensa responde a una decisión política, en consecuencia, la solución de cualquier problema público que se presente respecto a la defensa nacional y al desarrollo nacional, y donde tenga que participar la Fuerza Armada, responde a lo que los gobiernos decidan hacer o no hacer. Por tanto, la política pública decide qué hacer, y la gestión pública decide cómo hacerlo, materializando sus acciones mediante los "programas presupuestales...".*

En este sentido, requiriendo recursos económicos toda inversión para ser implementada, y siendo la herramienta legal la política pública para dar viabilidad a la asignación de esos recursos, por tanto esa política publica se convierte como la principal fuente de la finalidad de cada inversión que se conciba.

2.2.3 Diseño de Políticas Públicas destinadas al Sector Defensa

La materialización del objetivo de la política pública se realiza mediante la implementación de uno o más programas presupuestales, en razón que estos últimos, como herramientas de gestión, se constituyen en una unidad de programación de las acciones de las entidades públicas, las que integradas y articuladas se orientan a proveer productos (bienes y servicios), para lograr un resultado específico a favor de la población y así contribuir al logro de un resultado final asociado al objetivo de la Política Pública.

El espíritu de las políticas públicas relacionada a las prerrogativas que cumplen las Fuerzas Armadas están orientadas a la participación directa en los Roles Fundamentales e Institucionales, por tanto sus alcances, propuestas y gestiones son acciones innatas del propio poder ejecutivo. Estas acciones, para su concepción e implementación, pueden verse desde tres puntos de vista:

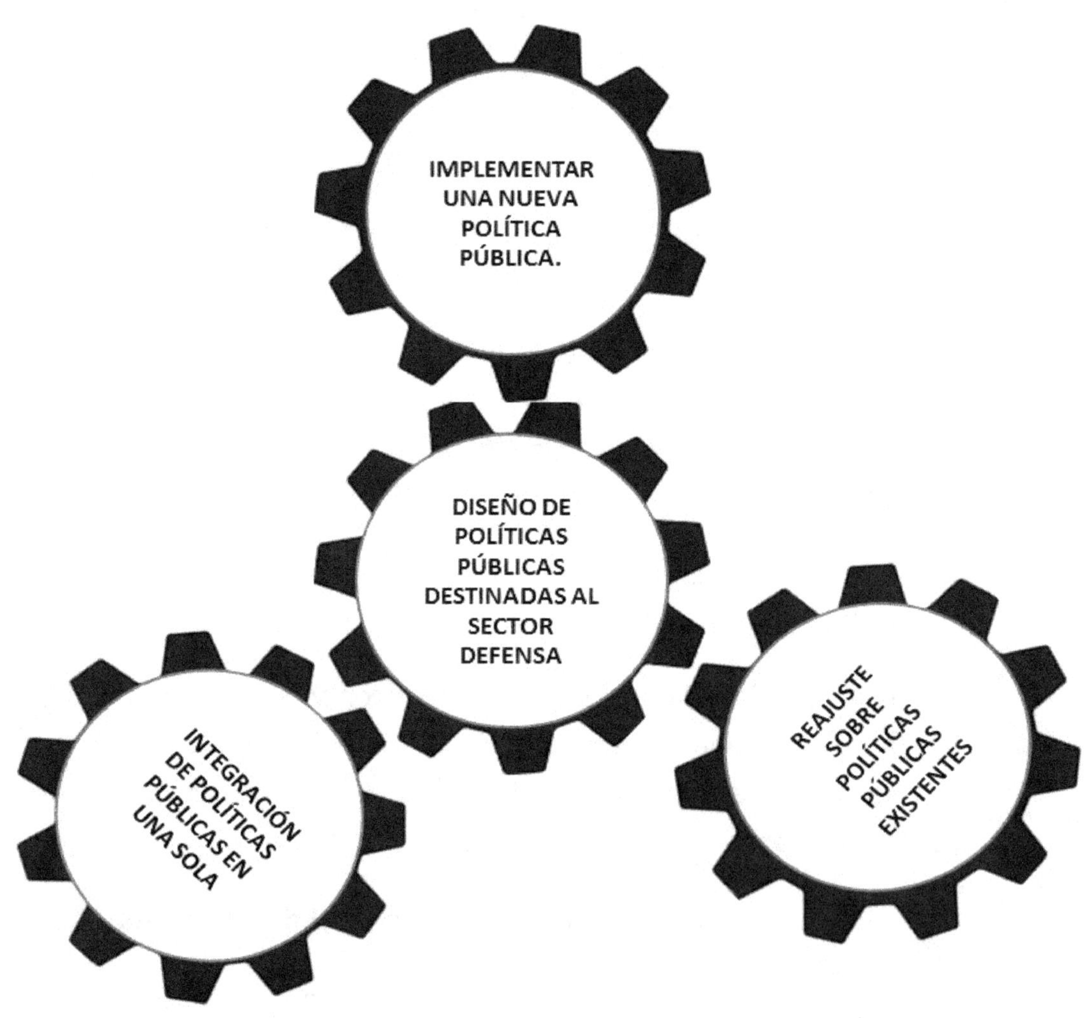

FIGURA 6. *Diseño de Políticas Públicas destinadas al sector Defensa*

a. **Implementación de una nueva política pública**

La implementación de una nueva política pública se daría cuando se presenten situaciones donde se requiera la necesidad de intervención o empleo de alguna o todas las instituciones de las Fuerzas Armadas, con el fin de lograr un resultado específico en favor de la población, lo que contribuye de esta manera al logro de cualquiera de los roles fundamentales existentes, y de evidenciar que esa situación presentada no viene enmarcada dentro de ninguna política pública existente. Como ejemplo, entre muchos, podríamos mencionar los siguientes aspectos: la custodia de la Amazonia, la intervención y la responsabilidad directas en el amago de grandes incendios forestales, entre otros.

b. **Integración de políticas públicas en una sola**

Sobre la base de las políticas públicas existentes relacionadas al sector Defensa y de acuerdo a las necesidades sobre la defensa y el desarrollo nacional sustentadas en los roles constitucionales e institucionales, se podría generar una sola política pública innovadora que permita la interacción multisectorial entre otras carteras ministeriales, gobiernos regionales y locales, las mismas que permitirían que los productos (bienes y servicios) a implementar tengan un efecto conjunto para lograr un resultado específico a favor de la población. Esta situación permitiría que una inversión o conglomerado de inversiones puedan ser financiados económicamente por dos o más programas presupuestales, por las siguientes razones fundamentales:

(1) Los objetivos de una política pública se materializan en programas presupuestales.

(2) Los programas presupuestales son asignados de manera específica para lograr un resultado específico en favor de la población.

(3) Gran parte del equipamiento que dispone las Fuerzas Armadas cumple funciones multirol o multipropósito, estos pueden intervenir en más de dos roles constitucionales; entonces, si existiera una política pública única e innovadora que integre multisectorialmente y satisfaga las necesidades de la población, esta permitiría que la implementación de un proyecto de inversión, de

una reposición, de una optimización, de una ampliación marginal o de una rehabilitación dentro del sector defensa, podría recibir recursos simultáneos de diferentes programas presupuestales.

Para poder comprender de mejor manera la integración de políticas públicas en una política pública que se relacione a las prerrogativas del sector defensa, como ejemplo se ilustrará en las siguientes tablas la implementación de una inversión relacionada a camiones militares de transporte que tienen finalidades especificas dentro de cada rol fundamental. En la tabla 5 se observará que manteniendo las prerrogativas de la satisfacción de necesidades sobre la base de cada política pública y su consecuente materialización por cada programa presupuestal específico, demandaría que por lo menos la implementación de 510 camiones militares determina la necesidad de formular nueve proyectos de inversión, con objetivos y alcances por cada rol fundamental Sin embargo, de integrar en una sola política pública rectora que facilite que varios programas presupuestales puedan financiar una misma inversión para satisfacer dos o más Roles Fundamentales, como se muestra en el ejemplo de tabla 6, se demandaría un solo proyecto de inversión que implemente los 510 camiones, facilitando de esta manera una gestión eficiente, eficaz y proactiva.

TABLA 5

DISEÑO DONDE CADA POLÍTICA PÚBLICA SE MATERIALIZA EN UN PROGRAMA PRESUPUESTAL DETERMINADO Y ESTE EN UN PROYECTO DE INVERSIÓN ESPECÍFICO

No	POLÍTICAS PÚBLICAS		PROGRAMA PRESUPUESTAL		IMPLEMENTACIÓN DE INVERSIONES	
	DESCRIPCIÓN DE LA POLÍTICA PÚBLICA	No de PP	No	DESCRIPCIÓN	No de PI	No de equipos
1	Política Pública relacionado a la Independencia, soberanía e Integridad Territorial	1	PP 135	Mejora de las capacidades militares para la Defensa y el Desarrollo Nacional	1	250
2	Política Pública relacionada al Orden Interno - Lucha contra el Terrorismo	1	PP 0032	Lucha contra el terrorismo	1	30
3	Política Pública relacionada al Orden Interno - Tráfico Ilícito de Drogas en el Perú	1	PP 0074	Gestión integrada y efectiva del control de oferta de drogas en el Perú	1	35
		1	PP 0031	Reducción del tráfico ilícito de drogas	1	35
4	Política Pública relacionada al Orden Interno - Reducción de la Minería Ilegal	1	PP 0128	Reducción de la minería ilegal	1	35
5	Política Pública relacionada a la Gestión del Riesgo de Desastres (SINAGERD),	1	PP 068	Reducción de vulnerabilidad y atención de emergencias por desastres	1	35
6	Política Pública relacionada a la Política Exterior	1	PP 0133	Fortalecimiento de la política exterior y de la acción diplomática	1	35
7	Política Pública relacionada al Desarrollo Nacional en lo que respecta a la ciencia, tecnología e innovación tecnológica	1	PP 0137	Desarrollo de la ciencia, tecnología e innovación tecnológica	1	35
8	Política Pública relacionada al Desarrollo Nacional en lo que respecta a la Prevención y recuperación ambiental	1	PP 0136	Prevención y recuperación ambiental"	1	20
TOTAL DE PROYECTOS		9			9	510

TABLA 6

DISEÑO DONDE SE INTEGRA EN UNA SOLA TODAS LAS POLÍTICAS PÚBLICAS QUE PERMITAN VIABILIZAR EN UNA INVERSIÓN SU IMPLEMENTACIÓN Y SER FINANCIADO POR DIVERSOS PROGRAMAS PRESUPUESTALES SIMULTÁNEAMENTE

No	POLÍTICAS PUBLICAS		PROGRAMA PRESUPUESTAL		IMPLEMENTACIÓN DE INVERSIONES	
	DESCRIPCIÓN DE LA POLÍTICA PÚBLICA	No PP	No	DESCRIPCIÓN	No de PI	No de vehículos
1	Política Pública relacionado a la Independencia, soberanía e Integridad Territorial, control Interno, Gestión del Riesgo de Desastres, Política Exterior y Desarrollo Nacional	1	PP 0135	Mejora de las capacidades militares para la Defensa y el Desarrollo Nacional	1	250
			PP 0032	Lucha contra el terrorismo		30
			PP 0074	Gestión integrada y efectiva del control de oferta de drogas en el Perú		35
			PP 0031	Reducción del tráfico ilícito de drogas		35
			PP 0128	Reducción de la minería ilegal		35
			PP 068	Reducción de vulnerabilidad y atención de emergencias por desastres		35
			PP 0133	Fortalecimiento de la política exterior y de la acción diplomática		35
			PP 0137	Desarrollo de la ciencia, tecnología e innovación tecnológica		35
			PP 0136	Prevención y recuperación ambiental		20
TOTAL DE PROYECTOS		1			1	510

c. Reajustes sobre políticas públicas existentes

Sobre la base de una política pública existente relacionada al sector defensa y de acuerdo a las necesidades, se plantea la incorporación de modificaciones, como por ejemplo sobre la base del *programa presupuestal 0135,* denominado “mejora de las capacidades militares para la defensa y el desarrollo nacional”. Esta viene a ser una política pública relacionada a la independencia, soberanía e integridad territorial, que se incrementa dentro de la función, división funcional, grupo funcional y finalidad la adecuación de dos a los más roles fundamentales; un reajuste puede dar el alcance a esta política pública que le permita ser multisectorial.

2.3 PROGRAMAS PRESUPUESTALES COMO MATERIALIZACIÓN DE LAS POLÍTICAS PÚBLICAS

2.3.1 Programas presupuestales como finalidad de las inversiones

Los programas presupuestales vienen a ser la manera de cómo se puede materializar una política pública, en este caso, a través de estos se asignan los recursos económicos a las instituciones de las Fuerzas Armadas para materializar la finalidad primordial de garantizar la independencia, la soberanía y la integridad territorial de la República, así como de asumir el control del orden interno en conformidad con el artículo 137° de la Constitución Política y participar en el desarrollo económico y social del país, y la defensa civil de acuerdo a la ley respectiva.

Un programa presupuestal está diseñado y destinado a una finalidad específica para lograr un resultado específico a favor del desarrollo o la Defensa Nacional según corresponda, por consiguiente el resultado final está asociada a un objetivo de una política pública[19].

En este sentido, al ser un programa presupuestal, la respuesta a una política pública se constituye como parte de la finalidad de la estructura del plan de inversiones, porque cada proyecto de inversión y las inversiones que fueron catalogadas como producto del Diseño de Fuerza, y aquellas asociaciones público

---

[19] ***Políticas Públicas***. *Son las acciones de gobierno, es la acción emitida por éste, que busca cómo dar respuestas a las diversas demandas de la sociedad, como señala Chandler y Plano, se pueden entender como uso estratégico de recursos para aliviar los problemas nacionales.*

privadas (app) e inversiones de obras por impuestos concebidas, deberán estar alineadas a la política pública que corresponda de conformidad al tipo de rol fundamental que tienen las Fuerzas Armadas; por consiguiente, esas intervenciones deberán tener como objetivo de su perfil de inversión, la finalidad y el objetivo del programa presupuestal.

En la siguiente matriz lógica se muestra cómo el objeto, alcance y aplicación de la política pública se materializan a través de un programa presupuestal que contempla el problema identificado, la población objetivo y el resultado específico por alcanzar, el cual representa el espíritu de la concepción del perfil de la inversión, cualquiera fuera su modalidad en cuanto al objetivo, población afectada y la alternativa de solución como respuesta al cierre de brechas de las necesidades requeridas.

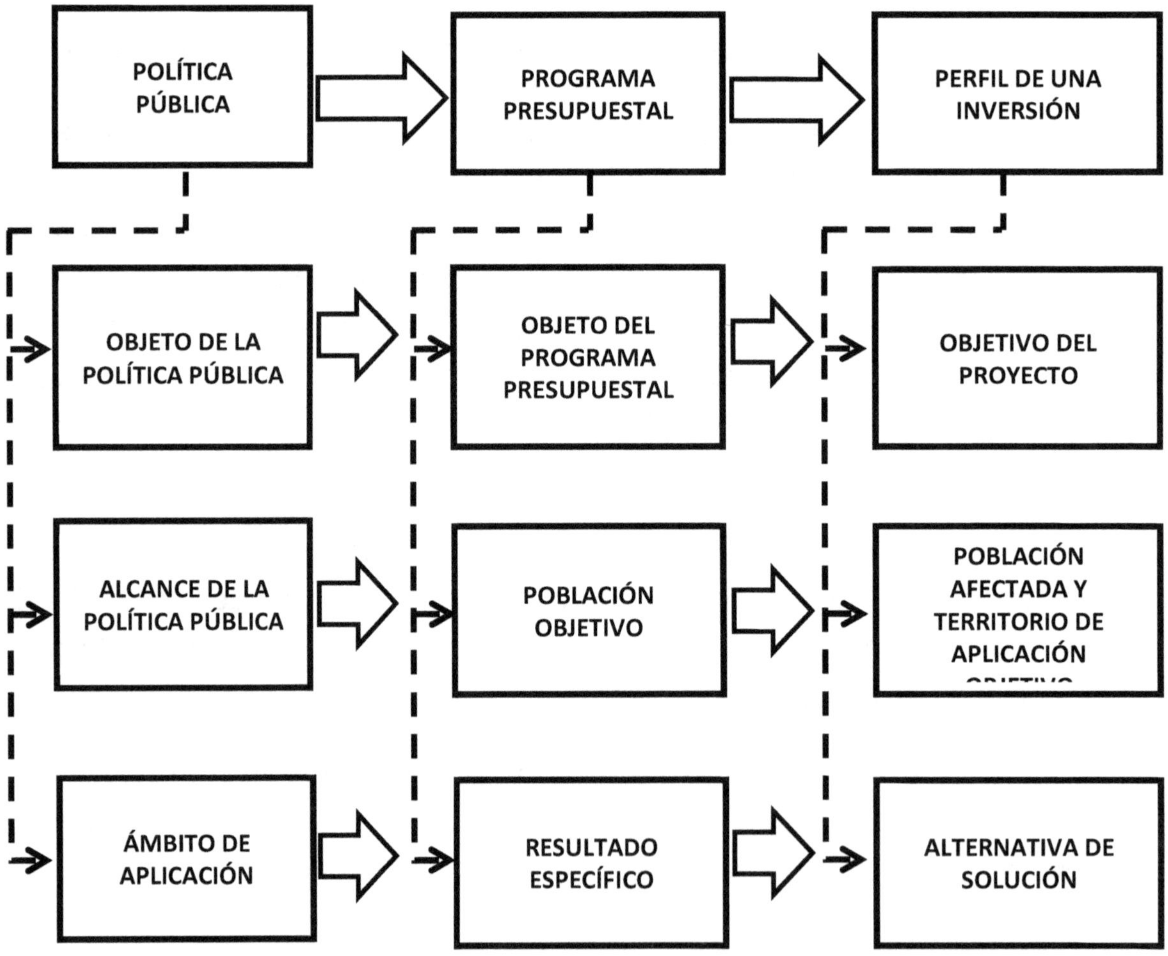

FIGURA 7. *Matriz lógica de como una política pública se materializa a través de un programa presupuestal para implementar una inversión.*

2.3.2 Clasificación de los Programas Presupuestales

En mi libro *La Estrategia de Compra – Proyectos de Inversión destinados a la Defensa, al apoyo de los desastres naturales y al Desarrollo Nacional* indico que:

> *"...para el caso de las Fuerzas Armadas del Perú se cumplen cinco roles fundamentales: la Independencia, soberanía e integridad territorial, el orden interno, el Sistema Nacional de Gestión del Riesgo de Desastres (SINAGERD), la política exterior y el desarrollo nacional. En consecuencia, la conceptualización de una buena Estrategia de Compra exige una clasificación primaria de todas las inversiones registradas como producto del Diseño de Fuerza, determinado por las áreas que desarrollan el Sistema Administrativo de Planeamiento, para luego alinearla, según corresponda, a un Rol Fundamental y un Programa Presupuestal que responda básicamente a la Política Pública.*

Asimismo, establezco como ejemplo, la clasificación de un proyecto de inversión cuyo objeto esté relacionado a la primera respuesta dentro del SINAGERD. Esta determinará que el diagnóstico involucre al área de estudio, a las prerrogativas que tendrán las Unidad Productora de Servicios, a todos los involucrados en el proyecto, a la definición del problema, así como sus causas y efectos, y específicamente a la definición de los objetivos, los cuales deberán estar alineados tácitamente al espíritu y finalidad del Programa Presupuestal 068.

Es preciso indicar que de acuerdo a las normas que regulan el Sistema Administrativo de Presupuesto y Endeudamiento, los recursos son asignados a la entidad u organización si esta está adscrita al Programa Presupuestal respectivo en los productos de bienes y servicios. Por tanto, es importante para la asignación de recursos económicos de un Programa Presupuestal específico que la entidad esté adscrita al programa respectivo y con aprobación de una norma legal del Estado, teniendo en cuenta que esta se constituye en una unidad de programación de las acciones de las entidades públicas, las que integradas y articuladas se orientan a proveer productos (bienes y servicios), para lograr un resultado específico a favor de la población y así contribuir al logro de un resultado final asociado a un objetivo de la Política Pública. Además, sabiendo que esta es una categoría presupuestaria que se constituye en un instrumento de PpR[20], por

[20] *MEF (Ministerio de Economía y Finanza del Perú).*

ejemplo, para el Perú en la actualidad, los Programas Presupuestales a los que las Fuerzas Armadas puedan acceder y estar adscritas son los siguientes, entre los más importantes:

TABLA 7

ROLES FUNDAMENTALES DE LAS FUERZAS ARMADAS CON RELACIÓN A LOS PROGRAMAS PRESUPUESTALES DEL ESTADO

ROL ESTRATÉGICO	PROGRAMA PRESUPUESTAL	
	No	DESCRIPCIÓN
Independencia, soberanía e integridad territorial	PP 135	MEJORA DE LAS CAPACIDADES MILITARES PARA LA DEFENSA Y EL DESARROLLO NACIONAL
Orden interno	PP 0032	LUCHA CONTRA EL TERRORISMO
	PP 0074	GESTIÓN INTEGRADA Y EFECTIVA DEL CONTROL DE OFERTA DE DROGAS EN EL PERÚ
	PP 0031	REDUCCIÓN DEL TRAFICO ILÍCITO DE DROGAS
	PP 0128	REDUCCIÓN DE LA MINERÍA ILEGAL
Sistema Nacional de Gestión del Riesgo de Desastres	PP 068	REDUCCIÓN DE VULNERABILIDAD Y ATENCIÓN DE EMERGENCIAS POR DESASTRES
Política exterior	PP 0133	FORTALECIMIENTO DE LA POLÍTICA EXTERIOR Y DE LA ACCIÓN DIPLOMÁTICA
Desarrollo nacional	PP 0137	DESARROLLO DE LA CIENCIA, TECNOLOGÍA E INNOVACIÓN TECNOLÓGICA
	PP 0136	PREVENCIÓN Y RECUPERACIÓN AMBIENTAL

FUENTE: *Construido en base a las normas legales del Estado de Perú. Indicado en la tabla 4 del Libro "La Estrategia de Compra" - página 46 - Primera edición, 2019.*

En consecuencia, la Finalidad de la inversión de cada intervención fluye de cada Política Pública y Programa Presupuestal, y esta finalidad es consecuencia de la Pertinencia de la Inversión. En la siguiente tabla se muestra de manera ilustrativa esta secuencialidad:

TABLA 8

SECUENCIALIDAD DE LA PERTINENCIA Y FINALIDAD DE UNA INVERSIÓN

PERTINENCIA DE LA INVERSIÓN	ROL GARANTIZAR LA INDEPENDENCIA, SOBERANÍA E INTEGRIDAD TERRITORIAL	ROL PARTICIPAR EN EL ORDEN INTERNO	ROL PARTICIPAR EN EL SISTEMA NACIONAL DE GESTIÓN DE RIESGOS Y DESASTRES	ROL PARTICIPAR EN EL DESARROLLO NACIONAL	ROL PARTICIPAR EN LA POLÍTICA EXTERIOR
	CONSTITUCIÓN POLÍTICA DEL PERÚ ARTÍCULOS 137, 163, 165, 170	CONSTITUCIÓN POLÍTICA DEL PERÚ ARTÍCULOS 137, 165, 170	CONSTITUCIÓN POLÍTICA DEL PERÚ ARTÍCULOS 170, 171	CONSTITUCIÓN POLÍTICA DEL PERÚ ARTÍCULOS 170, 171	CONSTITUCIÓN POLÍTICA DEL PERÚ ARTÍCULOS 170
	POLÍTICA DE ESTADO **OBJETIVO I** DEMOCRACIA Y ESTADO DE DERECHO POLÍTICA DE ESTADO 9 POLÍTICA DE SEGURIDAD NACIONAL	POLÍTICA DE ESTADO **OBJETIVO IV** ESTADO EFICIENTE, TRANSPARENTE Y DESCENTRALIZADO POLÍTICA DE ESTADO 30 ELIMINACIÓN DEL TERRORISMO Y AFIRMACIÓN DE LA RECONCILIACIÓN NACIONAL	POLÍTICA DE ESTADO **OBJETIVO IV** ESTADO EFICIENTE, TRANSPARENTE Y DESCENTRALIZADO POLÍTICA DE ESTADO 32 GESTIÓN DEL RIESGO DE DESASTRES	POLÍTICA DE ESTADO **OBJETIVO II** EQUIDAD Y JUSTICIA SOCIAL POLÍTICA DE ESTADO 13 ACCESO UNIVERSAL A LOS SERVICIOS DE SALUD Y A LA SEGURIDAD SOCIAL **OBJETIVO III** COMPETITIVIDAD DEL PAÍS POLÍTICA DE ESTADO 19 DESARROLLO SOSTENIBLE Y GESTIÓN AMBIENTAL POLÍTICA DE ESTADO 20 DESARROLLO DE LA CIENCIA Y LA TECNOLOGÍA	POLÍTICA DE ESTADO **OBJETIVO I** DEMOCRACIA Y ESTADO DE DERECHO POLÍTICA DE ESTADO 6 POLÍTICA EXTERIOR PARA LA DEMOCRACIA Y EL DESARROLLO
FINALIDAD DE LA INVERSIÓN	POLÍTICA PÚBLICA LEY DEL FONDO DE DEFENSA PARA LAS FFAA Y PNP	POLÍTICA PÚBLICA	POLÍTICA PÚBLICA	POLÍTICA PÚBLICA	POLÍTICA PÚBLICA
	PP 0135 MEJORA DE LAS CAPACIDADES MILITARES PARA LA DEFENSA Y EL DESARROLLO NACIONAL	PP 032 LUCHA CONTRA EL TERRORISMO	PP 068 REDUCCIÓN DE VULNERABILIDAD Y ATENCIÓN DE EMERGENCIAS POR DESASTRES	PP 0031 REDUCCIÓN DEL TRÁFICO ILÍCITO DE DROGAS PP 0074 GESTIÓN INTEGRADA Y EFECTIVA DEL CONTROL DE OFERTA DE DROGAS EN EL PERÚ PP 0137 DESARROLLO DE LA CIENCIA, TECNOLOGÍA E INNOVACIÓN TECNOLÓGICA	PP 0133 FORTALECIMIENTO DE LA POLÍTICA EXTERIOR Y DE LA ACCIÓN DIPLOMÁTICA

CAPÍTULO III

RECURSOS Y FUENTES DE FINANCIAMIENTO

3.1 LOS RECURSOS ECONÓMICOS

3.1.1 Clasificación económica de los recursos

Es necesario tener presente que la «clasificación económica» de todo presupuesto tiene por objetivo determinar el origen de los ingresos y los motivos del destino de estos. La clasificación económica considera como ingresos presupuestarios toda transacción que implica la utilización de un medio de financiamiento, y como gastos presupuestarios toda transacción que implica una aplicación financiera o un uso de fondos. En este sentido, la clasificación económica se constituye en una herramienta de gestión financiera, utilizada en las diversas etapas del proceso presupuestario, la cual consiste en un conjunto de cuentas de ingresos, ordenadas y agrupadas de acuerdo a la naturaleza del bien o servicio que se esté vendiendo u otorgando o la operación financiera que se está efectuando[21].

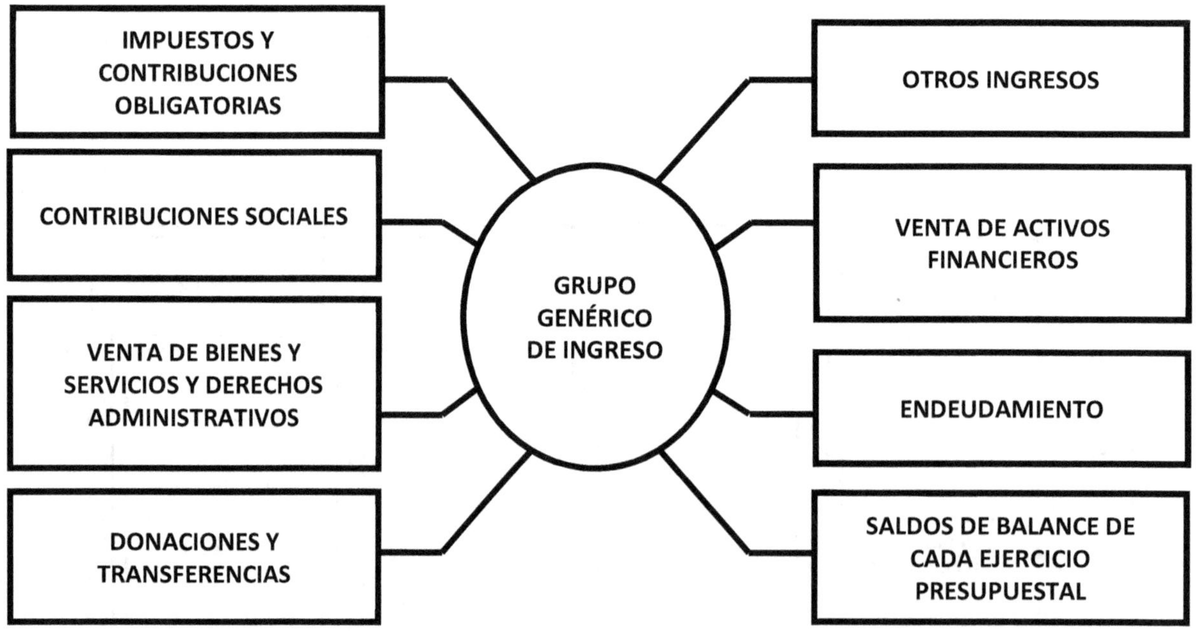

FIGURA 8. *Clasificación económica de todo presupuesto - Grupo Genérico de Ingreso*

[21] *MEF Proceso Presupuestario del Sector Público – Perú.*

El origen de los ingresos, denominado «Grupo Genérico de Ingreso», son productos de las transacciones que provienen de impuestos y contribuciones obligatorias, contribuciones sociales, venta de bienes y servicios y derechos administrativos, donaciones y transferencias, otros ingresos, venta de activos financieros, endeudamiento y los saldos del balance de cada ejercicio presupuestal.

En base a los alcances de la Clasificación de los Ingreso y del clasificador de Fuentes de Financiamiento, y teniendo como base las consideraciones para la asignación de recursos financieros para la implementación de cualquier tipo de inversiones de equipamiento y/o infraestructura destinada a la defensa, la experiencia me indica que estos provienen en esencia de una decisión política. Del tipo de decisión que se tome identifico a dos grupos o tipos de ingresos fundamentales, uno que denomino «Recursos de Núcleo Duro» y otro de «Carácter Coyuntural». La identificación del tipo de ingresos es fundamental para poder diseñar un Plan de Inversiones, porque estos se convertirán en el sustento financiero que determinará el grado de probabilidad y factibilidad de que una inversión pueda ser ejecutada en el tiempo.

Los ingresos considerados como Núcleo Duro se desprenden de políticas de Estado y de aquellas políticas públicas de largo aliento que en un momento determinado la decisión política los creó, por tanto su vigencia prevalece por varios periodos de gobierno sucesivos y son instituidas con leyes que le otorgan intangibilidad, exclusividad y permanencia en el uso de sus recursos y destinados específicamente para un determinado fin. En este caso, para la implementación de equipamiento e infraestructura destinada a la defensa, las formas más adecuadas recaen en regalías y canon minero o gasífero; como ejemplo a este tipo de ingresos se tiene el Fondo de Defensa para las Fuerzas Armadas y Policía Nacional del Perú, que según clasificadores de los tipos de fuentes de financiamiento, corresponderían a la fuente de Recursos Determinados (RD). También se podría considerar en cierta medida, aunque de manera limitada, aquellos recursos que provienen de la fuente de financiamiento de Recursos Directamente Recaudados (RDR), tipo de ingresos generadores y empleados por la misma entidad y que al existir contratos de varios años de operación pueden servir para adoptar financiamiento de inversiones como por ejemplo obras por impuestos u gestiones de endeudamientos.

Los Ingresos considerados de carácter coyuntural son aquellos otorgados por un gobierno de turno, en razón que estos por lo general responden a políticas de Gobierno, siendo las más adecuadas las fuentes de financiamiento de Recursos Ordinarios (RO), y de mayor peso las de Recursos Oficiales por Operaciones de Crédito (ROOC). La justificación viene porque los Recursos Ordinarios son asignados a través de una ley de presupuesto público cada año, por tanto deben ser con el consentimiento y aprobación del gobierno de turno, del mismo modo los Recursos Oficiales por Operaciones de Crédito responden a las aprobaciones de la Ley de Endeudamiento de cada año.

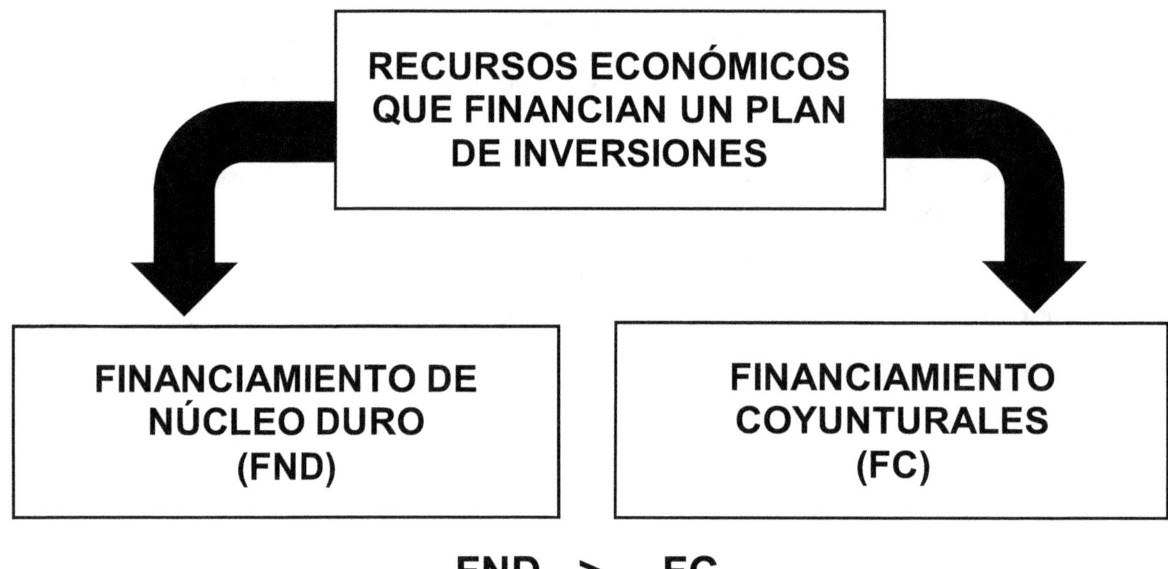

FIGURA 9. *Formas como se catalogan los recursos destinados a financiar equipamiento destinado a la Defensa.*

En síntesis, los recursos económicos que se constituyen como parte del grupo genérico de ingresos que pueden ser asignados a la implementación de un Plan de Inversiones provienen de dos formas, la primera denominada Financiamientos de Núcleo Duro y la segunda Financiamientos coyunturales. Es preciso indicar que un Plan o Cartera de Inversiones[22] debe de estar estructurado en base a las posibilidades de financiamientos futuros para el sector defensa, con una alta probabilidad de ser asignados por el Estado, sin que se tenga que afectar obligaciones permanentes y planes futuros relacionados a otros sectores del

[22] *GASTAÑAGA ALVAREZ, Guiovani. Libro la Estrategia de Compra – Proyectos de Inversión destinados a la Defensa, al apoyo de los desastres naturales y al Desarrollo Nacional. Primera edición 2019.*

estado de un país. Por tanto, una buena opción es que las inversiones que formen parte de la estructura del Plan de Inversiones dispongan como recursos principales de su financiamiento a las que provengan de recursos catalogados como Financiamiento de Núcleo Duro. Del mismo modo, es pertinente que dentro del diseño del Plan de Inversiones solo considerar los recursos catalogados como Financiamiento Coyunturales como fuentes de financiamiento para implementar un menor porcentaje de inversiones o para efectuar intervenciones complementarias.

Es conveniente recalcar que los recursos catalogados como Financiamiento de Núcleo Duro se conceptualizan como aquellos que pueden ser concebidos por políticas de Estado o políticas públicas de largo aliento, que se deben mantener perennes por largos periodos y cambios de gobiernos y que, como punto más importante, deben de tener las siguientes consideraciones:

a. Los recursos económicos deben tener un «carácter intangible».

b. Los recursos económicos deben tener un «carácter de uso exclusivo», destinado para el equipamiento e infraestructura para la defensa".

c. Los recursos económicos deben tener un «carácter permanente», y más recomendables mientras provengan de regalías y/o canon de la explotación de recursos primarios en aquellos países en donde no se dispongan de posibilidades de recaudaciones derivadas de otras actividades productivas.

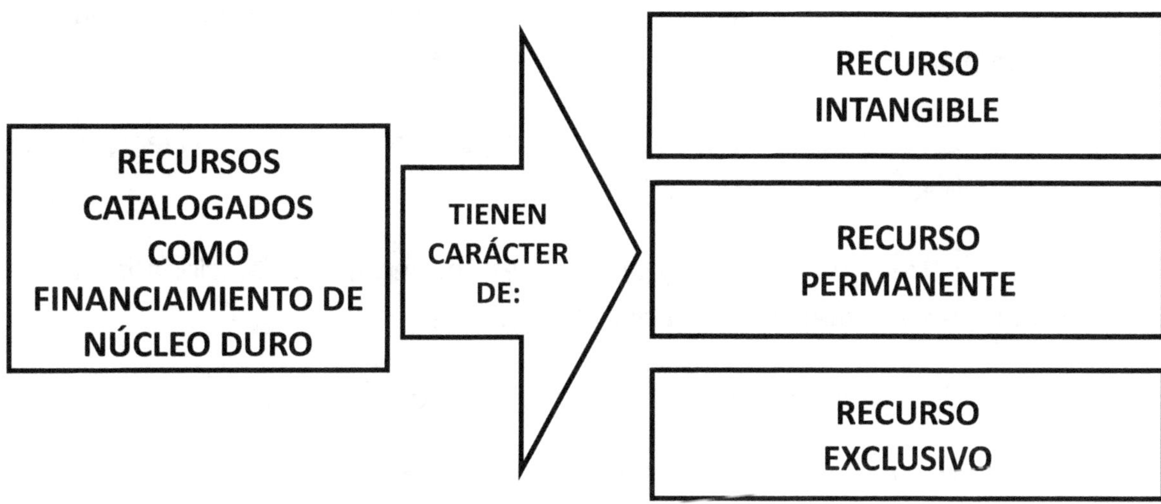

FIGURA 10. *Carácter de los Recursos financieros catalogados como financiamiento de Núcleo Duro.*

Por ejemplo el Fondo de Defensa de la Fuerzas Armadas y la Policía Nacional del Perú, creado en el año 2004 a través de la Ley Nº 28455, se constituye en una fuente de recursos de Financiamiento de Núcleo Duro, porque esos recursos están aprobados con una ley de largo aliento y tienen un carácter intangible, permanente y destinados única y exclusivamente para los siguientes fines que se indican:

a. Modernización de las Fuerzas Armadas y Policía Nacional

b. Repotenciamiento y renovación de las Fuerzas Armadas y Policía Nacional

c. Reparación y mantenimiento del equipamiento de las Fuerzas Armadas y Policía Nacional

Asimismo, esos recursos económicos y financieros que provienen del Fondo de Defensa se constituyen en fondos adicionales a los presupuestos institucionales anuales que se otorgan a las Instituciones Armadas y Policía Nacional del Perú, y podemos ver como sus ingresos como Fondo de Defensa para las Fuerzas Armadas y la Policía Nacional está dada por las siguientes consideraciones:

a. El 40% de la regalías que percibe el Gobierno Nacional del Lote 88 de Camisea.

b. El 30% de las regalías que percibe el Gobierno Nacional del Lote 56 de Camisea a partir de su explotación.

c. Los intereses que generen los ingresos mencionados en el artículo 4 de la reglamentación del Fondo de Defensa.

d. Otros recursos que señale el Poder Ejecutivo.

En consecuencia, teniendo ya porcentajes establecidos permite que través de estudios técnicos y proyecciones en escenarios futuros sean óptimos, moderados y conservadores, se pueda establecer con alto grado de probabilidad el nivel de recursos económicos que se podría recaudar, por tanto eso permiten que se desarrolle algún o un conjunto de inversiones con cargo a esos ingresos.

Los recursos de Financiamiento Coyuntural son otorgados por el gobierno de turno, es decir, responden a políticas de Gobierno en las que su asignación pasa por una decisión política, dado que estos recursos no tienen un carácter intangible, permanente y exclusivo. Son incorporados por lo general mediante endeudamientos y de aquellos recursos que corresponden a los ingresos provenientes de recaudación tributaria y otros conceptos como son las deducidas de las sumas correspondientes a las comisiones de recaudación y servicios bancarios, los cuales no están vinculados a ninguna entidad y constituyen fondos disponibles de libre programación como son los Recursos Ordinarios.

Los endeudamientos son otorgados a través de la Ley de Endeudamiento que propone el Ejecutivo al Congreso de la República para su aprobación todos los años, y en el caso de los Recursos Ordinarios, estos son propuestos y aprobados para su utilización al siguiente año fiscal mediante la Ley de Presupuesto del sector público, que por lo general se efectúa los primeros días del mes de diciembre de cada año.

3.1.2 **Catalogación de los recursos económicos y de las Fuentes de Financiamiento**

Las Fuentes de Financiamiento de Recursos Determinados (RD) y algunas consideraciones de Recursos Directamente Recaudados (RDR), generalmente como producto de la venta de activos no financieros del sector defensa, se constituyen en recursos económicos de Financiamientos de Núcleo Duro; mientras que las Fuentes de Financiamiento de Recursos Ordinarios (RO), Recursos Directamente Recaudados (RDR), las Donaciones y Transferencias (D y T) y los Recursos Oficiales de Operaciones de Crédito (ROOC) se consideran como recursos económicos de Financiamiento Coyuntural, en donde en cada una de las fuentes de financiamiento sus ingresos provienen de las siguientes actividades:

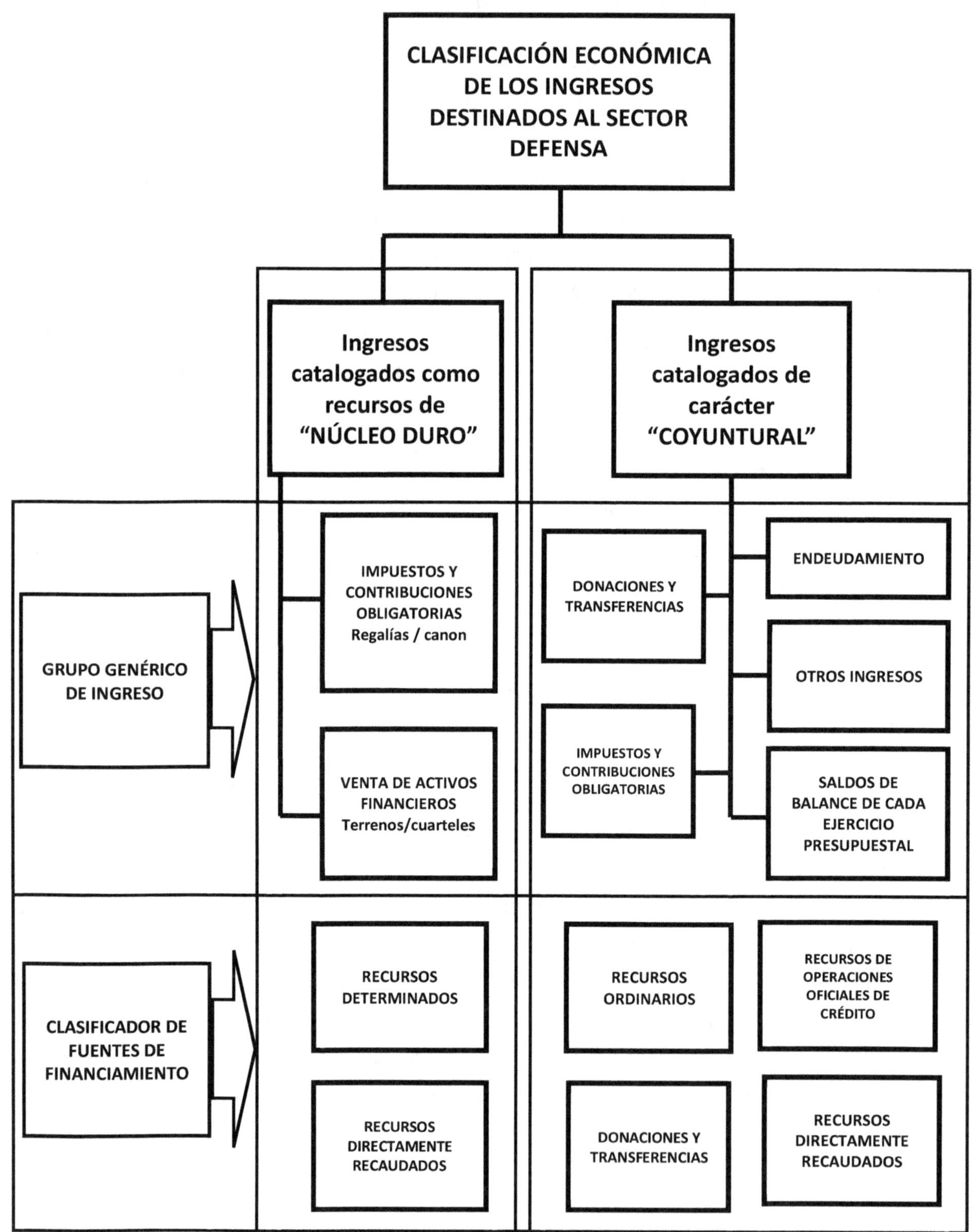

FIGURA 11. *Fuentes de financiamiento provenientes de recursos de Núcleo Duro y Coyunturales.*

a. **Fuente de Financiamiento de Recursos Ordinarios (RO)**

Corresponde a los ingresos provenientes de la recaudación tributaria y otros conceptos, deducidas las sumas correspondientes a las comisiones de recaudación y servicios bancarios. No está vinculada a ninguna entidad y constituyen fondos disponibles de libre programación. Asimismo, comprende los fondos por la monetización de productos.

b. **Fuente de Financiamiento de Recursos Determinados (RD)**

Corresponden a esta fuente de financiamiento el canon y sobrecanon, regalías, renta de aduanas y participaciones. Recae en los ingresos que deben recibir los Pliegos Presupuestarios, conforme a Ley, por la explotación económica de recursos naturales que se extraen de su territorio. Asimismo, considera los fondos por concepto de regalías, los recursos por participación proveniente de las rentas recaudadas por las aduanas marítimas, aéreas, postales, fluviales, lacustres y terrestres, en el marco de la regulación correspondiente, así como las transferencias por eliminación de exoneraciones tributarias. Además, considera los recursos correspondientes a las transferencias del FONIPREL[23], y otros recursos de acuerdo a la normatividad vigente. Incluye el rendimiento financiero y los saldos de balance de años fiscales anteriores.

c. **Fuente de Financiamiento de Recursos Directamente Recaudados (RDR)**

Comprende los ingresos generados por las entidades públicas, administrados directamente por estas, entre los cuales se puede mencionar las rentas de la propiedad, tasas, venta de bienes y prestación de servicios, entre otros, así como aquellos ingresos que les corresponde de acuerdo a la normatividad vigente. Incluye el rendimiento financiero y los saldos de balance de años fiscales anteriores.

d. **Fuente de Financiamiento de Donaciones y Transferencias**

Comprende los fondos financieros no reembolsables recibidos por el gobierno proveniente de agencias internacionales de desarrollo, gobiernos, instituciones y organismos internacionales, así como de otras personas naturales

[23] *FONIPREL: Fondo de Promoción a la Inversión Pública Regional y Local.*

o jurídicas domiciliadas o no en el país. Se consideran las transferencias provenientes de las entidades públicas y privadas sin exigencia de contraprestación alguna. Incluye también el rendimiento financiero y el diferencial cambiario, así como los saldos de balance de años fiscales anteriores.

e. **Fuente de Financiamiento de Recursos Oficiales de Operaciones de Crédito (ROOC)**

Comprende los fondos de fuente interna y externa provenientes de operaciones de crédito efectuadas por el Estado con instituciones, organismos internacionales y gobiernos extranjeros, además de las asignaciones de líneas de crédito. Asimismo, considera los fondos provenientes de operaciones realizadas por el Estado en el mercado internacional de capitales. Incluye el diferencial cambiario y los saldos de balance de años fiscales anteriores.

3.1.3 Alcances de los Ingresos para el Plan de Inversiones

El Plan de Inversiones debe tener un alcance y diseño más recomendable por un periodo de cincuenta años— pudiendo ser menor este período— y debe ser concebido por hitos de décadas o lustros. Este aspecto se sustenta en dos aristas importantes, el primero que define que la vida útil de un equipamiento estratégico destinado a la defensa se constituyen en bienes no rotatorios y tiene una vida útil que se puede extender tecnológicamente hasta los cincuenta año de vida en promedio, y el segundo es que la implementación de las inversiones demandan períodos prolongados para su ejecución que pueden superar en promedio más de diez años.

En este sentido, a fin que los hitos u objetivos que se tengan que establecer en cada «Acción Estratégica», que es la materialización de una de las «Acciones Directrices Estratégicas (ADE)», también llamada «Ejes de Desarrollo Estratégico(EDE)», que forman parte del desarrollo del Plan de Inversiones, tengan una alta probabilidad de ejecución en el tiempo programado, el mayor peso específico de financiamiento de cada una de las inversiones debe de provenir de los ingresos de *FINANCIAMIENTO DE NÚCLEO DURO*. Del mismo modo, sólo se debe considerar en menor porcentaje los ingresos de *FINANCIAMIENTO COYUNTURAL*, especialmente referidas a las gestiones de endeudamiento que tengan que ser materializados a través de la fuente de financiamiento de Recursos de Operaciones Oficiales de Crédito (ROOC).

3.2 ESTRATEGIAS DE OBTENCIÓN DE RECURSOS POR FUENTES DE FINANCIAMIENTO CATALOGADAS COMO NÚCLEO DURO

3.2.1 Estrategia con la *Fuente de Financiamiento* de Recursos Determinados

Esta Fuente de Financiamiento comprende los rubros que se relacionan al canon y sobrecanon, regalías, que reciben los Pliegos Presupuestarios de Defensa e Interior[24] con las prerrogativas establecidas en la Ley, por la explotación económica de recursos naturales, y otros que estén relacionados a los fondos por concepto de regalías, los recursos por participación en rentas de aduanas provenientes de las rentas recaudadas por las aduanas marítimas, aéreas, postales, fluviales, lacustres y terrestres, en el marco de la regulación que se pueda corresponder.

En este caso las regalías provenientes de la explotación de los lotes 56 y 88 del gas de Camisea que provienen de los recursos del Fondo de Defensa para las Fuerzas Armadas y Policía Nacional cuando son incorporados al presupuesto de una institución, son considerados dentro del clasificador de Fuentes de Financiamiento como *Recursos Determinados* (RD). La incorporación de estos recursos se efectúa con previa aprobación de un acta emitida por un Comité de Administración del Fondo de Defensa para las FFAA y PNP[25]. Esta fuente de ingresos tiene muchas ventajas para su uso y la asignación de recursos en la implementación inmediata de proyectos de inversión para ser desarrollados en el futuro, porque se puede hacer sobre la base de las recaudaciones futuras, pero para eso es necesario que se adopten algunas de las acciones que se mencionan a continuación:

a. Se requiere que la aprobación de los recursos, que sigue un procedimiento de decisión política, contenga periodos razonables de trámite en

[24] *Se refiere al Ministerio de Defensa y al Ministerio del Interior, como Entidades del Sector Público a las que se les aprueba una asignación Presupuestaria en la Ley Anual de Presupuesto.*
[25] *Artículo Nº 6 de la Ley Nº 28455. La composición del Comité de Administración de EL FONDO está integrado por: El Presidente del Consejo de Ministros, quien lo preside, el Ministro de Relaciones Exteriores, el Ministro de Economía y Finanzas, el Ministro de Defensa y el Ministro del Interior.*

todos los niveles de opinión—como por ejemplo del Comando Conjunto de las Fuerzas Armadas y del Consejo de Defensa Nacional[26]—y esté formalizado por la Resolución Suprema respectiva refrendada por el sector correspondiente.

b. Evitar que la tendencia solo sea a usar los recursos ya recaudados, donde estos montos en la práctica serían insuficientes para financiar inversiones importantes, considerando que los proyectos relacionados a equipamiento para la defensa demandan montos considerables.

c. Al ser una Fuente de Financiamiento que considero como la más adecuada y recomendable para adaptarse a la implementación de proyectos de inversión e inversiones de gran envergadura, permite que:

(1) Su uso directo no debe estar sujeto al pago de intereses por la adopción de algún endeudamiento, así como por ejemplo en el Perú se dio para solventar un conjunto de proyectos de inversión y actividades que conformaban los requerimientos específicos del Núcleo Básico para la Defensa establecido en la primera década de los años 2000, cuyos prestamos por cerca de 650 millones de dólares se tuvo que pagar solo por intereses más de 340 millones de dólares en un periodo de unos quince años.

(2) Los FONDOS[27] se deben constituir en recursos multianuales que no pierdan su vigencia de empleo, siempre y cuando, por acta emitida por Comité de Administración del Fondo, se deje sin efecto lo aprobado o se modifique a otro proyecto o actividad que este enmarcada dentro de los lineamientos que estipula la Ley del Fondo de Defensa respectivo.

(3) Estos fondos, según el artículo 1 de la Ley N° 28455, sus recursos así como sus intereses que devenguen deben tener carácter intangible y permanente y ser destinados única y exclusivamente para los fines señalados en la Ley, como la adquisición de equipamiento destinado a la modernización de las

[26] *Según el Capítulo IV Sistema de Seguridad y Defensa Nacional del Libro Blanco de la Defensa Nacional, establece que el Consejo de Seguridad Nacional lo conforman: El Presidente de la República, quien lo preside; el Presidente del Consejo de Ministros, el Ministro de Relaciones Exteriores, el Ministro del Interior, el Ministro de Defensa, el Ministro de Economía y Finanzas, el Ministro de Justicia, el Jefe del Comando Conjunto de las Fuerzas Armadas y el Presidente del Consejo Nacional de Inteligencia.*

[27] *Artículo N° 5 de la Ley N° 28455. El FONDO es administrado por un Comité que asigna los recursos de acuerdo a los planes estratégicos de modernización, repotenciación, renovación, reemplazo y reparación, del equipamiento; los que deben ser aprobados por el Consejo de Defensa Nacional y formalizados por resolución suprema de la Presidencia del Consejo de Ministro refrendado por el sector correspondiente.*

Fuerzas Armadas y Policía Nacional y su repotenciación y renovación tecnológica del equipamiento, además de la reparación y mantenimiento del equipamiento de las mismas.

(4) Permitir el empleo futuro, que se pueda manejar con constancias de previsión de recursos en base a las actas suscritas por el Comité de Administración del Fondo de las Fuerzas Armadas y Policía Nacional, para la conducción de los procesos de contratación a que diera lugar.

Según el libro La Estrategia de Compra, se establecen como ejemplo cuatro estrategias que podrían se adoptar con esta fuente de financiamiento, indicada a continuación:

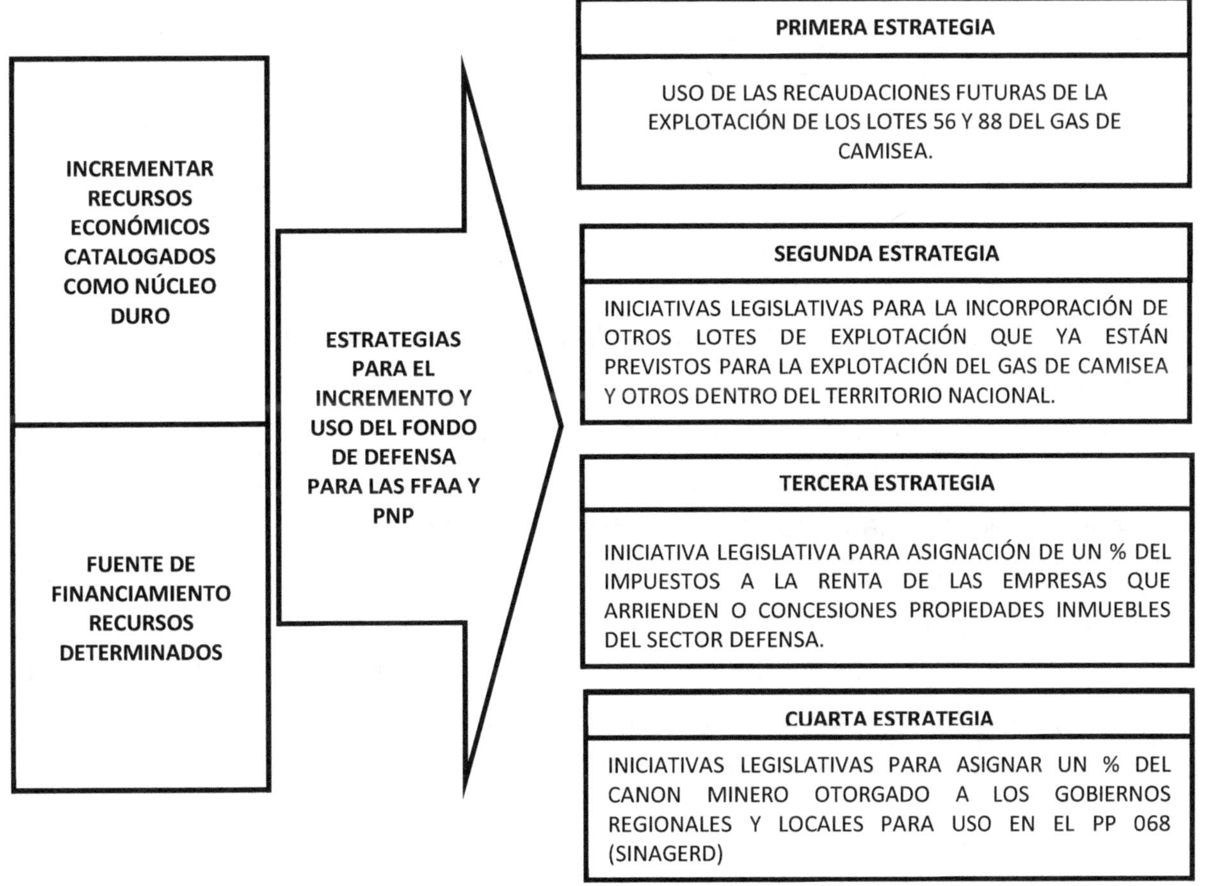

FIGURA 12. *Fuentes de Financiamiento provenientes de recursos de Núcleo Duro.*

a. ***Primera estrategia***: Uso de las recaudaciones futuras de la explotación de los lotes 56 y 88 del gas de Camisea.

b. ***Segunda estrategia***: Proponer iniciativas legislativas que permitan incrementar el Fondo de Defensa para las Fuerzas Armadas y Policía Nacional con la incorporación de otros lotes que ya están previstos para la explotación del gas de Camisea y otros lugares del territorio nacional.

c. ***Tercera estrategia***: Proponer iniciativas legislativas que permitan incrementar el Fondo de Defensa para las Fuerzas Armadas y Policía Nacional, como producto de la asignación de un porcentaje de las recaudaciones relacionado al Impuestos a la renta de todas aquellas empresas que arrienden o concesiones propiedades inmuebles del sector defensa.

d. **Cuarta estrategia**: Proponer iniciativas legislativas que permitan incrementar el Fondo de Defensa para las Fuerzas Armadas y Policía Nacional, en las cuales se asigne un porcentaje del canon minero dado a los gobiernos regionales y locales para que estos recursos sean redirigdos en especial al Programa Presupuestal 068, que corresponde al Sistema Nacional de Gestión de Riesgos y Desastres.

Primera Estrategia con la Fuente de Recursos Determinados

La primera estrategia contempla el uso de las recaudaciones futuras de la explotación de los lotes 56 y 88 del gas de Camisea al año 2030 como estimación. Este aspecto se detalla en el libro "La Estrategia de Compra", en el cual se explica la probabilidad dentro de un escenario moderado de que las proyecciones de las regalías solo para las Fuerzas Armadas —sin considerar a la Policía Nacional del Perú—, generadas por la recaudaciones de producción de la explotación de los lotes 56 y 88, registren la disponibilidad, al año 2030, de una suma de US$ 1 030 430 000 más/menos millones de dólares, de acuerdo a la demanda y comercialización que se puedan haber dado. Sin embargo, es necesario tener en cuenta que estas recaudaciones se darían de manera progresiva de año a año.

Este monto que se estima proviene del análisis de los alcances de la Ley del Fondo de Defensa para las Fuerzas Armadas y Policía Nacional y en base al pronóstico de los datos emitidos en las publicaciones de PerúPetro S.A.[28], en donde se puede esgrimir una disponibilidad de recursos al año 2030 como

[28] ***PERUPETRO S.A.*** *Empresa Estatal de Derecho Privado, que en representación del Estado Peruano, se encarga de promocionar, negociar, suscribir y supervisar contratos para la exploración y explotación de hidrocarburos en el Perú.*

producto de las regalías del gas. En este orden de ideas, se apertura la posibilidad de uso de los recursos de acuerdo a las recaudaciones futuras, o en su defecto que nuevamente se adopte el mismo procedimiento de financiamiento que siguió el Núcleo Básico para la Defensa, donde se optó por la gestión de endeudamiento (préstamo interno); sea cual fuere la forma, esto permitiría la implementación de nuevas inversiones futuras dentro del sector defensa.

Los pronósticos de explotación del gas se efectúan en tres escenarios de acuerdo al volumen probable de explotación (existencia de inversiones) y los precios de referencia en el mercado que se puedan dar, siendo estos el conservador, el moderado y el optimista.

TABLA 9

ESCENARIOS PROBABLES QUE MUESTRAN LOS ASPECTOS IMPORTANTES PARA DETERMINAR EL VOLUMEN DE EXPLOTACIÓN GAS Y LOS PRECIOS DE REFERENCIA DE VENTA EN EL MERCADO

ESCENARIO	VOLUMEN	PRECIOS
Conservador	• Desarrolla las reservas probadas desarrolladas • No hay inversión	-10% del precio de referencia
Moderado	• Desarrollará las reservas desarrolladas más las reservas probadas no desarrolladas • Existe inversión en comprensión	Precio de referencia
Optimista	• Desarrollará las reservas probadas y reservas desarrolladas posibles • Inversión en comprensión y otros	+ 10% del precio de referencia

***FUENTE**: Datos obtenidos de PERUPETRO. Indicado en la Tabla 15 del Libro "La Estrategia de Compra" - pagina 70 - Primera edición 2019.*

En las siguientes figuras que mostramos se puede apreciar los pronósticos de la explotación del gas natural y líquidos del gas de Camisea expresados en millones de pies cúbicos por día (MMPCD) y miles de barriles a condiciones, estándar (MSTB) respectivamente, los mismos que por muchos factores pueden variar.

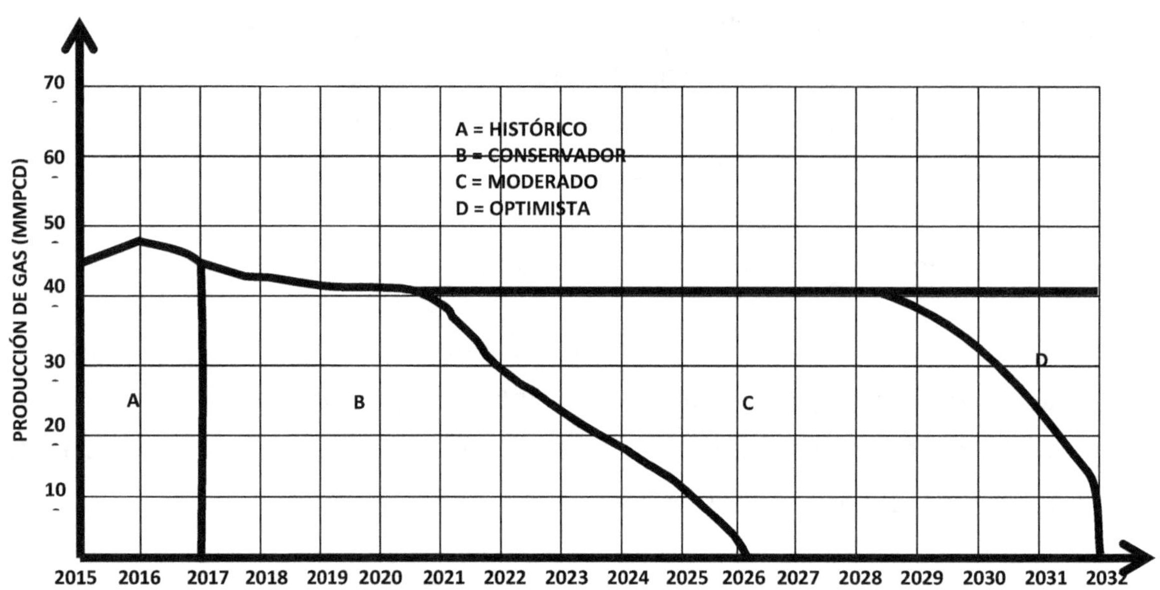

FIGURA 13. *Pronóstico de Producción de Gas Natural del Lote 56 en escenario optimista, moderado y conservador.*

FUENTE*: Pluspetrol Informe Anual de Reservas Lote 88 y 56 al 31 diciembre 2017- Indicado en la Figura 29 del libro "La Estrategia de Compra" - página 71 - Primera edición, 2019.*

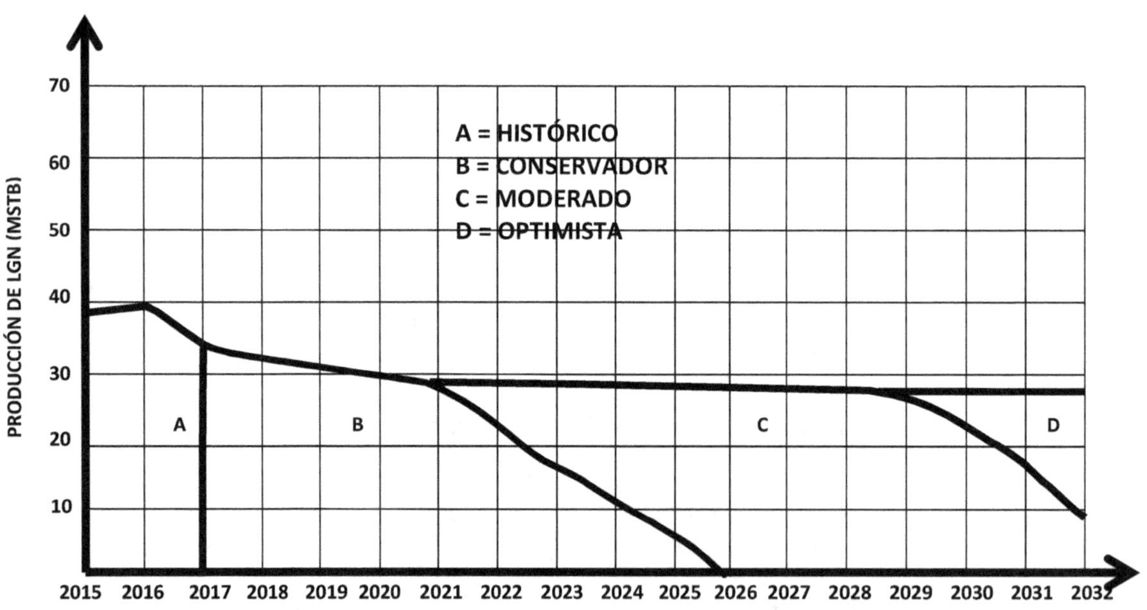

FIGURA 14. *Pronóstico de Producción de LGN del Lote 56 en escenario optimista, moderado y conservador.*

FUENTE: *Pluspetrol Informe Anual de Reservas Lote 88 y 56 al 31 diciembre 2017- Indicado en la figura 30 del libro "La Estrategia de Compra" - página 71 - Primera edición, 2019.*

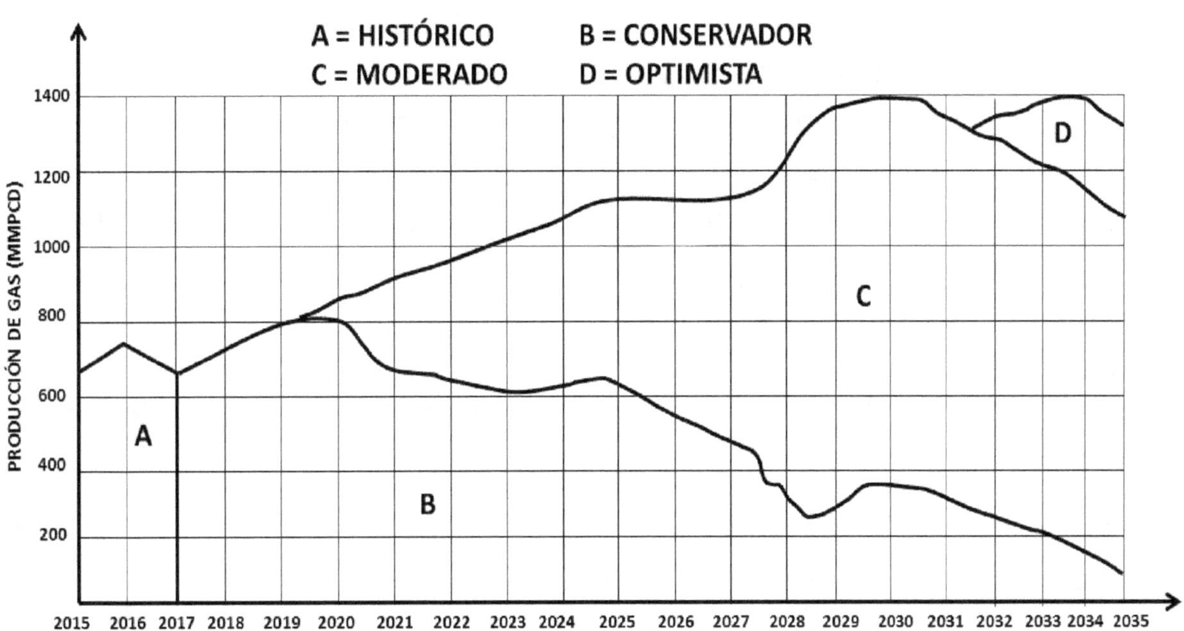

FIGURA 15: *Pronóstico de Producción de Gas del Lote 88 en escenario optimista, moderado y conservador.*

FUENTE: *Pluspetrol Informe Anual de Reservas Lote 88 y 56 al 31 diciembre 2017- Indicado en la figura 31 del libro "La Estrategia de Compra" - página 72 - Primera edición, 2019.*

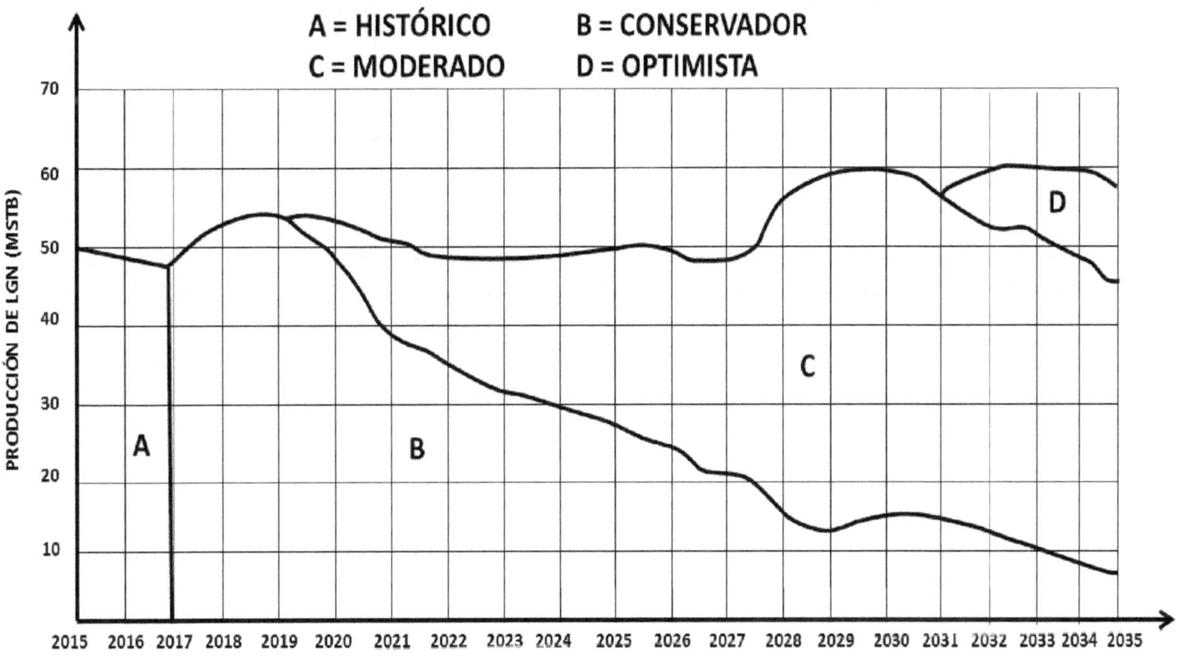

FIGURA 16. *Pronóstico de producción de LGN del Lote 88 en escenario optimista, moderado y conservador.*

FUENTE: *Pluspetrol Informe Anual de Reservas Lote 88 y 56 al 31 diciembre 2017- Indicado en la figura 32 del libro "La Estrategia de Compra" - página 72 - Primera edición, 2019.*

En base a los datos que se mostraron en las figuras anteriores en las que se visualiza un pronóstico de la producción de gas del Lote 56 y 88, en la siguiente figura se muestra cuál sería el pronóstico cuantificado en millones de dólares al año 2030 que representarían las regalías que se generarían por la explotación de ambos lotes de Camisea.

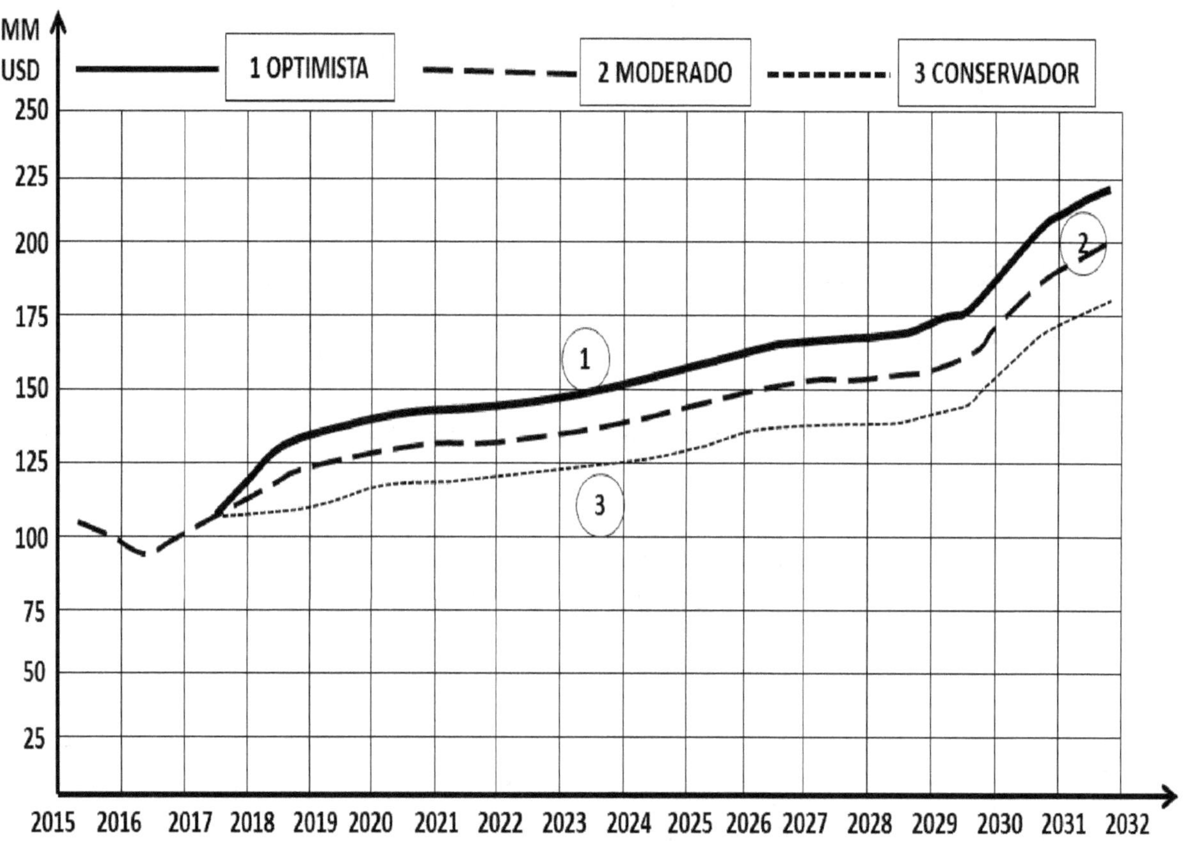

FIGURA 17: *Pronóstico cuantificado en millones de dólares al año 2030 de la explotación del gas en los tres escenarios.*

FUENTE: *Pluspetrol Informe Anual de Reservas Lote 88 y 56 al 31 diciembre 2017- Indicado en la figura 33 del libro " La Estrategia de Compra" - pagina 73 - Primera edición, 2019.*

Entre el escenario optimista y conservador se puede indicar que el estadio más factible de realización lo constituye el escenario moderado, porque está sustentado sobre la base de reservas desarrolladas, reservas probadas no desarrolladas, la existencia de inversión en camino y asimismo la estimación a precios referenciales.

En consecuencia, el pronóstico al año 2030 estaría estimado en que la explotación del gas de Camisea de los lotes 56 y 88 generarían regalías para ser incorporadas al Fondo de Defensa para las Fuerzas Armadas y Policía Nacional, un monto aproximado de unos US$ 1 925 000 000 millones de dólares, según se muestra en la siguiente figura:

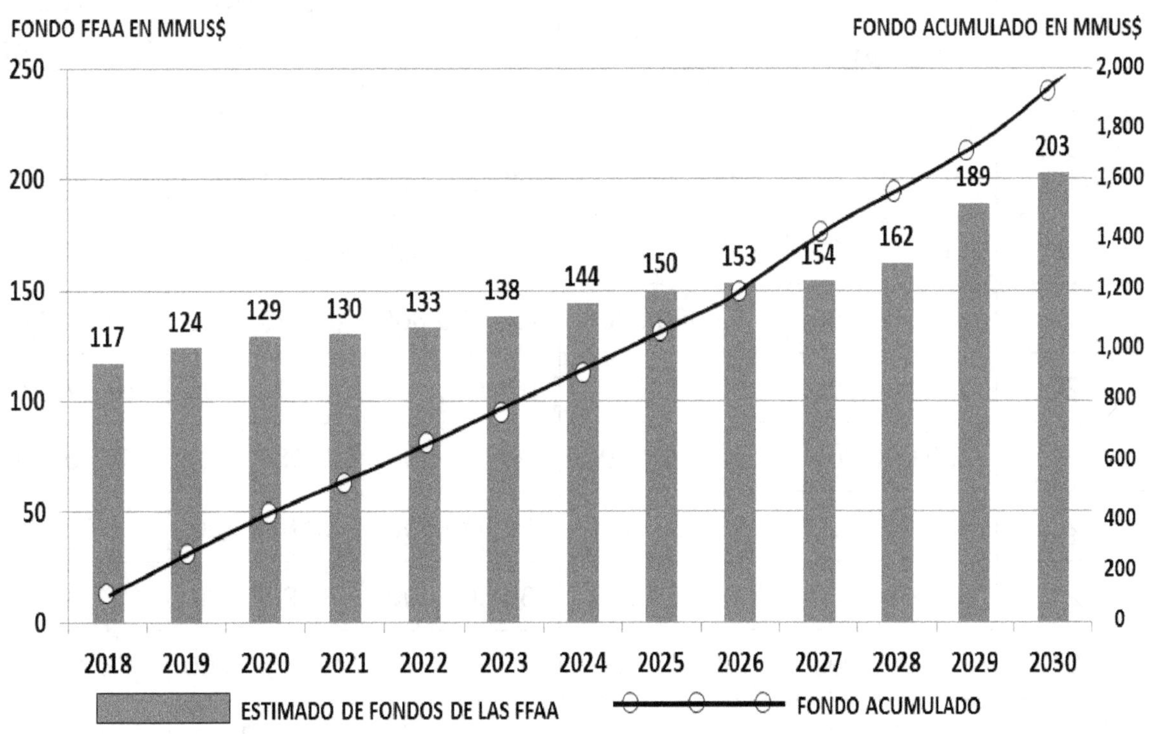

FIGURA 18. *Pronóstico de millones de dólares al año 2030 en un escenario moderado.*

FUENTE: *Pluspetrol Informe Anual de Reservas Lote 88 y 56 al 31 diciembre 2017- Indicado en la figura 34 del libro " La Estrategia de Compra" - página 74 - Primera edición, 2019.*

En este sentido, sobre estos pronósticos de las regalías al año 2030, luego de hacer las deducciones por los conceptos de recursos asignados a proyectos pendientes, al pago por las obligaciones de servicio de deuda producto de los tres endeudamientos que solventaron el núcleo básico para la defensa y la parte que por ley le corresponde a la Policía Nacional del Perú—que es el 25% del total de las regalías—, se podría disponer de un monto neto que aproximadamente asciende a la suma de US$ 1 030 430 000 de dólares, que se muestra en la tabla siguiente:

TABLA 10

RECAUDACIONES PROYECTADAS AL 2030 PROVENIENTES DE LAS REGALÍAS DE LA EXPLOTACIÓN DEL GAS DE CAMISEA ASIGNADAS AL FONDO DE DEFENSA PARA LAS FUERZAS ARMADAS Y POLICÍA NACIONAL

AÑO	INGRESOS		TOTAL EGRESOS	SALDO ANUAL	SALDO ACUMULADO
	TOTAL	75% PARA FFAA			
2005 al 2017	1 526 653 333	1 144 990 000	970 380 000	174 610 000	174 610 000
2018	117 000 000	87 750 000	123 930 000	-36 180 000	138 430 000
2019	124 000 000	93 000 000	106 230 000	-13 230 000	125 200 000
2020	129 000 000	96 750 000	164 580 000	-67 830 000	57 370 000
2021	130 000 000	97 500 000	90 420 000	7 080 000	64 450 000
2022	133 000 000	99 750 000	66 920 000	32 830 000	97 280 000
2023	138 000 000	103 500 000	36 600 000	66 900 000	164 180 000
2024	144 000 000	108 000 000		108 000 000	272 180 000
2025	150 000 000	112 500 000		112 500 000	384 680 000
2026	153 000 000	114 750 000		114 750 000	499 430 000
2027	154 000 000	115 500 000		115 500 000	614 930 000
2028	162 000 000	121 500 000		121 500 000	736 430 000
2029	189 000 000	141 750 000		141 750 000	878 180 000
2030	203 000 000	152 250 000		152 250 000	**1 030 430 000**
TOTAL	**3 452 653 333**	**2 589 490 000**	**1 559 060 000**	**1 030 430 000**	

FUENTE: *Tabla 16 - Libro "La Estrategia de Compra" - página 75 - Primera edición, 2019.*

TABLA 11

INGRESOS ANUALES POR REGALÍAS SOLO PARA LAS FFAA HASTA EL AÑO 2030

No	DESCRIPCIÓN	INGRESO EN $	SALDO ACUMULADO EN $
1	Saldo acumulado no distribuido al 2020	57 370 000	57 370 000
2	Recaudaciones año 2021	7 080 000	64 450 000
3	Recaudaciones año 2022	11 230 000	75 680 000
4	Recaudaciones año 2023	88 500 000	164 180 000
5	Recaudaciones año 2024	108 000 000	272 180 000
6	Recaudaciones año 2025	112 500 000	384 680 000
7	Recaudaciones año 2026	114 750 000	499 430 000
8	Recaudaciones año 2027	115 500 000	614 930 000
9	Recaudaciones año 2028	121 500 000	736 430 000
10	Recaudaciones año 2029	141 750 000	878 180 000
11	Recaudaciones año 2030	152 250 000	**1 030 430 000**

FUENTE: *Tabla 17 - Libro "La Estrategia de Compra" - página 80 - Primera edición, 2019.*

Este monto estimado, que puede ser variable y cuyas tendencias son superiores a la suma total de US$ 1 030 430 000, permitiría financiar parcial o totalmente un grupo determinado de proyecto de inversión e inversiones aprobados por el Consejo de Seguridad Nacional y el Comité de Administración del Fondo de Defensa para las Fuerzas Armadas y Policía Nacional, procedimientos que serían pagados en función de un cronograma establecido en concordancia a las recaudaciones futuras por cada año hasta alcanzar el año 2030. Esta consideración se sustenta por las siguientes justificaciones:

a. La implementación de proyectos de inversión e inversiones relacionados a equipamiento destinado para la defensa por lo general demandan prolongados periodos desde que son concebidos hasta su culminación, que fácilmente podrían abarcar más de diez años.

b. La mayor parte de las inversiones de equipamiento para la defensa por su naturaleza determinan que se tenga que optar por contrataciones al mercado extranjero; en este sentido, esta modalidad facilita la consecución de procesos de contratación donde su financiamiento esté sustentando en la disponibilidad de recursos futuros, con la emisiones de constancias de disponibilidad de recursos que pueden respaldarse en base a las actas aprobadas por el Comité de Administración del Fondo de Defensa para las FFAA y PNP.

c. De lo establecido en el pronóstico de ingresos en un escenario moderado se dispondría montos anuales, los mismos que se irían incorporando en cada presupuesto institucional el año siguiente de su recaudación. Asimismo, es factible la administración de contratos con una vigencia[29] prolongada sobre la base de un cronograma de entregas y desembolsos anuales con tiempo prolongados establecidos. Los ingresos que se dispondría se muestra en la siguiente tabla:

[29] *En concordancia a lo estipulado al Artículo 62° de la Constitución Política del Perú, que establece la libertad de contratar garantiza que las partes pueden pactar válidamente según las normas vigentes al tiempo del contrato. Los términos contractuales no pueden ser modificados por leyes u otras disposiciones de cualquier clase.*

TABLA 12

MONTOS ANUALES POR RECAUDACIONES DEL FONDO DE DEFENSA Y FECHA DE INCORPORACIÓN AL PRESUPUESTO

No	RECAUDACIÓN AL MES DE DICIEMBRE DEL AÑO:	INGRESO	SALDO ACUMULADO	INCORPORACIÓN EN EL PRESUPUESTO
1	Al AÑO 2020[30]	57 370 000	57 370 000	AF 2021
2	AÑO 2021	7 080 000	64 450 000	AF 2022
3	AÑO 2022	11 230 000	75 680 000	AF 2023
4	AÑO 2023	88 500 000	164 180 000	AF 2024
5	AÑO 2024	108 000 000	272 180 000	AF 2025
6	AÑO 2025	112 500 000	384 680 000	AF 2026
7	AÑO 2026	114 750 000	499 430 000	AF 2027
8	AÑO 2027	115 500 000	614 930 000	AF 2028
9	AÑO 2028	121 500 000	736 430 000	AF 2029
10	AÑO 2029	141 750 000	878 180 000	AF 2030
11	AÑO 2030	152 250 000	**1 030 430 000**	AF 2031

FUENTE: *Tabla 18 - Libro "La Estrategia de Compra" - página 82 - Primera edición, 2019.*

[30] *Corresponde a saldo al año 2020 luego de todas las obligaciones existentes que tiene que pagarse como producto de los préstamos que financiaron el Núcleo Básico de Defensa y los compromisos existentes en la Actas vigentes.*

Como ejemplo explicativo de la adopción de esta estrategia de financiamiento para ser considerada dentro de un Plan de Inversiones diseñado, presentamos la implementación de un conjunto de proyectos de inversión e inversiones que estarían a cargo de las tres Instituciones de las Fuerzas Armadas del Perú, las cuales se desarrollarían bajo las siguientes condiciones:

a. La generación de informes técnicos, económicos y legales, así como aquellos informes de cierre relacionado a los ingresos y egresos respectivos, como producto de los movimientos del fondo en años anteriores a la gestión, deben de concluir con la factibilidad del uso de los recursos futuros sustentados entre otras cosas en los siguientes aspectos:

(1) Existe una analogía de uso de recursos futuros que se efectuaron con el Fondo de Defensa al año 2021 para poder financiar los proyectos y actividades del Núcleo Básico para la Defensa.

(2) La adopción de un sistema de endeudamiento genera el pago de intereses muy altos, como fue el caso del Núcleo Básico para la Defensa en el que los US$ 334 700 345 dólares por pago de intereses representaron prácticamente el 53.46% del monto prestado, que fue de US$ 625 689 655 dólares.

b. En el acta que aprobaría el Comité de Administración del Fondo para las Fuerzas Armadas y Policía Nacional dentro de su contenido necesariamente debe de contener, entre otros aspectos, los siguiente puntos importantes:

(1) Aprobar el financiamiento para la implementación de un conjunto de proyectos de inversión e inversiones aprobadas por el Consejo de Defensa Nacional con los recursos provenientes de las recaudaciones anuales hasta el año 2030, dadas a partir de las regalías del Fondo de Defensa para las FF.AA. y PNP, hasta por el monto de US$ 1 030 430 000.

(2) La asignación de los US$ 1 030 430 000 se efectuarían en base a las recaudaciones anuales que se obtengan y se incorporarían en el presupuesto institucional en el año fiscal correspondiente que se ejecute el pago, según un Cronograma de Pagos de Obligaciones Contractuales que se explicaron en la tabla 20 que figura en el libro La Estrategia de Compra.

TABLA 13
EJEMPLO DE LISTA DE PROYECTOS E INVERSIONES QUE FIGURARÍAN EN ACTA

IIAA	No	PROYECTO E INVERSIONES	MONTO DEL PROYECTO
MGP		**TOTAL MGP**	**343 476 667**
	1	PROYECTO INVERSIÓN No 1	80 000 000
	2	PROYECTO INVERSIÓN No 2	50 000 000
	3	PROYECTO INVERSIÓN No 3	65 000 000
	4	PROYECTO INVERSIÓN No 4	120 000 000
	5	INVERSIÓN No 1	20 000 000
	6	INVERSIÓN No 2	8 476 667
FAP		**TOTAL FAP**	**343 476 667**
	1	PROYECTO INVERSIÓN No 1	138 000 000
	2	PROYECTO INVERSIÓN No 2	123 000 000
	3	PROYECTO INVERSIÓN No 3	55 000 000
	4	INVERSIÓN No 1	27 476 667
EP		**TOTAL EP**	**343 476 667**
	1	PROYECTO INVERSIÓN No 1	145 000 000
	2	PROYECTO INVERSIÓN No 2	120 000 000
	3	INVERSIÓN No 1	32 000 000
	4	INVERSIÓN No 2	46 476 667
		TOTAL	**1 030 430 000**

FUENTE: *Tabla 19 - Libro "La Estrategia de Compra" - página 84 - Primera edición, 2019.*

Segunda Estrategia con la Fuente de Recursos Determinados

Esta estrategia parte de la esencia del Artículo 2 de la Ley Nº 28455, que crea el Fondo de Defensa para las Fuerzas Armadas y la PNP, y que en sus literales "b" y "c" establece porcentajes definidos gravados a las regalías por la explotación de los lotes 56 y 88 del gas de Camisea.

Siguiendo esta misma línea relacionada a la explotación de gas, hacemos mención que la primera estrategia que planteamos anteriormente estuvo sustentada al uso de los recursos futuros al año 2030 producto de las regalías provenientes de la explotación del gas de Camisea de los lotes 56 y 88, sosteniendo los recursos con los fondos que serán producto de la explotación de las **Reservas probadas** y de las **Reservas Probables**, y ejecutando bajo una programación proyectos de inversiones e inversiones de un mediano y largo plazo inmediato.

Se plantearía el sustento de la segunda estrategia sobre un porcentaje similar a las que se gravan las regalías de la explotación de los lotes 56 (30%) o 88 (40%), pero en este caso sobre todos aquellos lotes que no están contemplados en la Ley del Fondo de Defensa de las FFAA y PNP y que estén clasificados como **Reservas Probadas y Probables***:* en primera instancia podría alcanzar a la explotación de los lotes 57 y 58.

Del mismo modo, se plantearía dentro de esta estrategia a las **Reservas posibles**, a los **Recursos Contingentes** y en proyección a los **Recursos Prospectivos*;*** en consecuencia, la estructura del plan de inversiones, relacionado a la Fuente de Financiamiento de Recursos Determinados, estaría programada e indicada según la figura y contenidos siguientes:

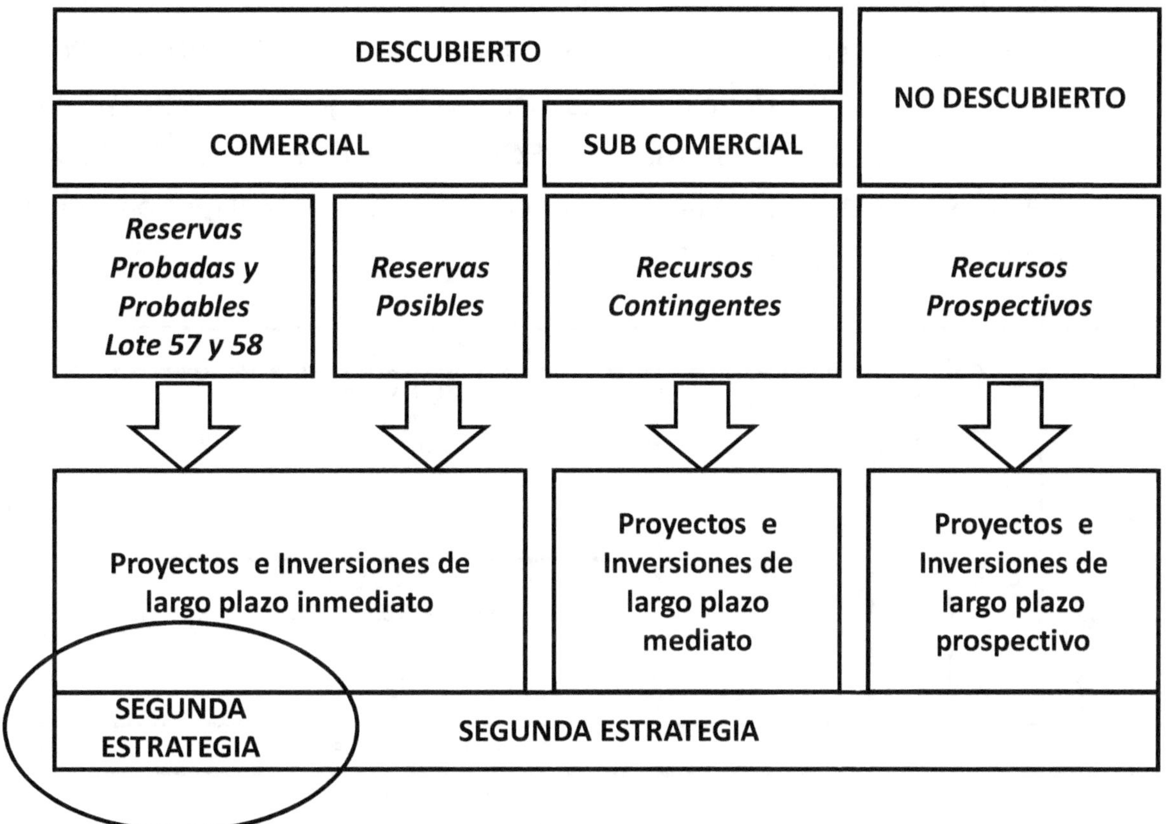

FIGURA 19. *Posibles recursos para financiar proyectos e inversiones dentro de la Fuente de Financiamiento de Recursos Determinados.*

a. Proyectos de Inversión e Inversiones de Mediano y Largo Plazo Inmediato y Mediato, cuya programación de los mismos estarían asociados a probabilidad de uso de las Reservas Probadas, Probables y Posibles de la explotación de gas a nivel nacional.

b. Proyectos de Inversión e Inversiones que estarían considerados en el Largo Plazo Contingente, y consecuentemente asociadas a los Recursos de Contingencia.

c. Proyectos de Inversión e Inversiones de Largo Plazo Prospectivo, asociados a los Recursos Prospectivos del Gas a nivel nacional.

Para entender la relación que tendrían las reservas y recursos de hidrocarburos que indicamos anteriormente sobre la visualización de un futuro inmediato, mediato, contingente y prospectivo, que estarían asociados a la implementación de una serie de proyectos de inversión y de inversiones relacionadas al equipamiento destinado para la Defensa, recogemos como referencia los siguientes conceptos establecidos en la SPE/WPC/AAPG/SPEE "SPE – PRMS 2009 (Petroleum Resources Management System), también considerados en el *LIBRO ANUAL DE RECURSOS DE HIDROCARBUROS* al 31 de diciembre del 2016 — libro que es emitido cada año por la Dirección General de hidrocarburos del Ministerio de Energía y Minas —:

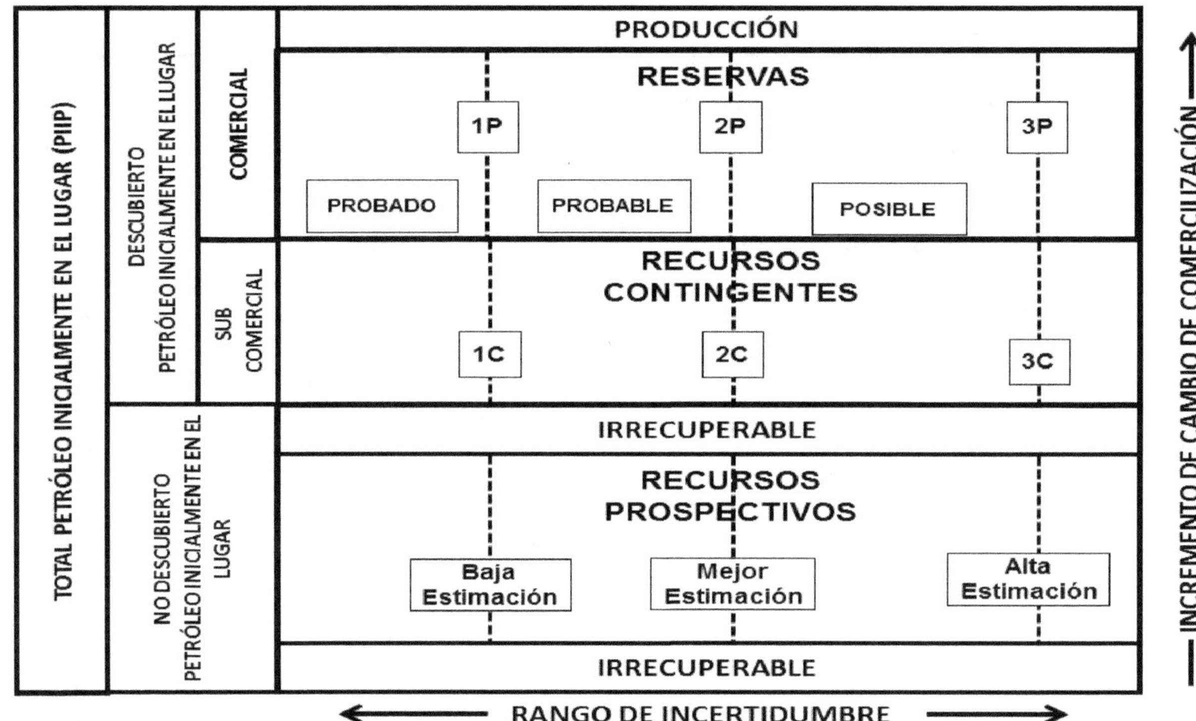

FIGURA 20. *Marco de clasificación de recursos y reservas*[31]
FUENTE: *Mencionado en la figura 52 - Libro "La Estrategia de Compra" - página 75 - Primera edición, 2019.*

a. ***Reservas probadas**: S*on aquellas cantidades de petróleo y gas natural, que mediante análisis de datos de geociencia e ingeniería, pueden estimarse con certeza razonable a ser recuperables comercialmente, desde una fecha dada en adelante, de yacimientos conocidos y bajo condiciones económicas, método de operación y reglamentación gubernamental definidos. Del

[31] *Fuente: SPE/WPC/AAPG/SPEE "SPE – PRMS 2009 (Petroleum Resources Management System).*

mismo modo, si se usan los métodos probabilísticos, debería haber por lo menos 90% de probabilidad de que las cantidades realmente recuperadas igualarán o excederán las estimaciones.

b. ***Reservas Probables***. Son aquellas reservas adicionales en las cuales el análisis de datos de geociencia y de ingeniería indican que son menos probables de ser recuperadas comparadas con las reservas probadas, pero más cierto de recuperarse que las Reservas Posibles; asimismo, cuando utilizan métodos probabilistas, debería existir por lo menos una probabilidad del 50% de que las cantidades reales recuperadas igualarán o excederán la estimación de 2P.

c. ***Reservas posibles***. Son aquellas reservas adicionales en las cuales el análisis de los datos de geociencia y de ingeniería sugiere que son menos probables a ser recuperadas que las reservas probables; asimismo, cuando utilizan métodos probabilistas, debería existir por lo menos una probabilidad del 10% de que las cantidades reales recuperadas igualarán o excederán la estimación de 3P.

d. ***Recursos Contingentes.*** Aquellas cantidad de petróleo y gas natural, a un fecha dada a ser potencialmente recuperables de acumulaciones conocidas, pero los proyectos que pudieran ser aplicados aún no se consideran suficientemente maduros para su desarrollo comercial, debido a una o más contingencias.

e. ***Recursos Prospectivos.*** Cantidades de petróleo y gas estimadas, a una fecha dada a ser potencialmente recuperables de acumulación aún no descubiertas.

El Libro la *Estrategia de Compra* en base al *"LIBRO ANUAL DE RECURSOS DE HIDROCARBUROS"* al 31 de diciembre del 2016, preparado por la Dirección General de Hidrocarburos del Ministerio de Energía y Minas toma como referencia los principios y lineamientos definidos en el Sistema de Gerencia de Recursos de Petróleo PRMS-PE este último, se estimaría en resumen de las reservas y recursos de gas lo siguiente:

TABLA 14

RESERVAS ESTIMADAS DE HIDROCARBUROS DE GAS

TIPO DE HIDROCARBURO	PROBADAS	PROBABLES	POSIBLES
LÍQUIDOS DE GAS NATURAL MMSTB	789.7	112.6	76.3
GAS NATURAL EN TCF	16.1	1.9	1.7
GAS NATURAL EN MMSTBOE	3,116.70	564.70	511.50
TOTAL GAS EQUIVALENTE EN MMSTBOE	**3,906.4**	**677.3**	**587.8**

Leyenda:
MMSTB: *(million stock-tank barrels) millones de barriles en condiciones de tanque.*
TCF: *Trillones americanos de pies cúbicos.*
MMSTBOE: *Millones de barriles de petróleo equivalente en condiciones estándar.*
FUENTE: *Tabla 27 - Libro la Estrategia de Compra - pagina 113 - Primera edición 2019.*

TABLA 15

RECURSOS ESTIMADOS DE HIDROCARBUROS DE GAS

TIPO DE HIDROCARBURO	CONTINGENTE	PROSPECTIVOS
PETRÓLEO MMSTB	600.5	14,713.6
LÍQUIDOS DE GAS NATURAL MMSTB	190.0	1,548.9
TOTAL HIDROCARBUROS LÍQUIDOS MMSTB	790.5	16,262.5
GAS NATURAL TCF	5.1	42.2
GAS NATURAL EN MMSTBOE	**852.7**	**7,033.5**
TOTAL PETRÓLEO EQUIVALENTE MMSTB	1,643.2	23,296.0

Leyenda:
MMSTB: *(million stock-tank barrels) millones de barriles en condiciones de tanque*
TCF: *Trillones americanos de pies cúbicos*
MMSTBOE: *Millones de barriles de petróleo equivalente en condiciones estándar*
FUENTE: *Tabla 28 - Libro la Estrategia de Compra - pagina 113 - Primera edición 2019.*

Asimismo, según el reporte de Estadística Anual de Hidrocarburos año 2017, pública como Producción Fiscalizada de Hidrocarburos al año 2017 fueron 856.70 de líquido de gas natural en millones de barriles de petróleo fiscalizada a condiciones estándar por día (MMSTBD) y de 10,427.47 en millones de pies cúbicos a condiciones estándar por día (MMSCFD) de gas natural, según se muestra en la siguiente tabla:

TABLA 16

PRODUCCIÓN FISCALIZADA DE HIDROCARBUROS (GAS NATURAL Y LÍQUIDOS DE GAS NATURAL)

AÑO	LGN (MMSTBD)		GAS NATURAL (MMSCFD)	
	CANTIDAD	ACUMULADO	CANTIDAD	ACUMULADO
2005		0.00	147.00	147.00
2006		0.00	172.00	319.00
2007		0.00	259.00	578.00
2008	43.50	43.50	327.70	905.70
2009	74.25	117.75	336.11	1 241.81
2010	84.50	202.25	700.30	1 942.11
2011	83.16	285.41	1,099.09	3 041.20
2012	86.33	371.74	1,144.25	4 185.45
2013	104.62	476.36	1,179.61	5 365.06
2014	103.43	579.79	1,250.43	6 615.49
2015	91.40	671.19	1,208.89	7 824.38
2016	94.73	765.92	1,350.90	9 175.28
2017	90.78	856.70	1,252.19	10 427.47
TOTAL	**856.70**		**10 427.47**	
EN TCF	**0.005**		**3.75**	**3.76**

Leyenda:

MMSTBD: *Millones de barriles de petróleo fiscalizada a condiciones estándar por día*

MMSCFD: *Millones de pies cúbicos a condiciones estándar por día*

TCF: *Trillones americanos de pies cúbicos*

FUENTE: *Tabla 29 - Libro "La Estrategia de Compra" - página 114 - Primera edición, 2019.*

Significa que los 10, 427.47 MMSCFD de gas natural representan la cantidad de 3.75 TFC como **Producción Fiscalizada de Hidrocarburos.** Del mismo modo, tenemos que los 856.70 MDPD, como líquidos de gas natural, representan 0.005 TFC, en consecuencia ambos hidrocarburos hacen un total de 3.76 TFC. Esta cantidad relacionada con los montos recibidos por regalías recibidas en cada años asciende a un total de US$ 1 526 653 333.33 millones de dólares entre el periodo del 2005 al 2017. Asimismo, de conformidad a la ley, las regalías para las Fuerzas Armadas fueron de US$ 1 144 990 000.00 que corresponden al 75% del monto de las regalías.

En base a estos registros y teniendo en cuenta otros factores y variables, podemos hacer algunas estimaciones de cuánto podría representar ingresos a EL FONDO, lógicamente si existe una decisión política de aprobar iniciativas legislativas para ampliar o modificar la Ley N° 28455 que crea el Fondo de Defensa para las Fuerzas Armadas y la PNP.

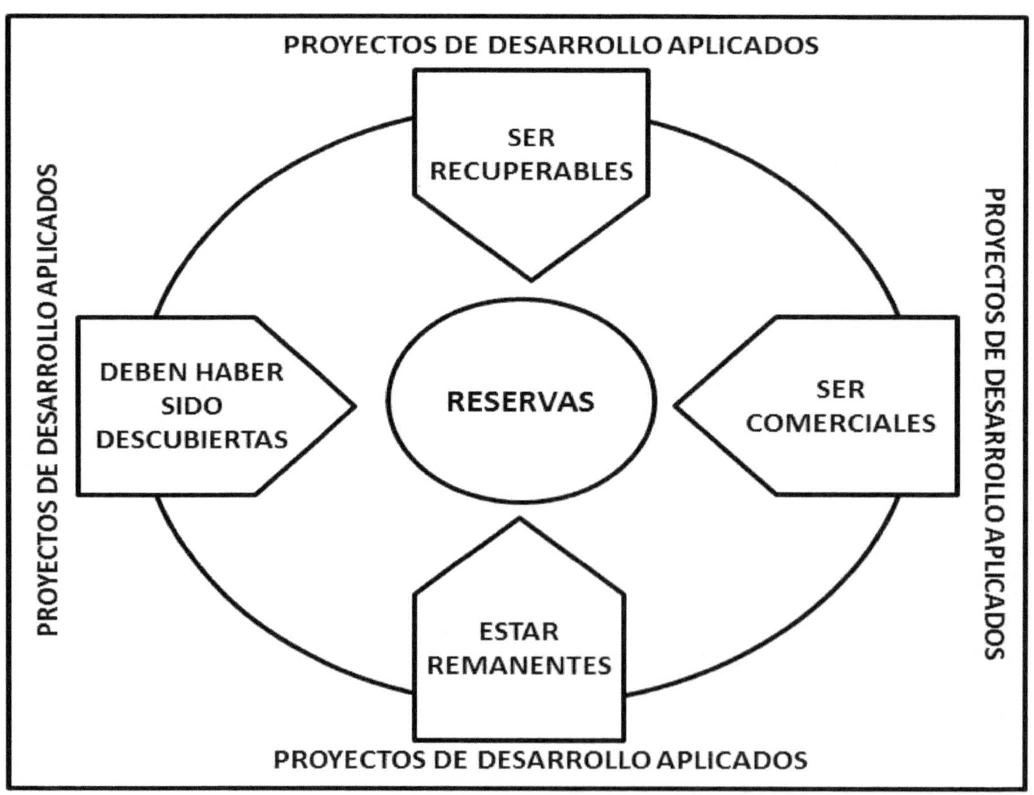

FIGURA 21. *Condiciones que deben cumplir las reservas*
FUENTE: *Indicado en la figura 53 - Libro "La Estrategia de Compra" - página 115 - Primera edición, 2019.*

En un primer escenario hacemos las estimaciones relacionadas a las Reservas de Gas Natural y Líquidos de Gas Natural, considerando que las reservas son aquellas cantidades de gas natural que se anticipan como recuperables comercialmente mediante Proyectos de Desarrollo en acumulaciones conocidas desde una cierta fecha en adelante, bajo condiciones definidas y que deben tener que cumplir cuatro criterios: deben haber sido descubiertas, ser recuperables, ser comerciales y ser remanentes (a la fecha de evaluación), basados en los proyectos de desarrollo aplicados.

TABLA 17

PROBABILIDAD DE CANTIDADES RECUPERABLES

TIPO DE RESERVA	PROBABILIDAD
RESERVAS PROBADAS	POR LO MENOS 90% DE LA PROBABILIDAD DE QUE LAS CANTIDADES REALMENTE RECUPERADAS IGUALARÁN O EXCEDERÁN LAS ESTIMACIONES
RESERVAS PROBABLES	POR LO MENOS 50% DE LA PROBABILIDAD DE QUE LAS CANTIDADES REALMENTE RECUPERADAS IGUALARÁN O EXCEDERÁN LAS ESTIMACIONES DE 2P
RESERVAS POSIBLES	POR LO MENOS 10% DE LA PROBABILIDAD DE QUE LAS CANTIDADES REALMENTE RECUPERADAS IGUALARÁN O EXCEDERÁN LAS ESTIMACIONES DE 3P

LEYENDA:
2P : DOS PROBABILIDADES
3P : TRES PROBABILIDADES
FUENTE: *Tabla 30 - Libro "La Estrategia de Compra" - página 116 - Primera edición, 2019.*

TABLA 18

PRONÓSTICO DE MONTOS QUE SE RECAUDARÍAN COMO PRODUCTO DE LAS RESERVAS PROBADAS, PROBABLES Y POSIBLES SIN CONSIDERAR LOS LOTES 56 Y 88 DEL GAS DE CAMISEA QUE PODRÍAN SER ASIGNADOS A LAS FFAA

GAS NATURAL	PROBADAS	PROBABLES	POSIBLES	TOTAL
TOTAL RESERVAS ESTIMADAS EN BCF	16 090.90	1 857.20	1 654.10	19 602.20
RESERVAS DEL LOTE 56 EN BCF	2 110.50	733.30	178.30	3 022.10
RESERVAS DEL LOTE 88 EN BCF	9 731.60	276.40	382.30	10 390.30
RESERVAS SIN LOTES 56 Y 88 EN BCF	4 248.80	847.50	1 093.50	6 189.80
RESERVAS SIN LOTES 56 Y 88 EN TCF	4.25	0.85	1.09	6.19
REGALÍAS TOTALES EN DÓLARES SIN LOTES 56 Y 88.	1 725 804 800	344 242 979	444 164 835	2 514 212 613
REGALÍAS 75% PARA LAS FFAA EN DÓLARES SIN LOTES 56 Y 88	1 294 353 600	258 182 234	333 123 626	1 885 659 460
% DE PROBABILIDADES DE RECUPERACIÓN COMERCIAL MÍNIMA	90%	50%	10%	
RESERVAS DISPONIBLES DE RECUPERACIÓN COMERCIAL EN TCF	3.82	0.42	0.11	4.36
REGALÍAS TOTALES DE RESERVAS DISPONIBLES DE RECUPERACIÓN COMERCIAL EN DÓLARES	1 553 224 320	129 091 117	33 312 363	1 715 627 800
REGALÍAS PARA FFAA DE RESERVAS DISPONIBLES DE RECUPERACIÓN COMERCIAL EN DÓLARES	1 164 918 240	96 818 338	24 984 272	1 286 720 850
% DE PROBABILIDADES (T+P)/2 ; (2P + P)/2; (3P +P)/2 DE RECUPERACIÓN COMERCIAL	0.95	0.75	0.20	
RESERVAS DISPONIBLES DE RECUPERACIÓN COMERCIAL EN TCF	4.04	0.64	0.22	4.89
REGALÍAS TOTALES DE RESERVAS DISPONIBLES DE RECUPERACIÓN EN MEJOR PROBABILIDAD EN DÓLARES	1 639 514 560	258 182 234	88 832 967	1 986 529 761
REGALÍAS ESTIMADAS DE RESERVAS DISPONIBLES DE RECUPERACIÓN EN MEJOR PROBABILIDAD EN DÓLARES PARA LAS FFAA (75%)	1 229 635 920	193 636 676	66 624 725	1 489 897 321

LEYENDA:

BCF: *Mil millones de pies cúbicos de gas natural*

TCF: *Trillones americanos de pies cúbicos*

FUENTE: *Tabla 31 - Libro "La Estrategia de Compra" - página 117 - Primera edición, 2019.*

En un segundo escenario calculamos las estimaciones de gas natural y líquidos de gas natural correspondiente a los lotes 56 y 88 expresados en dólares americanos:

TABLA 19

MONTO EN DÓLARES QUE REPRESENTARÍA PARA LAS FFAA LAS RESERVAS PROBADAS, PROBABLES Y POSIBLES DE GAS NATURAL CORRESPONDIENTES AL LOTE 56 Y 88 DEL CAMISEA.

GAS NATURAL	PROBADAS	PROBABLES	POSIBLES	TOTAL
RESERVAS DEL LOTE 56 EN BCF	2 110.50	733.3	178.3	3 022.10
RESERVAS DEL LOTE 56 EN TCF	2.11	0.73	0.18	3.02
MONTO EN DÓLARES LOTE 56	857 256 408	297 856 491	72 423 036	1 227 535 936
FFAA 75% LOTE 56 EN DÓLARES	642 942 306	223 392 368	54 317 277	920 651 952
RESERVAS DEL LOTE 88 EN BCF	9 731.60	276.4	382.3	10 390.30
RESERVAS DEL LOTE 88 EN TCF	9.73	0.28	0.38	10.39
MONTO EN DÓLARES LOTE 88	3 952 843 624	112 269 922	155 285 062	4 220 398 609
FFAA 75% LOTE 88 EN DÓLARES	2 964 632 718	84 202 441	116 463 797	3 165 298 957

LEYENDA:

BCF: *Mil millones de pies cúbicos de gas natural*

TCF: *Trillones americanos de pies cúbicos*

FUENTE: *Tabla 32 - Libro "La Estrategia de Compra" - página 118 - Primera edición, 2019.*

TABLA 20

MONTO EXPRESADO EN DÓLARES QUE REPRESENTARÍA PARA LAS FUERZAS ARMADAS LAS REGALÍAS PRODUCIDAS POR LA EXPLOTACIÓN DE LOS LÍQUIDOS DE GAS NATURAL DE RESERVAS PROBADAS, PROBABLES DE LOS LOTES 56 Y 88

GAS LICUADO DE PETRÓLEO	PROBADAS	PROBABLES	POSIBLES	TOTAL
RESERVAS DEL LOTE 56 EN MSTB	137 659.00	52 247.00	12 526.00	202 432.00
RESERVAS DEL LOTE 56 EN MMSTB	137.66	52.25	12.53	202.43
RESERVAS DEL LOTE 56 EN TCF	0.71	0.27	0.06	1.05
MONTO EN DÓLARES TOTAL LOTE 56	288 842 349	109 627 022	26 282 620	424 751 992
FFAA 75% LOTE 56 EN DÓLARES	216 631 762	82 220 266	19 711 965	318 563 994
RESERVAS DEL LOTE 88 EN MSTB	480 175.00	14 244.00	17 386.00	511 805.00
RESERVAS DEL LOTE 88 EN MMSTB	480.18	14.24	17.39	511.81
RESERVAS DEL LOTE 88 EN TCF	2.48	0.07	0.09	2.64
MONTO EN DÓLARES TOTAL LOTE 88	1 007 524 937	29 887 406	36 480 092	1 073 892 436
FFAA 75% LOTE 88 EN DÓLARES	755 643 703	22 415 554	27 360 069	805 419 327

LEYENDA:

***MSTB**: Mil barriles de tanques de reserva*

***MMSTB:** Millones de barriles en condiciones de tanque*

***TCF:** Trillones americanos de pies cúbicos*

***FUENTE:** Tabla 33 - Libro "La Estrategia de Compra" - página 119 - Primera edición, 2019.*

TABLA 21

RESUMEN DE MONTOS POR REGALÍAS PARA LAS FFAA POR LA EXPLOTACIÓN DE LOS LOTES 56 Y 88 DE CAMISEA

REGALÍAS ESTIMADAS EN DÓLARES	PROBADAS	PROBABLES	POSIBLES	TOTAL
LOTE 56 GAS NATURAL	642 942 306	223 392 368	54 317 277	920 651 952
LOTE 56 LÍQUIDOS DE GAS NATURAL	216 631 762	82 220 266	19 711 965	318 563 994
LOTE 88 GAS NATURAL	2 964 632 718	84 202 441	116 463 797	3 165 298 957
LOTE 88 LÍQUIDOS DE GAS NATURAL	755 643 703	22 415 554	27 360 069	805 419 327
TOTAL DE REGALÍAS	4 579 850 490	412 230 631	217 853 109	5 209 934 231

FUENTE: *Tabla 34 - Libro "La Estrategia de Compra" - página 120 - Primera edición, 2019.*

En el tercer escenario calculamos las estimaciones relacionadas a los recursos de gas natural y de líquidos de gas natural en referencia a los recursos contingentes y a los prospectivos.

TABLA 22

PRONOSTICO DE GAS NATURAL DE LOS RECURSOS CONTINGENTES Y PROSPECTIVOS

TIPO DE HIDROCARBUROS	CONTINGENTES	PROSPECTIVOS
GAS NATURAL BCF	5 117	42 201
LOTE 56 EN BCF	0	1 136
LOTE 88 EN BCF	2 745	5 810
SIN LOTE 56 Y 88	2 372	35 255
GAS NATURAL TFC	2.372	35.255
REGALÍAS TOTALES SIN LOTE 56 Y 88	963 474 153	14 320 101 727
REGALÍAS FFAA 75%	722 605 615	10 740 076 295

LEYENDA:

BCF: *Mil millones de pies cúbicos de gas natural*

TCF: *Trillones americanos de pies cúbicos*

FUENTE: *Tabla 35 - Libro "La Estrategia de Compra" - página 120 - Primera edición, 2019.*

TABLA 23

PRONOSTICO DE LÍQUIDOS DE GAS NATURAL DE LOS RECURSOS CONTINGENTES Y PROSPECTIVOS SIN LOTES 56 Y 88

TIPO DE HIDROCARBUROS	CONTINGENTES	PROSPECTIVOS
LÍQUIDOS DE GAS NATURAL MSTB	190 000.00	1 548 900.00
LOTE 56 EN BCF	0	84 393.00
LOTE 56 EN MMSTB		84.39
LOTE 56 TCF		0.44
LOTE 88 EN MSTB	127 670.00	316 587.00
LOTE 88 EN MMSTB	127.67	316.59
TCF 88	0.66	1.64
SIN LOTE 56 Y 88	62 330.00	1 147 920.00
LÍQUIDOS DE GAS NATURAL MMSTB	62.33	1 147.92
TOTAL TFC	0.322	43.713
REGALÍAS TOTALES EN DÓLARES	130 783 629.61	1 521 064 373.33
REGALÍAS FFAA 75% EN DÓLARES	98 087 722.20	1 140 798 280.00

LEYENDA:

BCF: *Mil millones de pies cúbicos de gas natural*

MSTB*: Mil barriles de tanques de reserva*

MMSTB: *Millones de barriles en condiciones de tanque*

TCF: *Trillones americanos de pies cúbicos*

FUENTE: *Tabla 36 - Libro "La Estrategia de Compra" - página 121 - Primera edición, 2019.*

TABLA 24

PRONÓSTICO DE MONTOS QUE SE RECAUDARÍAN COMO PRODUCTO DE LA EXPLOTACIÓN DE LOS RECURSOS DE GAS HASTA EL AÑO 2068

AÑOS	12 AÑOS	8 AÑOS	20 AÑOS	10 AÑOS	50 AÑOS
PERIODO	AL AÑO 2030	DEL 2031 AL 2038	DEL 2031 AL 2058	DEL 2059 AL 2068	AL 2068
HIDROCARBUROS	LARGO PLAZO CERCANO		LARGO PLAZO CONTINGENTE	LARGO PLAZO PROSPECTIVO	TOTAL
	INMEDIATO	MEDIATO			
GAS NATURAL SIN LOTE 56 Y 88 EXPRESADO EN $		1 489 897 321	722 605 615	10 740 076 296	12 952 579 232
LÍQUIDOS DE GAS NATURAL SIN LOTE 56 Y 88 EXPRESADO EN $		351 510 406	98 087 722	1 140 798 280	1 590 396 408
LOTE 56 EXPRESADO EN $	245 094 320	994 121 627	0.00	177 077 216	1 416 293 162
LOTE 88 EXPRESADO EN $	785 335 680	3 185 382 604	267 882 978	664 277 185	4 902 878 447
TOTAL EXPRESADO EN $	1 030 430 000	6 020 911 958	1 088 576 315	12 722 228 977	20 862 147 250

Nota: *Los años estimados están en función de la demanda con la cual se permita la comercialización del gas y de la viabilidad con la que se den los proyectos de explotación.*
FUENTE: *Tabla 37 - Libro "La Estrategia de Compra" - página 122 - Primera edición, 2019.*

Tercera Estrategia con la Fuente de Recursos Determinados

Esta estrategia visualiza incrementar el Fondo de Defensa para las Fuerzas Armadas y Policía Nacional como producto de la asignación de un porcentaje de las recaudaciones relacionado al impuesto a la renta de todas aquellas empresas que arrienden o concesionen propiedades inmuebles que pertenezcan al sector defensa.

TABLA 25

PORCENTAJE ESTIMADO QUE SE APLICARÍA A LOS MONTOS COBRADOS POR IMPUESTO A LA RENTA DE INMUEBLES DEL SECTOR DEFENSA

MONTO POR IMPUESTO A LA RENTA	PORCENTAJE ESTIMADO DE ASIGNACIÓN	MONTO ASIGNADO
1 000 000.00	10%	100 000
2 000 000.00	10%	200 000
3 000 000.00	10%	300 000
4 000 000.00	10%	400 000
5 000 000.00	10%	500 000
6 000 000.00	10%	600 000
7 000 000.00	10%	700 000
8 000 000.00	10%	800 000
9 000 000.00	10%	900 000
10 000 000.00	10%	1 000 000
15 000 000.00	10%	1 500 000
20 000 000.00	10%	2 000 000
50 000 000.00	10%	5 000 000
100 000 000.00	10%	10 000 000

FUENTE: *Tabla 38 - Libro "La Estrategia de Compra" - página 123 - Primera edición, 2019.*

Una de las falencias que existe en la mayoría de los proyectos de inversión que han sido implementados es la disposición de recursos destinados a las actividades de operación y mantenimiento, conceptualizados como funcionamiento, —especialmente lo relacionado al último punto—. En consecuencia, esta estrategia buscaría proponer una iniciativa legislativa que permita que por lo menos se asigne un 10% de las recaudaciones cobradas del impuesto a la renta de todas aquellas empresas que operan en inmuebles arrendados que pertenecen al sector defensa. Según el cuadro anterior, podemos tener una idea aproximada de cuáles serían los montos disponibles que aprecio que, por la magnitud que representaría un 10%, permitirían ejecutar la fase de sostenimiento de muchos proyectos de inversión. Por ejemplo, de un pago del impuesto a la renta que representa 20 millones de soles se dispondría de unos 2 millones de soles para efectuar actividades de operación y mantenimiento, lo que permitiría ejecutar muchas tareas de sostenimiento.

Cuarta Estrategia con la Fuente de Recursos Determinados.

De conformidad a las normas legales tenemos que dentro del marco de la descentralización el Gobierno Nacional, se destina a los Gobiernos Regionales y Locales un canon minero que corresponde al 50% de las recaudaciones del impuesto a la renta que pagan al estado peruano las empresas mineras. Según el anuario minero del año 2017, podemos indicar que el monto por el canon minero entre el periodo del año 2008 al 2017 asciende a la suma de 32 687 millones de soles, con un promedio de 3,269 millones de soles y una desviación estándar de 1,159 millones de soles, que establece un rango máximo de 4,428 y otro menor 2,110 millones de soles:

TABLA 26

RANGOS DE PROMEDIO Y DESVIACIONES DE LAS TRANSFERENCIAS DEL CANON MINERO

PROMEDIO	3,269
DESVIACIÓN ESTÁNDAR	1,159
VALOR MAYOR	4,428
VALOR MENOR	2,110

FUENTE: *Tabla 39 - Libro "La Estrategia de Compra" - página 124 - Primera edición, 2019.*

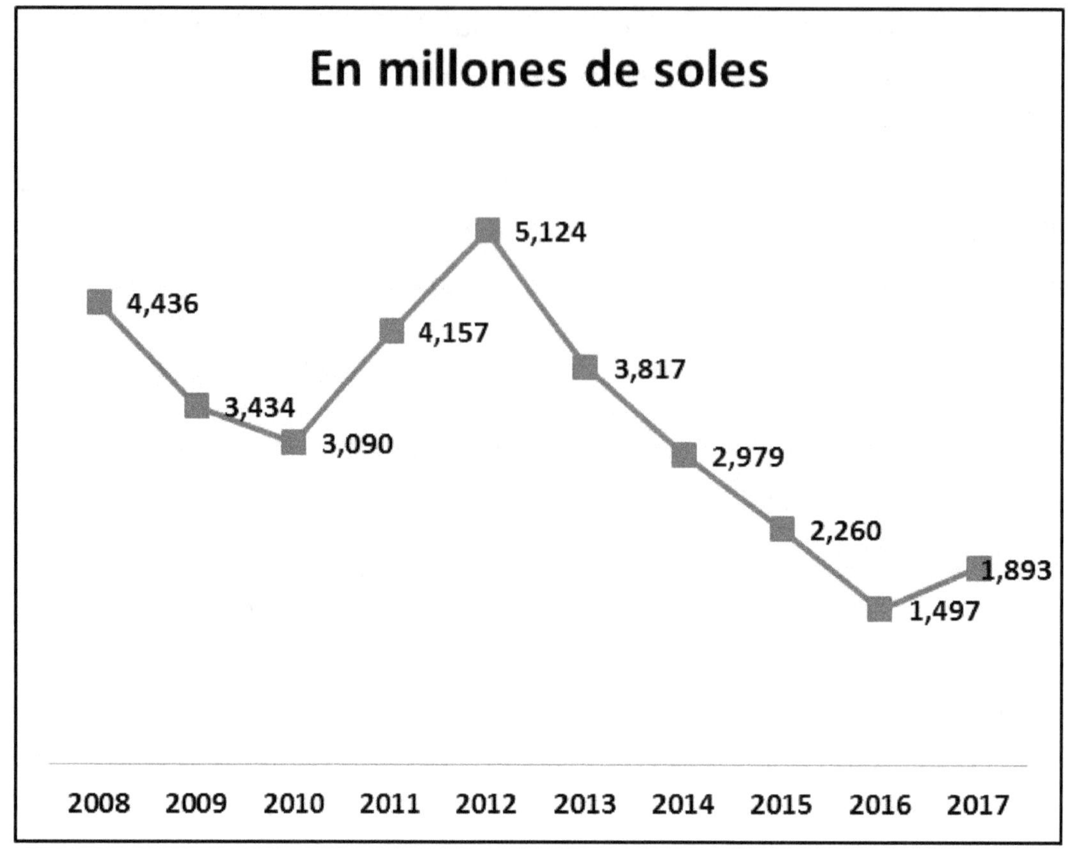

FIGURA 22: *Montos de transferencias de Canon Minero a las Regiones.*

FUENTE: *Figura 54 - Libro la Estrategia de Compra - pagina 125 - Primera edición 2019.*

En este sentido, si bien es cierto que según la norma los beneficiarios están constituidos por los municipios distritales, provinciales y departamentales donde se exploten los recursos naturales y un 25 % destinados a los gobiernos regionales en la cual están incluidas las universidades; la iniciativa legislativa determinaría incluir a la Fuerza Armadas un porcentaje estimado para la implementación de Proyectos de Inversión e Inversión dentro de la Política Pública relacionada al Sistema Nacional de Gestión de Riesgos y Desastres, argumento que se sustenta en que ante la ocurrencia de algún evento las Fuerzas Armadas actúan directamente en beneficio de cada región, sea de los municipios distritales, provinciales o departamentales, desplegando sus medios como son helicópteros, camiones, buques , aviones y otros equipos que sean necesarios para apoyar a la población; teniendo en cuenta que ese material al intervenir sufrirá depreciaciones técnicas prematuras por funcionamiento y reducción de su vida útil, así como en algunos casos la pérdida total por siniestro o funcionamiento excesivo, entre otros aspectos.

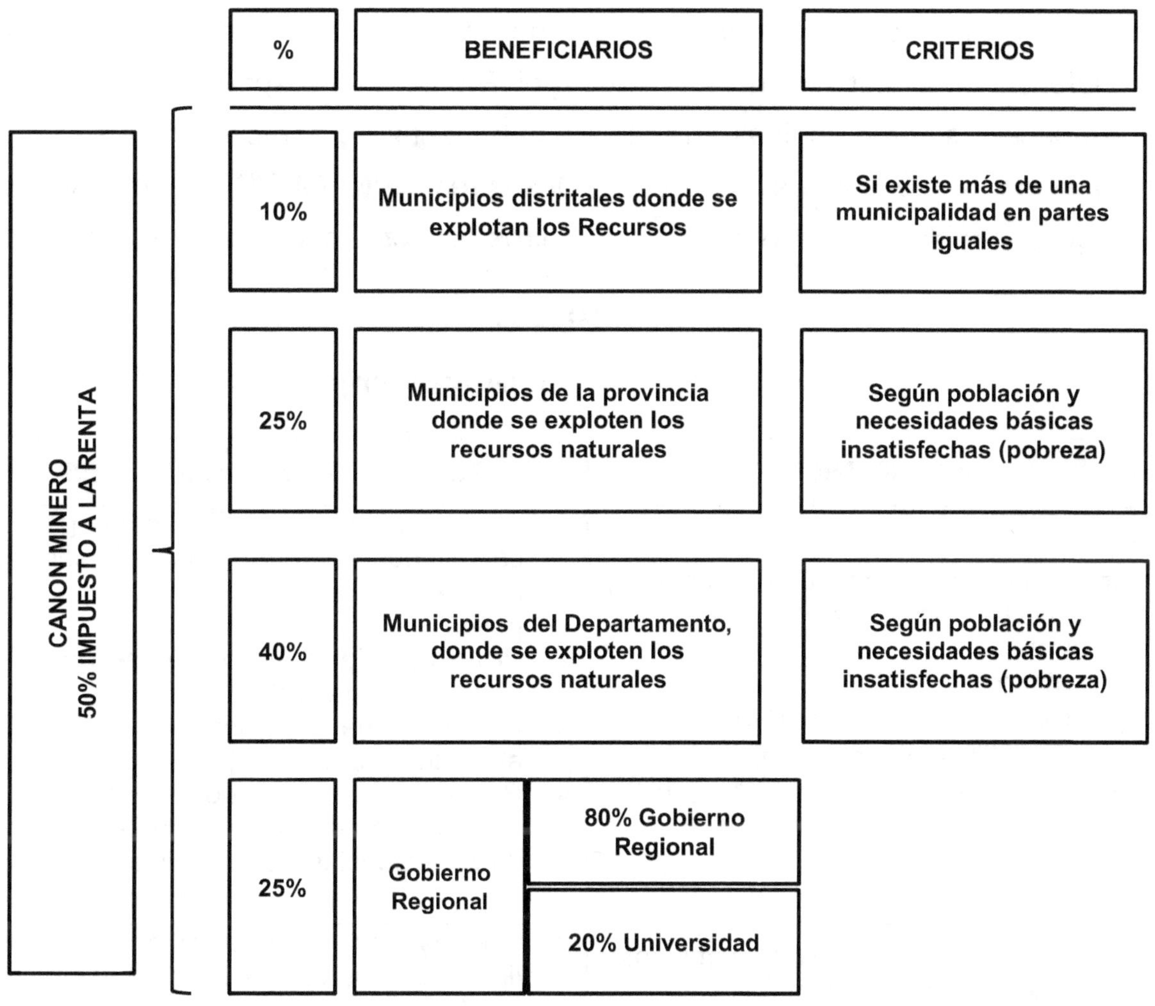

FIGURA 23: *Porcentaje de distribución del canon minero a las Regiones*

FUENTE: *Figura 55 - Libro la Estrategia de Compra - pagina 126 - Primera edición 2019.*

Otro aspecto seria por la carencia de medios adecuados no permitan cumplir con mayor efectividad y eficacia las labores de apoyo en la realización de las tareas de Intervenciones para la mitigación y capacidad de respuesta ante la ocurrencia de fenómenos naturales, o en la Intervenciones por peligro inminente, o en las acciones de respuesta y rehabilitación o de intervenciones para la reconstrucción, que son fundamentales considerarse en una Gestión del Riesgo de Desastres, porque son parte intrínseca de todos los procesos que se llevan desde el planeamiento hasta la ejecución por parte de todas las entidades públicas y en todos los niveles de gobierno, para hacer frente a estos eventos.

En la actualidad la tipología de Inversiones en las cuales el Sector Defensa debe estar inmerso dentro del Programa Presupuestal 068 y en las atribuciones comprendidas en el Rol Fundamental de participación en el Sistema Nacional y Gestión de Riesgos y Desastres (SINAGERD) se muestra en la siguiente tabla, pudiendo considerarse otros aspectos que se estime conveniente:

TABLA 27

TIPOLOGÍA DE LAS INVERSIONES

MISIONAMIENTO	TIPOLOGÍA DE INVERSIONES
Intervenciones para la mitigación y capacidad de respuesta ante la ocurrencia de fenómenos naturales orientadas: 1. Reducir el riesgo existente en un contexto de desarrollo sostenible. 2. Prepararse para una óptima respuesta ante emergencias y/o desastres.	1. Proyectos de inversión para generar capacidades en la prestación de servicios de gestión de la información sobre peligros. 2. Proyectos de inversión de servicios de protección ante peligros. 3. Proyectos de inversión de servicios de alerta temprana. 4. Proyectos de inversión para generar capacidades de Centros de Operaciones de Emergencias (incluye almacenes).
Intervenciones por peligro inminente, respuesta y rehabilitación 1. Reducir los probables daños que pueda generar el impacto de un fenómeno natural o antrópico inminente 2. Acciones ante la ocurrencia de desastres 3. La rehabilitación de infraestructura y/o servicio público dañado, una vez ocurrido el desastre.	Inversiones de optimización para los servicios públicos esenciales post desastre
Intervenciones para reconstrucción.	Proyectos de Inversión e inversiones con las cuales se realizan para establecer condiciones de desarrollo sostenible en las áreas afectadas, reduciendo el riesgo anterior al desastre.

FUENTE: *Tabla 40 - Libro "La Estrategia de Compra" - página 127 - Primera edición, 2019.*

Para poder cumplir la finalidad y objetivos del SINAGERD, es necesaria la implementación de proyectos de inversión e inversiones para crear o adicionar equipamiento relacionado para el cumplimiento de este rol fundamental, y que permita el apoyo a todas las regiones a lo largo y ancho del territorio nacional. En efecto, luego de hacer un análisis de los recursos provenientes del canon minero, se esgrime que este se constituye en una fuente de financiamiento viable, porque su uso estaría en relación de los beneficiarios que serían la propias regiones, por lo cual de este 50% del impuesto a la renta que generan las empresas mineras, tan solo asignando un pequeño porcentaje de esos montos recaudados, que podrían ser del orden del 3%, se dispondría de unos 980 millones de soles en los siguientes diez años, tomando como base referencial los montos recibidos entre el periodo del 2008 al 2017.

TABLA 28

MONTOS POR CANON MINERO ASIGNADO A REGIONES

AÑOS	MONTOS GENERADOS	% ESTIMADO	MONTO
2008	4,436	3%	133.08
2009	3,434	3%	103.02
2010	3,090	3%	92.7
2011	4,157	3%	124.71
2012	5,124	3%	153.72
2013	3,817	3%	114.51
2014	2,979	3%	89.37
2015	2,260	3%	67.8
2016	1,497	3%	44.91
2017	1,893	3%	56.79
TOTAL	**32,687**		**980.61**

FUENTE: *Tabla 41 - Libro "La Estrategia de Compra" - página 128 - Primera edición, 2019.*

Planeamiento de Inversiones con la Cuarta Estrategia

Respecto a esta cuarta estrategia, se visualiza proponer iniciativas legislativas que permitan incrementar el Fondo de Defensa para las Fuerzas Armadas y Policía Nacional, con las que se asigne un porcentaje del canon minero concedido a los gobiernos regionales para que estos recursos sean fijados en especial al Programa Presupuestal 068, que comprende a las políticas públicas de gestión de riesgos y desastres en las cuales las Fuerzas Armadas tienen participación activa como rol constitucional en apoyo de la población.

TABLA 29

DIAGRAMA DE MCKELVEY LA CLASIFICACIÓN DE MANERA GRÁFICA DE LOS RECURSOS MINERALES

ACUMULACIÓN	IDENTIFICACIÓN DE RECURSOS			RECURSOS NO IDENTIFICADOS	
	DEMOSTRADO		INFERIDOS	RANGO DE PROBABILIDAD	
	DIMENSIONES	INDICADOR		HIPOTÉTICO	ESPECULATIVO
Económica	Reservas		Reservas inferidas		
Marginalmente económica	Reservas marginales		Inferencia de reservas marginales		
Sub económica	Reservas sub económicas demostradas		Inferencia de reservas sub económicas		
Otras ocurrencias	Incluye no convencional y materiales de bajo grado				

FUENTE: *Tabla 42 - Libro "La Estrategia de Compra" - página 129 - Primera edición, 2019.*

Los depósitos minerales pueden ser clasificados como **Recursos minerales** que son potencialmente valiosos, y por el cual existen prospectos razonables para una eventual extracción económica y por otro lado las **Reservas de mineral** o **Reservas de Mena** que son valiosos y que es legal, económica y técnicamente factible de extraer; en la siguiente Tabla podemos ver a través del diagrama de McKelvey la clasificación de manera gráfica de los recursos minerales en virtud de su viabilidad económica y de la certeza de su existencia, este procedimiento fue considerado por la Oficina de Minas y el Servicio Geológico de los Estados Unidos .

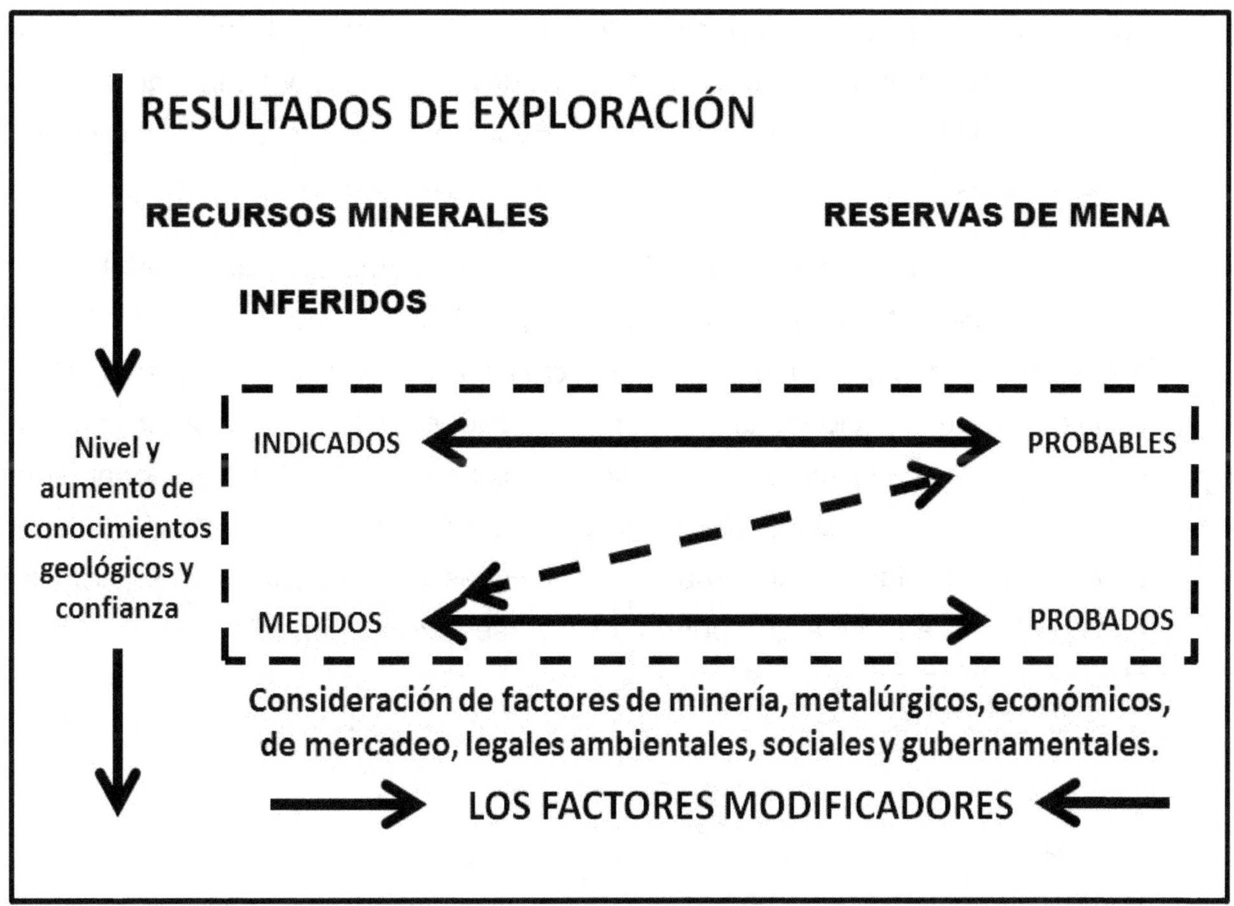

FIGURA 24: *Condiciones que deben cumplir las reservas*
FUENTE: *Indicado en la Figura 56 - Libro la Estrategia de Compra - pagina 130 - Primera edición 2019.*

Del mismo modo, según el Código de Australasia para informar sobre recursos minerales y reservas (código JORC) que fuera publicado en Junio de 1988 e incorporado a las normas de la bolsa de Australia y publicado en 1990, que después de este hecho la SME (US Society for Minig, Metallurgy, and Exploration) publicó una guía para informar sobre datos de exploración, recursos minerales y reservas tenemos los siguientes conceptos en base al figura anterior que se muestra a continuación:

a. Recursos minerales. Es una concentración u ocurrencia de material de interés económico intrínseco en o sobre la corteza de la Tierra en forma y cantidad en que haya probabilidades razonables de una eventual extracción económica. La ubicación, cantidad, ley, características geológicas y continuidad de un Recurso Mineral son conocidas, estimadas o interpretadas a partir de evidencias y conocimientos geológicos específicos. Los Recursos Minerales se subdividen, en orden ascendente de la confianza geológica, en categorías de Recurso Mineral Inferido[32], Recurso Mineral Indicado[33] y de Recurso Mineral Medido[34].

b. Reserva Mineral. Es la parte económicamente explotable de un Recurso Mineral Medido o Indicado. Incluye dilución de materiales y tolerancias por pérdidas que se puedan producir cuando se extraiga el material. Se han realizado las evaluaciones apropiadas, que pueden incluir estudios de factibilidad e incluyen la consideración de modificaciones por factores razonablemente asumidos de extracción, metalúrgicos, económicos, de mercados, legales, ambientales, sociales y gubernamentales. Estas evaluaciones demuestran en la fecha en que se reporta que podría justificarse razonablemente la extracción. Las

[32] ***Recurso mineral Inferido.*** *Es aquella parte de un Recurso Mineral por la cual se puede estimar el tonelaje, ley y contenido de mineral con un bajo nivel de confianza. Se infiere a partir de evidencia geológica y se asume pero no se certifica la continuidad geológica ni de la ley. Se basa en información inferida mediante técnicas apropiadas de localizaciones como pueden ser afloramientos, zanjas, rajos, laboreos y sondajes que pueden ser limitados o de calidad y confiabilidad incierta.*

[33] ***Recursos Mineral Indicado.*** *Es aquella parte de un Recurso Mineral para el cual puede estimarse con un nivel razonable de confianza el tonelaje, densidad, forma, características físicas, ley y contenido mineral. Se basa en información sobre exploración, muestreo y pruebas reunidas mediante técnicas apropiadas en ubicaciones como pueden ser: afloramientos, zanjas, rajos, túneles, laboreos y sondajes. Las ubicaciones están demasiado espaciadas o su espaciamiento es inapropiado para confirmar la continuidad geológica y/o de ley, pero está espaciada con suficiente cercanía para que se pueda suponer continuidad.*

[34] ***Recursos Mineral Medido.*** *Es aquella parte de un Recurso Mineral para el cual puede estimarse con un alto nivel de confianza el tonelaje, su densidad, forma, características físicas, ley y contenido de mineral. Se basa en la exploración detallada e información confiable sobre muestreo y pruebas obtenidas mediante técnicas apropiadas de lugares como pueden ser afloramientos, zanjas, rajos, túneles, laboreos y sondajes. Las ubicaciones están espaciadas con suficiente cercanía para confirmar continuidad geológica y/o de la ley.*

Reservas de Mena se subdividen en orden creciente de confianza en Reservas Probables Minerales[35] y Reservas Probadas Minerales[36].

En este sentido, tomando como base los alcances indicados, anteriormente la cronología que se establecería de los recursos económicos que podrían provenir de los recursos mineros, se diseñaría un Plan de Inversiones sobre la base al Código JORC y del diagrama de McKelvey que se muestra en la siguiente figura construida:

[35] **Reservas probables de Mineral.** *Es la parte económicamente explotable de un Recurso Mineral Indicado y en algunas circunstancias Recurso Mineral Medido. Incluye los materiales de dilución y tolerancias por pérdidas que puedan producirse cuando se explota el material. Se han realizado evaluaciones apropiadas, que pueden incluir estudios de factibilidad, e incluyen la consideración de factores modificadores razonablemente asumidos de minería, metalúrgicos, económicos, de mercadeo, legales, medioambientales, sociales y gubernamentales. Estas evaluaciones demuestran a la fecha en que se presenta el informe, que la extracción podría justificarse razonablemente.*

[36] **Reservas probadas de Mineral.** *Es la parte económicamente explotable de un Recurso Mineral Medido. Incluye los materiales de dilución y tolerancias por pérdidas que se pueden producir cuando se explota el material. Se han realizado evaluaciones apropiadas que pueden incluir estudios de factibilidad, e incluyen la consideración de modificaciones por factores fehacientemente asumidos de minería, metalúrgicos, económicos, de mercados, legales, ambientales, sociales y gubernamentales. Estas evaluaciones demuestran, a la fecha en que se publica el informe, que la extracción podría justificarse razonablemente.*

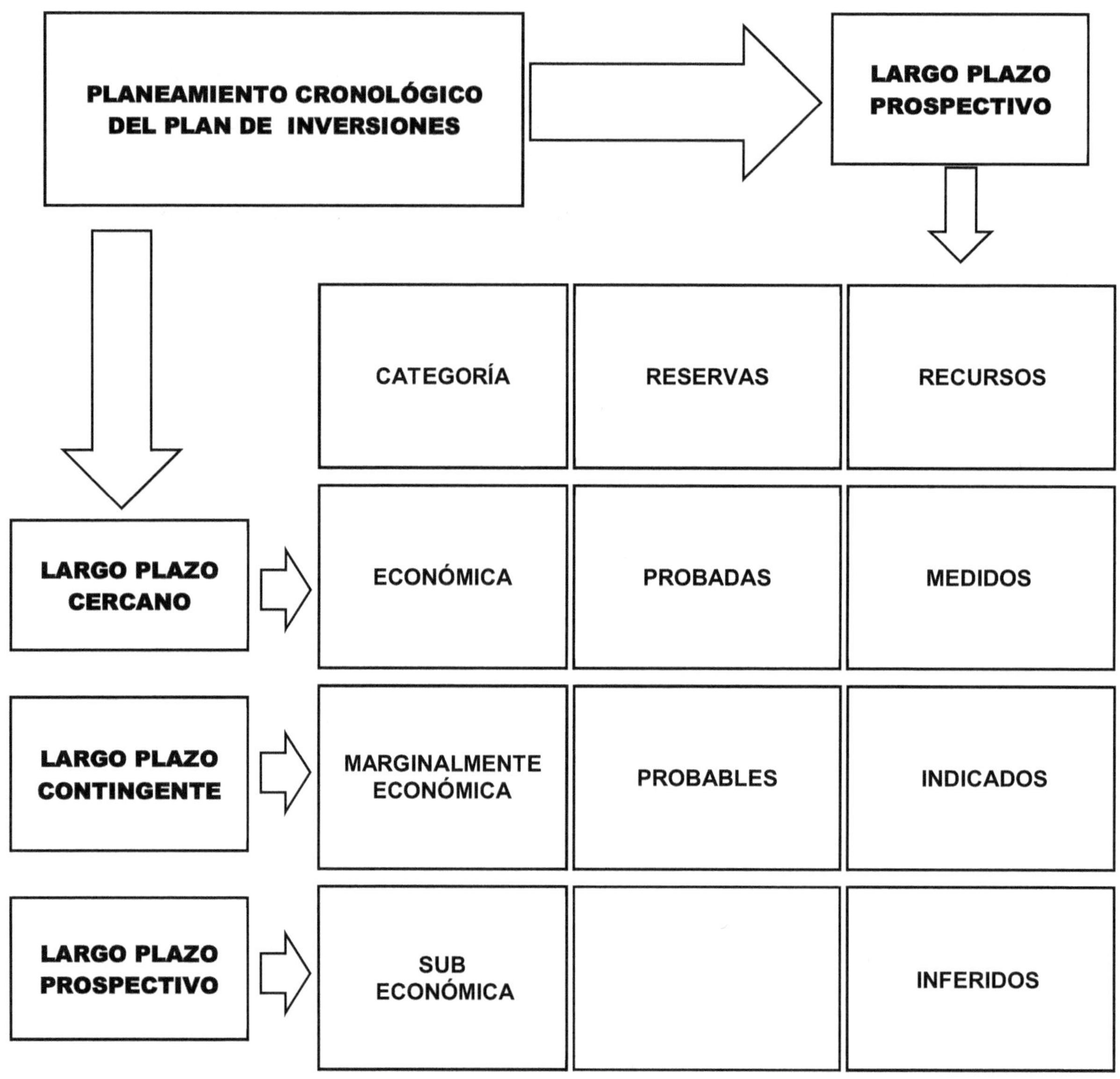

***FIGURA 25**: Planeamiento cronológico del Plan de Inversiones en base a recursos primarios*
***FUENTE:** Figura 57 - Libro la Estrategia de Compra - pagina 133 - Primera edición 2019.*

3.2.2 **Estrategia con la *Fuente de Financiamiento* de Recursos Directamente Recaudados como recursos catalogado Núcleo Duro.**

Según mi Libro la estrategia de Compra lo considero como una tercera Línea Estratégica de obtención de recursos para las inversiones, aquellas que se puede obtener de la venta de inmuebles que para el caso peruano se encuentran dentro de los alcances de la Ley Nº 29006 publicado el 20 de abril del 2007, norma con la que autoriza a realizar actos de administración y disposición, a título oneroso, de los inmuebles de propiedad de las Instituciones que no resulten necesarios para el cumplimiento de su finalidad o no se encuentren considerados en sus planes estratégicos, destinando los recursos que se obtengan para los fines a que se refiere la Ley antes indicada, considerando que pueden ser destinados exclusivamente para las siguientes finalidades:

a. Promover el financiamiento para la adquisición de viviendas del personal militar y civil.

b. Reconstruir y habilitar la infraestructura y equipamiento de los centros educativos de las Fuerzas Armadas

c. Reconstruir y habilitar la infraestructura y equipamiento de los establecimientos de salud de las Fuerzas Armadas.

d. Reconstruir y habilitar la infraestructura de las viviendas de servicio del personal militar.

En consecuencia, esta posibilidad es una alternativa tangible y factible que permite considerarla en el Plan de Inversiones, y para lo cual hace necesario primero que se establezca un «plan de venta de inmuebles» que tenga las consideraciones establecidas en la Ley y cuyos recursos ya establezcan qué inversiones o proyectos podrían financiar. También sería pertinente que en la norma expresa, que establece los casos a los cuales se puede asignar dichos recursos producto de la venta, se tenga que presentar una iniciativa legislativa que permita también dar un alcance del uso de estos recursos para la implementación de proyectos de inversión e inversiones relacionadas a bases aéreas y marítimas, así como de cuarteles militares.

3.3 ESTRATEGIAS DE OBTENCIÓN DE RECURSOS POR FUENTES DE FINANCIAMIENTO CATALOGADAS COMO COYUNTURALES

3.3.1 Estrategias con la Fuente de Financiamiento de Recursos Ordinarios

La fuente de financiamiento de recursos ordinarios corresponde a los ingresos provenientes de la recaudación tributaria y otros conceptos, deducidas las sumas correspondientes a las comisiones de recaudación y servicios bancarios, los cuales no están vinculados a ninguna entidad y constituyen fondos disponibles de libre programación. Asimismo, comprende los fondos por la monetización de productos; con esta fuente de financiamiento se puede adoptar algunas acciones que permitan financiar una serie de inversiones.

Según mi libro "La Estrategia de Compra – *Proyectos de Inversión destinados a la Defensa*[37]*, al apoyo a los desastres naturales y al Desarrollo Nacional"*, establecemos las siguientes estrategias que servirían para financiar inversiones con este tipo de recursos:

Estrategia 1:

Proponer la ejecución de inversiones bajo la modalidad de *"OBRA POR IMPUESTOS*", en donde la implementación se realizaría reajustando montos en algunas metas —particularmente de la partida presupuestal de la genérica "*2-3 BIENES Y SERVICIOS",* que es asignado anualmente a través de la ley de presupuesto público —, para luego incrementarlas junto a las partidas presupuestales de la genérica de gasto *"6-26 ADQUISICIÓN DE ACTIVOS NO FINANCIEROS",* que corresponde a gasto de inversiones.

¿Cómo se podría efectuar?

Esta estrategia se puede desarrollar sobre la base de los montos asignados mediante la ley de presupuesto que se aprueba anualmente por el Congreso y el Poder Ejecutivo. Esta decisión institucional establecería trabajar sobre un porcentaje del orden que demande la desviación estándar calculada del promedio de los presupuestos históricos del Presupuesto Inicial Modificado (PIM), como mínimo de los últimos cinco años asignados por el MEF, que permitirán efectuar el sustento de los reajustes e incrementos en las partidas y genéricas de gasto indicadas.

[37] *GASTAÑAGA ALVAREZ, Guiovani. Libro "La Estrategia de Compra – Proyectos de Inversión destinados a la Defensa, al apoyo de los desastres naturales y al Desarrollo Nacional". Primera edición, 2019.*

TABLA 30
DESVIACIÓN ESTÁNDAR DE PRESUPUESTOS ASIGNADOS

AÑO / MEDIDAS DE TENDENCIA	GENÉRICA DE GASTO 2. 3 BIENES Y SERVICIOS
2014	657 683 584
2015	642 018 313
2016	628 385 864
2017	629 802 055
2018	626 311 932
PROMEDIO	638 840 349.60
DESVIACIÓN ESTÁNDAR	13 163 540.75
MONTO SUPERIOR	650 003 890.35
MONTO INFERIOR	623 676 808.85

FUENTE: *Tabla 5 - Libro "La Estrategia de Compra" - página 49 - Primera edición, 2019.*

En la tabla anterior se muestra los montos entregados por la Ley de Presupuesto de Sector Público entre los años 2014 y 2018 al sector defensa para el caso peruano, así como la *desviación estándar calculada que correspondería al monto factible para efectuar una gestión de obra por impuestos*, dentro de este sector.

TABLA 31
MONTOS QUE CORRESPONDEN AL PRESUPUESTO INICIAL MODIFICADO (PIM) DE LOS CINCO ÚLTIMOS AÑOS

Genérica	2014	2015	2016	2017	2018
PERSONAL Y OBLIGACIONES SOCIALES	1 349 996 820	1 413 182 140	1 616 256	1 637 760 918	1 715 206 160
PENSIONES Y OTRAS PRESTACIONES SOCIALES	3 406 003	1 874 935		4 549 772	4 511 794
BIENES Y SERVICIOS	657 683 584	642 018 313	628 385 864	629 802 055	626 311 932
OTROS GASTOS	16 698 942	10 877 001	9 887 415	11 949 257	16 174 287
ADQUISICIÓN DE ACTIVOS NO FINANCIEROS	578 095 129	1 126 002 991	360 046 275	234 748 518	81 950 763
SERVICIO DE LA DEUDA PÚBLICA	43 402 487	42 066 360	40 668 297	39 496 094	37 683 949
TOTAL	2 649 282 965	3 236 021 740	2 655 858 107	2 558 306 614	2 481 838 885

FUENTE: *Página amigable del MEF en el periodo 2014-2018. Indicado en la Tabla 6 – Libro "La Estrategia de Compra" - página 50 - Primera edición, 2019.*

En consecuencia, este valor calculado como desviación estándar puede constituirse en el monto base anual para gestionar ante el MEF un financiamiento de obra por impuesto. En consecuencia, dependiendo del monto de inversión, se podría determinar como mínimo el número de años que serían necesarios para cubrir el monto de inversión que tendrá que efectuarse y el reajuste en el presupuesto institucional. Para ejemplificar lo establecido anteriormente, se muestra la siguiente tabla:

TABLA 32
MONTOS PROBABLES DE GESTIÓN EN FUNCIÓN AL HORIZONTE DE DISPONIBILIDAD

Nº DE AÑOS QUE SE REQUIERE REAJUSTAR	MONTO ACUMULADO ANUAL DISPONIBLE PARA FINANCIAR
Presupuesto del año 1	13 163 540.75
Presupuesto del año 2	26 327 081.49
Presupuesto del año 3	39 490 622.24
Presupuesto del año 4	52 654 162.99
Presupuesto del año 5	65 817 703.74
Presupuesto del año 6	78 981 244.48
Presupuesto del año 7	92 144 785.23
Presupuesto del año 8	105 308 325.98
Presupuesto del año 9	118 471 866.73
Presupuesto del año 10	131 635 407.47

FUENTE: *Tabla 7 - Libro "La Estrategia de Compra" - página 51 - Primera edición, 2019.*

Otro ejemplo explicativo en base a los datos anteriores relacionados a la desviación estándar es el caso de una inversión relacionada a la implementación del servicio educativo de una institución (colegio) que asciende a una suma de 70 millones de soles. Empleando la tabla anterior, como mínimo, el acogerse a la opción de una inversión de obra por impuesto tendría que ser pagado en un periodo mínimo de seis años y la planificación de sus reajustes en el presupuesto institucional sería según se muestra en la siguiente tabla:

TABLA 33
MONTOS DEL HORIZONTE DE REAJUSTES DEL PRESUPUESTO

	HORIZONTE	MONTO REAJUSTE EN EL PRESUPUESTO ANUAL	ACUMULADO
70 000 000 / 13 163 540.75 = 5.3 años	AÑO 1	13 163 540.75	13 163 540.75
⇩	AÑO 2	13 163 540.75	26 327 081.50
	AÑO 3	13 163 540.75	39 490 622.25
6 años presupuestales	AÑO 4	13 163 540.75	52 654163.00
	AÑO 5	13 163 540.75	65 817 703.75
	AÑO 6	4 182 296.25	70 000 000.00

FUENTE: *Tabla 8 - Libro "La Estrategia de Compra" - página 52 - Primera edición, 2019.*

Esta opción es una buena alternativa como estrategia para financiar inversiones dentro de los alcances de las normas legales de obra por impuestos, porque tienen como ventajas principales los siguientes aspectos:

a. Financia íntegra e inmediatamente las inversiones con los recursos de privados que luego serán descontados de los impuestos que paguen en el futuro esas empresas.

b. Tiene un efecto menor respecto al pago de interés, en comparación a las transacciones que estarían sujetas a adopción de operaciones de endeudamiento.

Estrategia 2:

Otra estrategia, relacionada a la Fuente de Financiamiento de Recursos Ordinarios, está referida al porcentaje que representa del presupuesto anual institucional, que por lo general se asigna a cada entidad por parte del MEF para activos no financieros de inversiones el porcentaje que puede oscilar en el orden del 0.3 % al 2% del Presupuesto Institucional de Apertura (PIA). En consecuencia, el empleo más adecuado y planificado debería ser para los siguientes casos:

a. Para proyectos de inversiones menores, es decir, proyectos de inversión simplificados que requieren fichas técnicas simplificadas, y también para proyectos de inversión estándar.

b. Para inversiones de reposición, optimización, ampliación marginal o rehabilitación.

c. Para financiar la formulación de los expedientes técnicos de los proyectos de inversión relacionados a infraestructura, en el caso que no se disponga de la posibilidad de recursos por otras fuentes de financiamiento.

3.3.2 Estrategias con la fuente de financiamiento de Recursos Directamente Recaudados (RDR)

Estrategia 1:

Una estrategia por adoptar sería financiar uno o más proyectos de inversión o inversiones gestionando los recursos necesarios a través de una operación de endeudamiento público, sobre la base de las recaudaciones futuras generadas por la misma entidad, optando cualquiera de las siguientes modalidades:

a. Préstamos.

b. Adquisiciones de bienes y servicios a plazos.

c. Asignaciones de líneas de crédito.

d. Leasing financiero y otras operaciones similares, incluidas aquellas que resulten de la combinación de una o más de las modalidades mencionadas.

La Entidad para no afectar metas u obligaciones que pueda tener todos los años fiscales, se podría asignar un porcentaje del rango entre el 10 al 20% de las recaudaciones anuales futuras estimadas de los siguientes 10 años, pudiéndose ser el tiempo menor o mayor previa evaluación financiera respectivamente y necesidades existentes; esta estrategia permitiría disponer de recursos inmediatos para financiar uno o más proyectos de inversión o inversiones menores.

También es necesario que para poder lograr una mayor disponibilidad de recursos en esta fuente financiamiento, que permita incrementar el porcentaje de las recaudaciones y consiguientemente se asignaría a un número mayor de inversiones, sea necesaria la optimización de los siguientes aspectos a tener en cuenta:

a. Contratos o convenios que le den solidez a los flujos financieros y que garanticen el horizonte de tiempo para honrar las obligaciones del endeudamiento.

b. Sinceramiento y formalización de todas las formas de ingresos, que permitan incorporar recursos a la fuente de financiamiento.

c. Estados financieros sin *"OPINIÓN ADVERSA"* como producto de las Auditorias Financiera Gubernamentales. Teniendo en cuenta que los rangos de opinión que se otorgan a los EEFF luego de los exámenes respectivos son las siguientes:

(1) Opinión limpia[38].

(2) Opiniones con salvedades o calificadas[39].

[38] ***OPINIÓN LIMPIA**. Opinión expresada por el auditor cuando concluye que los estados presupuestarios han sido preparados y presentados razonablemente, en todos los aspectos materiales de conformidad con la normativa vigente.*

(3) opinión adversa o negativa[40].

(4) Abstención de opinión[41].

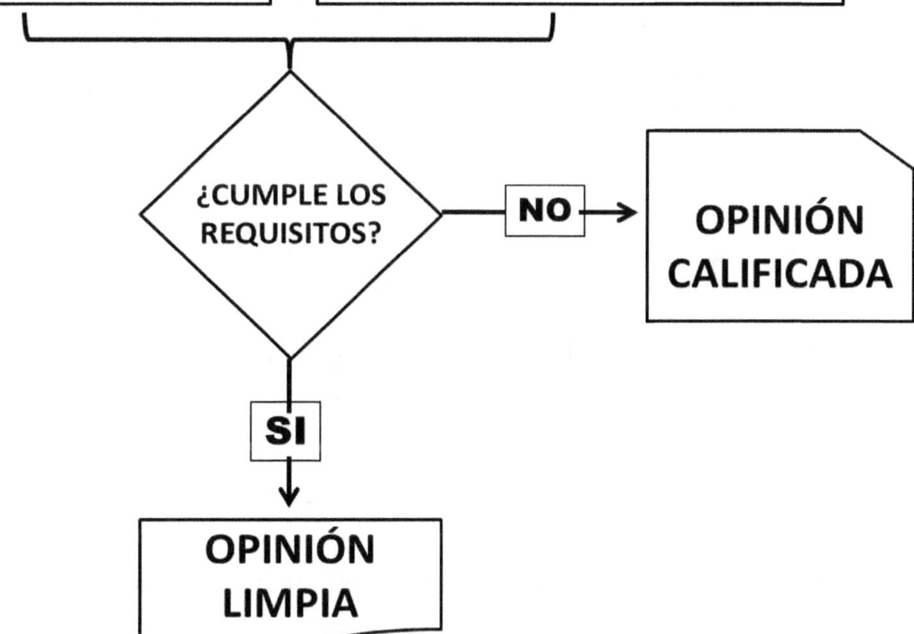

FIGURA 26*. Flujo que muestra la implicancia de los estados presupuestarios y si estos presentan información razonable.*

FUENTE: *Figura 23 - Libro "La Estrategia de Compra" - página 56 - Primera edición, 2019.*

[39] ***OPINIONES CON SALVEDADES O CALIFICADAS****. Opinión expresada por el auditor cuando concluye que la ejecución presupuestaria contiene errores materiales pero generalizados, en cuanto a la aplicación de los recursos fuera del marco normativo vigente. O cuando el auditor tuvo limitaciones para obtener eficiencia y fundamentar su opinión y concluye de los posibles efectos de los errores no detectados, si los hubiera podrían ser materiales pero no generalizados.*

[40] ***OPINIÓN ADVERSA O NEGATIVA****. Opinión expresa por el auditor que cuando habiendo obtenido evidencia de auditoria concluye que la ejecución de los recursos individualmente o en su conjunto afecta el uso racional considerado en la normatividad vigente, y tiene un efecto material y generalizado en los estados presupuestarios.*

[41] ***ABSTENCIÓN DE OPINIÓN****. Expresada cuando el auditor tuvo limitaciones para probar el uso racional de los recursos presupuestarios asignados y concluye que no cuentan con la suficiente evidencia para opinar sobre los estados presupuestarios.*

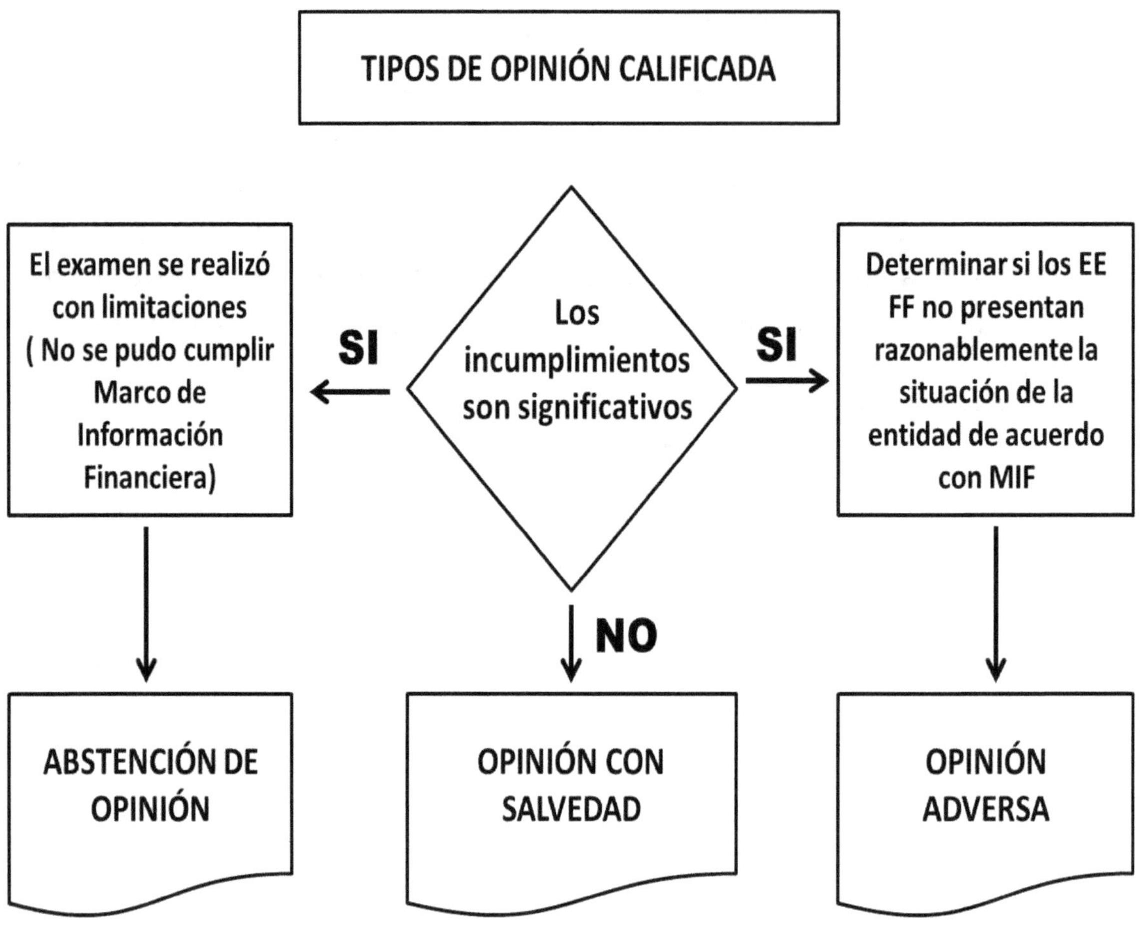

FIGURA 27. *Flujo que determina la calificación de un estado financiero.*
FUENTE: *Figura 24 - Libro "La Estrategia de Compra" - página 56 - Primera edición, 2019.*

¿Cómo podemos hacer esto? Mediante un pequeño ejercicio mostramos cómo ver la posibilidad de adoptar por esta alternativa estratégica de financiamiento que podría generar una gestión de endeudamiento en cualquiera de sus modalidades y bajo los alcances de la Ley General del Sistema de Endeudamiento.

Como datos del ejemplo explicativo para adoptar esta alternativa de buscar un recurso económico a través de la fuente de financiamiento de Recursos Oficiales de Operaciones de Crédito mostramos en la siguiente tabla:

TABLA 34

PARÁMETROS ESTIMADOS PARA CALCULAR UNA GESTIÓN DE ENDEUDAMIENTO

ASPECTO	PARÁMETRO
Monto estimado de las recaudaciones anuales de una Institución	60 millones
% a ser asignado de las recaudaciones anuales	20 %
Monto anual correspondiente del % asignado para la operación de endeudamiento público	12 millones
Tiempo amortización y de horizonte de pago de intereses de la deuda producto de la operación de endeudamiento público	10 años
Monto futuro disponible	120 millones
Tasa de intereses de pago de la deuda	5.80%[42]

FUENTE: *Tabla 9 - Libro "La Estrategia de Compra" - página 57 - Primera edición, 2019.*

Nota: Cálculo de monto disponible para financiar un proyecto a una tasa del 5.8%:

[42] *Referencia tomada de la Tasa considerada para financiar el Tercer Tramo del Núcleo Básico de Defensa en fecha 17/09/2009 aprobado mediante el Decreto Supremo N° 204-2009-EF, entidad que otorgó el préstamo Banco de la Nación.*

TABLA 35

CRONOGRAMA DE MONTOS ANUALES QUE SE TENDRÍA QUE PAGAR CON LA FUENTE DE FINANCIAMIENTO DE RECURSOS DIRECTAMENTE RECAUDADOS (RDR)

AÑO	AMORTIZACIÓN MONTO CAPITAL	INTERÉS	CUOTA ANUAL
1	6 828 488	5 171 512	12 000 000
2	7 224 541	4 775 459	12 000 000
3	7 643 564	4 356 436	12 000 000
4	8 086 891	3 913 109	12 000 000
5	8 555 930	3 444 070	12 000 000
6	9 052 174	2 947 826	12 000 000
7	9 577 200	2 422 800	12 000 000
8	10 132 678	1 867 322	12 000 000
9	10 720 373	1 279 627	12 000 000
10	11 342 155	657 845	12 000 000
Total	89 163 995	30 836 005	120 000 000

FUENTE: *Tabla 10 - Libro "La Estrategia de Compra" - página 58 - Primera edición, 2019.*

Visualizando la tabla anterior se puede determinar que el monto disponible inmediato que permitiría financiar un proyecto de inversión, como monto líquido, se dispondría de un estimado de S/ 89 163 995 millones de soles, los mismos que serían pagados en un periodo de diez años y con cuotas de S/ 12 000 000 millones de soles anuales con las recaudaciones anuales respectivas. La adopción de esta estrategia representaría beneficiosa cuando el proyecto de inversión o la inversión demande una retribución costo-beneficio o se constituya en una necesidad de gran relevancia sobre el impacto social o servicio público que tenga que proporcionar una Unidad Productora de Servicios (UPS), dado que los montos relacionados a los intereses pueden ser en cierta medida considerables.

Sin embargo, por otro lado resulta pertinente la adopción de este procedimiento cuando una Entidad no disponga de una planificación y control adecuado del uso de los recursos futuros , para neutralizar que todos aquellos montos anuales que no se hayan ejecutado, que no tengan compromisos o destino establecido por mandato legal, se constituirán en saldos de Balance y por consiguiente ser depositados al Tesoro Público, para que el Estado lo asigne a otras finalidades que están establecidas en la Ley del Equilibrio Financiero de Presupuesto del Sector Público de cada año.

Estrategia 2:

Como otra estrategia con la fuente de financiamiento de Recursos Directamente Recaudados se puede adoptar la implementación de Inversiones bajo la modalidad de *Obra por Impuesto* que a diferencia de la fuente de financiamiento de Recursos Ordinarios, esta requiere ser gestionado sobre la base de las recaudaciones futuras, sin embargo requieren de contar como mínimo de las siguientes prerrogativas:

a. Estados Financieros saneados.

b. Contratos o convenios suscritos que garanticen las recaudaciones futuras dentro del horizonte que demandará incorporar los montos al ente recaudador de impuestos correspondientes.

3.3.3. Estrategia con la fuente de financiamiento de Recursos de Operaciones Oficiales de Crédito (ROOC).

Esta fuente de financiamiento se constituye en la mejor vía de obtener recursos que contribuyan al financiamiento de las inversiones en todas sus modalidades; pero considero que obtener recursos destinados para el equipamiento destinado a la Defensa Nacional por esta fuente de financiamiento dependen por lo general de una decisión política y que éste pueda tener un impacto sobre la sociedad en la cual se transluzca en la satisfacción de las necesidades establecidas a través de una Política Pública, como por ejemplo tenemos el VRAEM[43]. En la siguiente tabla y figura mostramos los montos

[43] ***VRAEM**, sigla abreviada para el Valle de los ríos Apurímac, Ene y Mantaro, es una zona geopolítica en Perú. El **VRAEM** es un área de tan alta desnutrición infantil y pobreza que el gobierno de Perú lo ha seleccionado para poner en marcha su Estrategia Nacional para el programa de crecimiento en 2007*

máximos de endeudamientos que se asignaron entre el período del 2000 al 2019 aprobados por Ley y autorizados al Sector Defensa:

TABLA 36
MONTOS MÁXIMOS EN MILLONES DE SOLES APROBADOS PARA ENDEUDAMIENTO EXTERNO E INTERNO PERÍODO 2000-2019

NORMA	PARA EL AÑO	MONTOS MÁXIMOS DE ENDEUDAMIENTO EXTERNO APROBADO EN DÓLARES			MONTOS MÁXIMOS DE ENDEUDAMIENTO INTERNO APROBADO EN SOLES		
		OTROS PROPÓSITOS	DEFENSA NACIONAL	TOTAL	OTROS PROPÓSITOS	DEFENSA NACIONAL	TOTAL
LEY N° 27211	2000	2,875,000,000	25,000,000	2,900,000,000	2,400,000,000	0.00	2,400,000,000
LEY N° 27424	2001	1,475,000,000	25,000,000	1,500,000,000	3,500,000,000	0.00	3,500,000,000
LEY N° 27575	2002	1975000000	25,000,000	2,000,000,000	2,300,000,000	0.00	2,300,000,000
LEY N° 27881	2003	2,175,000,000	25,000,000	2,200,000,000	2,400,000,000	0.00	2,400,000,000
LEY N° 28130	2004	2,252,000,000	30,000,000	2,282,000,000	3,524,000,000	0.00	3,524,000,000
LEY N° 28423	2005	2,620,000,000	30,000,000	2,650,000,000	3,866,145,000	0.00	3,866,145,000
LEY N° 28654	2006	878,000,000	30,000,000	908,000,000	2,356,000,000	0.00	2,356,000,000
LEY N° 28928	2007	1,563,000,000	0.00	1,563,000,000	0.00	550,000,000	550,000,000.00
LEY N° 29143	2008	1,402,130,000	0.00	1,402,130,000	3,196,474,000	802,285,000	3,998,759,000
LEY N° 29290	2009	1,346,370,000	0.00	1,346,370,000	1,779,667,000	730,605,000	2,510,272,000
LEY N° 29466	2010	2,137,630,000	0.00	2,137,630,000	2,641,500,000	280,000,000	2,921,500,000
LEY N° 29627	2011	2,436,450,000	0.00	2,436,450,000	3,140,462,462	76,000,000	3,216,462,462
LEY N° 29814	2012	1,610,550,000	0.00	1,610,550,000	2,961,755,000	1,375,000,000	4,336,755,000
LEY N° 29953	2013	1,104,000,000	0.00	1,104,000,000	2,466,990,000	1,602,000,000	4,068,990,000
LEY N° 30116	2014	2,366,910,000	0.00	2,366,910,000	3,580,450,000	1,170,810,658	4,751,260,658
LEY N° 30283	2015	2,162,750,000	0.00	2,162,750,000	6,765,260,000	766,000,000	7,531,260,000
LEY N° 30374	2016	4,139,880,000	0.00	4,139,880,000	6,865,790,781	134,000,000	6,999,790,781
LEY N° 30520	2017	1,769,300,000	0.00	1,769,300,000	9,199,728,164	49,486,196	9,249,214,360
LEY N° 30695	2018	1,421,500,000	0.00	1,421,500,000	13,597,630,000	50,000,000	13,647,630,000
LEY N° 30881	2019	1,378,945,729	0.00	1,378,945,729	21,033,787,984	100,000,000	21,133,787,984
		39,089,415,729	190,000,000	39,279,415,729	97,575,640,391	7,686,186,854	105,261,827,245

FUENTE: *Datos obtenidos del MEF. Indicados en la Tabla 11 - Libro "La Estrategia de Compra" - página 62 - Primera edición, 2019.*

NOTA: *En la tabla anterior lo calificado como "Otros propósitos" es todo aquel monto que comprende al proyecto de inversión cuya puesta en funcionamiento de sus servicios públicos produzca y permita su auto sostenimiento, para generar beneficios económicos que honren el servicio de deuda con los intereses que se generen, asimismo a las recaudaciones de los beneficios que pueden ser colocadas a través de fideicomisos o en su defecto agregarlas a la fuente de financiamiento de RDR.*

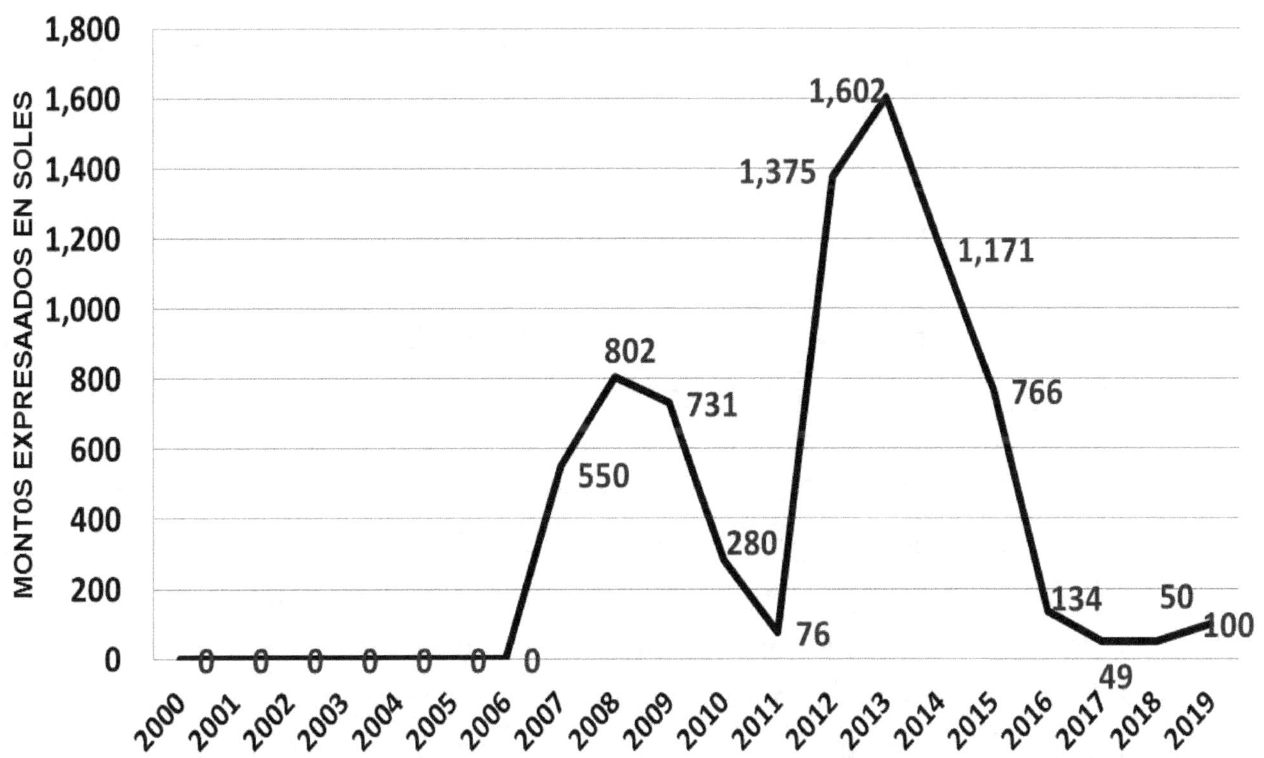

FIGURA 28. *Montos máximos en millones de soles aprobados para endeudamiento interno período 2000-2019 asignados a las FFAA.*

Fuente: MEF indicados en la *figura 25 - Libro "La Estrategia de Compra" - página 63 - Primera edición, 2019.*

Si hacemos un análisis del comportamiento de la curva que se muestra en la figura anterior y lo alineamos a los períodos de gobierno, tranquilamente podemos mostrar en qué grado fue influencia de la decisión política con la que estuvo orientada la asignación de recursos por la modalidad de endeudamiento:

TABLA 37

MONTOS MÁXIMOS APROBADOS DE ENDEUDAMIENTO

NO	PERIODO DE GOBIERNO	MONTOS MÁXIMOS APROBADOS	PORCENTAJE
1	2001 al julio 2006	0.00	0.00%
2	Julio 2006 a julio 2011	2 362 890 000.00	30.74%
3	Julio 2011 a Julio 2016	4 989 810 657.60	64.92%
4	Julio 2016 a la fecha	333 486 196.00	4.34%
TOTAL		7 686 186 853.60	100.00%

FUENTE: *Tabla 12 - Libro "La Estrategia de Compra" - página 64 - Primera edición, 2019.*

Entre el año 2001 y 2006 prácticamente el financiamiento fue nulo para el sector Defensa por esta fuente de financiamiento. En el periodo del 2006 al 2011 se puede manifestar que el Gobierno, en base a las recaudaciones del Fondo de Defensa para las Fuerzas Armadas, aprobó mediante ley montos máximos de hasta S/ 2 362 890 000 soles para solventar los requerimientos específicos del proyecto denominado "Núcleo Básico para la Defensa", cuya orientación estuvo destinada a la satisfacción de ciertas necesidades para el frente externo. Estos montos aprobados se viabilizaron mediante las concertaciones respectivas bajo la modalidad de tres préstamos con el Banco de la Nación. En el periodo del 2011 al 2016, se puede indicar que se constituye el mayor porcentaje de montos máximos aprobados por ley en los últimos 20 años, cuyos recursos fueron asignados para equipamiento que no solo cumpla los roles del frente externo, sino también del frente interno. Estos montos también fueron viabilizados mediante endeudamientos bajo las modalidades de concertación de préstamos y la emisión de bonos soberanos.

Desde el periodo de julio 2016 a la fecha, prácticamente solo la decisión del Estado ha sido la de asignar un monto máximo de endeudamiento de hasta S/ 333 186 853 soles, sin embargo, estos montos aún no han sido concretados por las concertaciones en su totalidad que permitan disponer de los recursos y ser empleados en la implementación de las inversiones.

En la figura siguiente se muestra el tiempo que demanda una gestión de endeudamiento y el uso de los recursos asignados. El plazo que demanda concretar su empleo representa un punto importante a tener en cuenta para el diseño de un Plan de inversiones y de la programación de dichos recursos que estarían alineados con aquellos proyectos de inversión e inversiones de reposición, optimización, ampliación marginal o rehabilitación, dado que una gestión relacionada a un endeudamiento en cualquiera de sus formas o modalidades implica por lo menos dos ejercicios presupuestales desde su inicio, hasta poder disponer de los recursos que permitan iniciar la ejecución de una inversión.

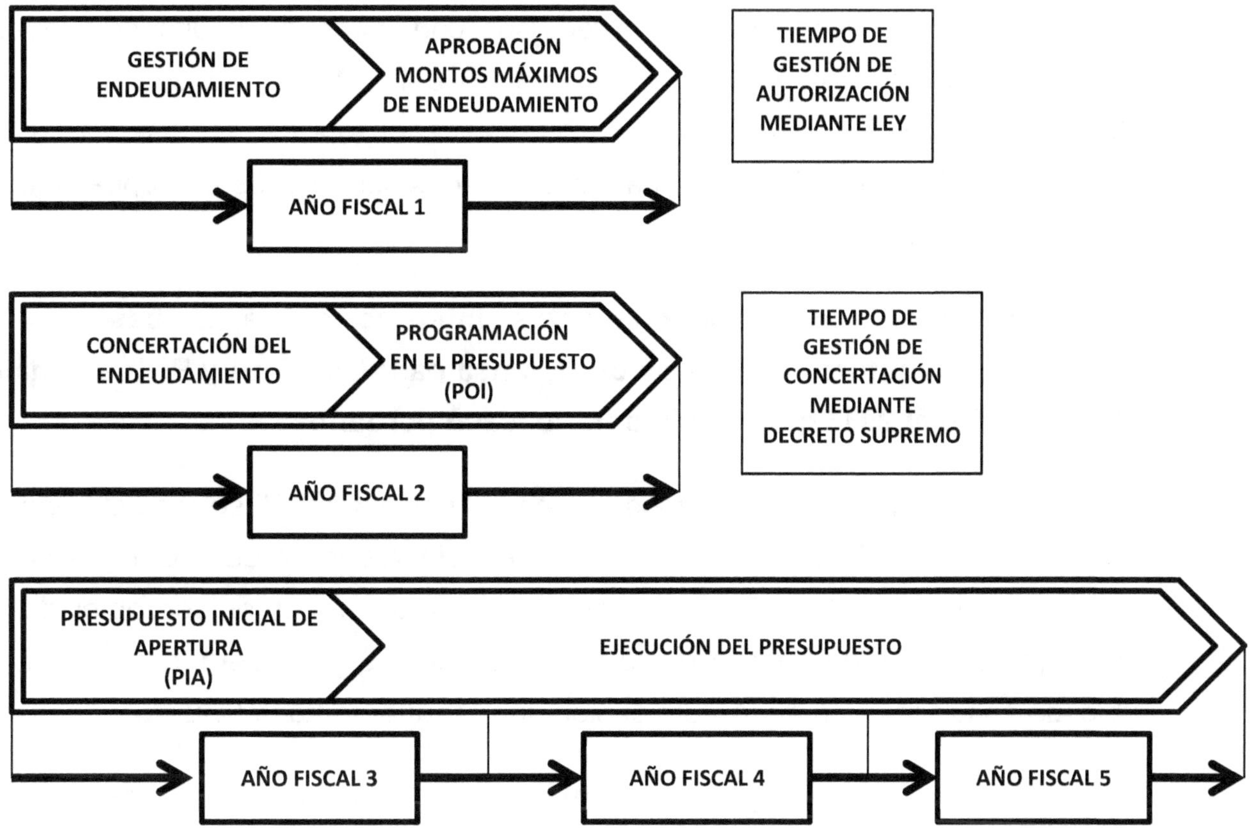

FIGURA 29: *Periodo que implica la gestión y uso de los recursos de los Recursos Oficiales de Operaciones de Crédito.*
FUENTE: *Figura26 - Libro la Estrategia de Compra - pagina 65 - Primera edición 2019.*

Del mismo modo, es necesario tener presente que la aprobación de los montos máximos autorizados de endeudamiento son aprobados anualmente y solo tienen vigencia dentro del año fiscal autorizado para poder efectuar la concertación respectiva de la deuda, sino caso contrario queda sin efecto.

Por otro lado, se debe tener presente el tiempo de vigencia que tendrá la concertación que por lo general puede ser de unos tres años para el empleo de este tipo de fondos públicos; por tanto, demanda la necesidad de conducir procesos de contratación convocados por todo el alcance de los montos aprobados y que estén alineados dichos montos en los registros del banco de inversiones correspondiente.

Asimismo, las áreas de abastecimiento podrán manejar la cobertura presupuestal de cada uno de los procesos de contratación a que dieran lugar, con certificaciones de disponibilidad de recursos con cargo al crédito presupuestal registrado para el año fiscal en curso dentro del SIAF y con una emisión de Constancias de Disponibilidad de Recursos con cargo a los saldos del endeudamiento aprobado y que sean incorporados sus marcos presupuestales en los años fiscales siguientes.

Estrategia con endeudamientos internos sobre la base de las recaudaciones futuras del Fondo de Defensa para las FFAA y PNP estimadas al año 2030 o al 2035 que podría optar el caso peruano.

Como antecedente tenemos que con la Ley No 28455 se creó el Fondo de Defensa para las Fuerzas Armadas y la Policía Nacional del Perú y entró en vigencia en enero del 2005, a partir de esa fecha sus recursos son obtenidos de las regalías generadas por la explotación del lote 56 y 88 del Gas de Camisea ubicado en la Provincia de la Convención del Departamento del Cusco.

En base a ésa ley, en la primera década de los 2000 tomando como parámetros los escenarios futuros que podría afectar la integridad y soberanía del Perú en los años siguiente, el estado peruano por decisión política decidió crear el "Núcleo Básico para la Defensa", requerimientos específicos que comprendían un conjunto de proyectos y actividades para equipar a cada una de las Instituciones de las Fuerzas Armadas del Perú, de tal manera que puedan alcanzar en cierta medida algunas capacidades.

TABLA 38

CONDICIONES GENERALES DE LOS PRÉSTAMOS OTORGADOS PARA FINANCIAR EL NÚCLEO BÁSICO PARA LA DEFENSA

CONDICIONES	1ER PRÉSTAMO	2DO PRÉSTAMO	3ER PRÉSTAMO
Norma que aprueba monto máximo de endeudamiento	LEY Nº 28928	LEY Nº 29143	LEY Nº 29290
Norma que aprueba la concertación en soles	D.S. Nº 218-2007-EF	D.S. Nº 143-2008-EF	D.S. Nº 204-2009-EF
Monto del endeudamiento en soles	550 000 000	802 285 000	730 605 000
Año de aprobación de la concertación	2007	2008	2009
Tasa de Interés	7%	7,25%	5.80%
Periodo de gracia	3 años	3 años	3 años

FUENTE: *Tabla 13 - Libro "La Estrategia de Compra" - página 67 - Primera edición, 2019.*

Para esto el Estado peruano decide financiar el Núcleo Básico para la Defensa, optando por tres operaciones de endeudamiento interno bajo la modalidad de préstamo concertado entre el Ministerio de Economía y Finanzas, el Ministerio de Defensa y el Banco de la Nación, este último constituyéndose a partir de ese momento en el "acreedor". Del mismo modo, se establece un servicio de deuda de estas tres operaciones de endeudamiento para ser pagado con las recaudaciones futuras generadas por el Fondo de Defensa de las Fuerzas Armadas y Policía Nacional, en principio hasta el año 2021, dándole para tal efecto un periodo de gracia de tres años a cada operación de endeudamiento, en el cual solo se pagarían los intereses, mas no la deuda capital. Dichos préstamos siguieron los procedimientos de gestión correspondientes, como establece la Ley del Sistema de Endeudamiento.

Por otro lado, considero que en esa época no se tenía mucha experiencia sobre los tiempos que demandarían la implementación de proyectos de inversión y la ejecución de actividades que estén relacionadas a equipamiento militar. No se visualizó cuáles serían las repercusiones que se generarían sobre los recursos del Fondo de Defensa de las Fuerzas Armadas y Policía Nacional que estaban destinados al pago de los tres endeudamientos, incluyendo los intereses que financiarían el correspondiente Núcleo Básico para la Defensa.

Los intereses por el endeudamiento otorgado, en mi opinión, fueron muy elevados, en razón que el monto que representa por los intereses a pagar hasta el año 2021 alcanza los US$ 334 700 345 millones de dólares, de los US$ 625 689 655 millones que prestó el Banco de la Nación, que en moneda del Perú en los años 2007, 2008 y 2009 representaron las sumas de S/ 550 000 000, S/802 285 000 y S/ 730 605 000 millones de soles, respectivamente.

TABLA 39

MONTO TOTAL DE LOS PRÉSTAMOS E INTERESES EN DÓLARES PARA FINANCIAR EL NÚCLEO BÁSICO PARA LA DEFENSA

IIAA	I TRAMO DS No 218-2007-EF	II TRAMO DS No 143-2008-EF	III TRAMO DS No 204-2009-EF	TOTAL	INTERESES
EJERCITO DEL PERÚ	64 268 023	60 389 275	489 882	125,147 180	66 945 016
MARINA DE GUERRA DEL PERÚ	52 909 409	41 132 042	26 669 115	120 710 626	64 571 769
FUERZA AÉREA DEL PERÚ	55 236 301	149 978 683	174 616 865	379 831 849	203 183 559
TOTAL	172 413 793	251 500 000	201 775 862	625 689 655	334 700 346
MONTO CAPITAL + INTERESES US$ 625 689 655 + US$ 334 700 345				**TOTAL AL 2021 US$ 960 390 000**	

FUENTE: *Tabla 14 - Libro "La Estrategia de Compra" - página 68 - Primera edición, 2019.*

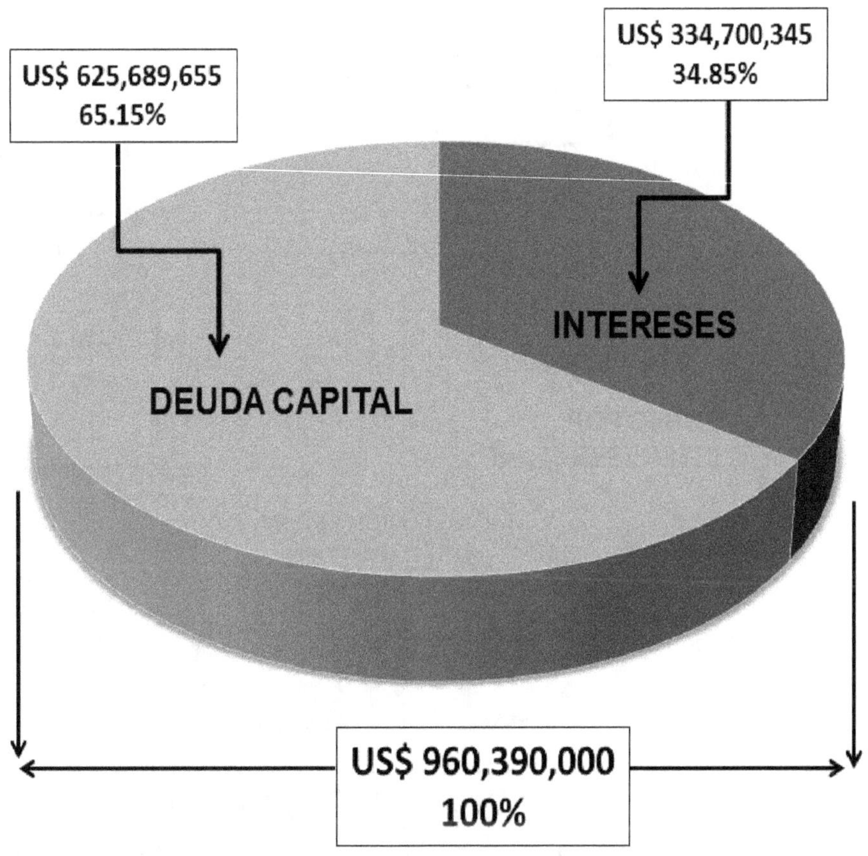

FIGURA 30. *Montos y porcentajes que representan la deuda capital y los intereses que se paga por financiar el Núcleo Básico para la Defensa (NDB).*

FUENTE: *Figura 27 - Libro "La Estrategia de Compra" - página 69 - Primera edición, 2019.*

Este monto se constituiría en una base para poder hacer gestiones de endeudamiento interno muy similar a los endeudamientos otorgados que financiaron los proyectos de inversión y actividades relacionadas a equipamiento militar que contemplaba el Núcleo Básico para la Defensa; sin embargo, el adoptar esta estrategia determinaría en esencia disponer de un monto menor para la implementación de inversiones, porque también las recaudaciones tendrían que cubrir los intereses que se generen.

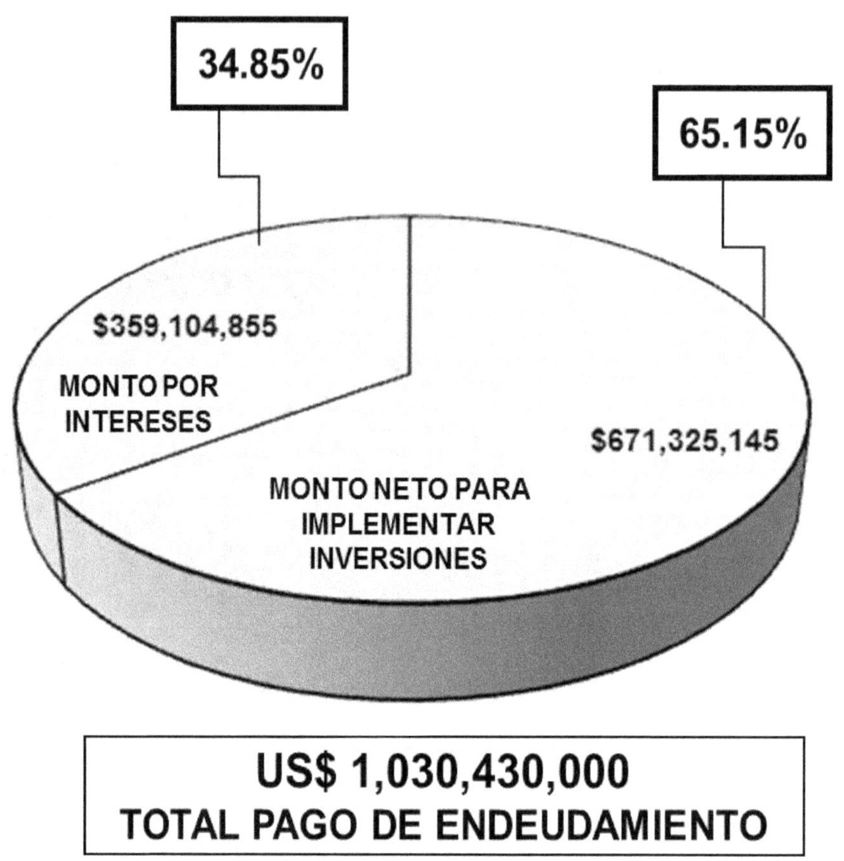

US$ 1,030,430,000
TOTAL PAGO DE ENDEUDAMIENTO

FIGURA 31. *Montos netos y por intereses que se dispondría y generarían en caso de optar por una gestión de endeudamiento.*

FUENTE: *Figura 35 - Libro "La Estrategia de Compra" - página 76 - Primera edición, 2019.*

Si tomamos como referencia las tasas y plazos que se consideraron para el pago de la deuda capital y los intereses de cada uno de los préstamos otorgados por el Banco de la Nación para financiar los requerimientos específicos que forman parte del Núcleo Básico para la Defensa, se podría disponer para la implementación de inversiones solo un monto aproximado de US$ 671 325 145 millones de dólares, dado que el monto a pagar por intereses ascendería a la suma estimada de US$ 359 104 855.

CAPÍTULO IV

ESTRUCTURA CRONOLÓGICA DEL PLAN DE INVERSIONES

4.1 ESTRUCTURA CRONOLÓGICA DEL PLAN DE INVERSIONES

El Plan o Cartera de Inversiones[44] debe de estar estructurado en base a las posibilidades de financiamiento futuro para el sector Defensa, con alta probabilidad de ser asignados por el Estado, sin que se tengan que afectar obligaciones permanentes y planes futuros relacionados a otros sectores del estado de un país. Una buena opción es la de disponer de fuentes de financiamiento catalogadas como Núcleo Duro, es decir, de normas que estén concebidas como políticas de Estado que se mantengan perennes y que sean de naturaleza *INTANGIBLE, PERMANENTE y EXCLUSIVO*, asignadas específicamente para equipamiento destinado para la defensa. Por lo general estas pueden provenir de regalías y/o canon de la explotación de recursos primarios en aquellos países en donde no se disponga de posibilidades de recaudaciones provenientes de otras actividades productivas.

Una fuente de financiamiento catalogada como Núcleo Duro_debe estar estructurada en función de regalías y canon que provengan de la explotación futura de recursos primarios, relacionados en particular al sector hidrocarburos y del sector minero, porque su disponibilidad de comercialización y recaudaciones de los recursos son compatibles y se adecúan cronológicamente al tiempo de ejecución de una inversión y a la vida útil de un equipamiento destinado a la defensa. Por lo tanto, los plazos o el periodo del desarrollo de un Plan de Inversiones deben estar estructurados en función de las posibilidades de disponibilidad de esos recursos financieros catalogados como Núcleo duro, los mismos que se deben de organizar de la siguiente manera:

[44] *GASTAÑAGA ALVAREZ, Guiovani. Libro "La Estrategia de Compra – Proyectos de Inversión destinados a la Defensa, al apoyo de los desastres naturales y al Desarrollo Nacional". Primera edición, 2019.*

TABLA 40

CRONOLOGÍA DEL PROCESO DE DESARROLLO DEL PLAN O CARTERA DE INVERSIONES

<table>
<tr><th colspan="3">TIPO DE INVERSIONES</th><th>DEL PUNTO CERO EN AÑOS PROMEDIO</th><th>INTERVALO EN AÑOS ENTRE PERIODOS</th></tr>
<tr><td colspan="3">Inversiones de Corto Plazo</td><td>2</td><td>2</td></tr>
<tr><td colspan="3">Inversiones de Mediano Plazo</td><td>5</td><td>3</td></tr>
<tr><td rowspan="4">Inversiones de Largo Plazo</td><td rowspan="2">Cercano</td><td>Inmediato</td><td>12</td><td>7</td></tr>
<tr><td>Mediato</td><td>20</td><td>8</td></tr>
<tr><td colspan="2">Contingente</td><td>40</td><td>20</td></tr>
<tr><td colspan="2">Prospectivo</td><td>50</td><td>10</td></tr>
</table>

FUENTE: *Tabla 3 - Libro la Estrategia de Compra - pagina 39 - Primera edición 2019.*

Más detalles de la tabla antes indicada también se desarrolla en el libro *"La Estrategia de Compra - Proyectos de Inversión destinados a la Defensa, la apoyo a los desastres naturales y al Desarrollo Nacional"*, en la cual los hitos del Plan de Inversiones sobre todo del Largo Plazo están relacionados estrechamente a los recursos catalogados como financiamiento de Núcleo duro, es decir en base a las regalías que generan o podrían incrementar el Fondo de Defensa para las Fuerzas Armadas y Policía Nacional (Largo plazo Cercano (Inmediato y Mediato), Largo Plazo Contingente y Largo Plazo prospectivo).

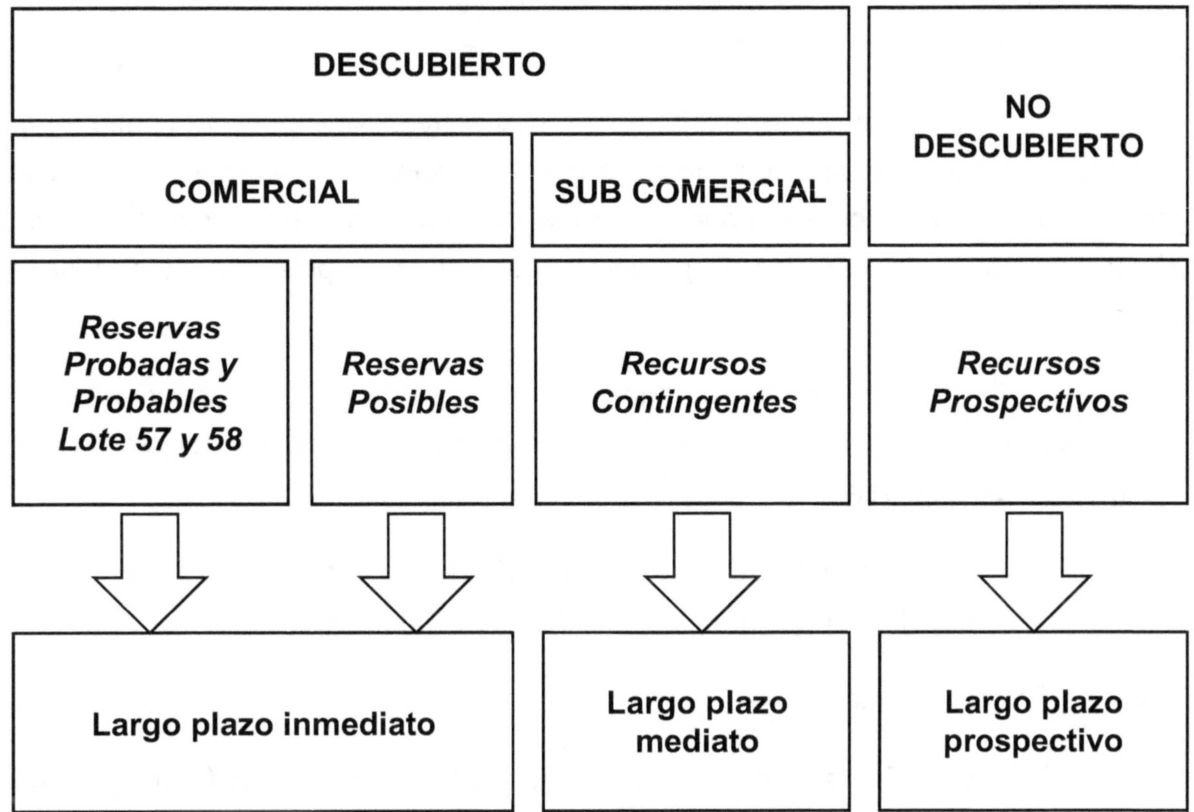

FIGURA 32. *Largo plazo en el plan de inversiones en base a los recursos de gas.*
FUENTE: *Referencia la figura 18 - Libro "La Estrategia de Compra" - página 51 - Primera edición, 2019.*

4.2 PERÍODOS O PLAZOS DENTRO DEL PLAN DE INVERSIONES

4.2.1 Corto Plazo

Según muchos autores, el Corto Plazo es una expresión utilizada en especial en economía para designar la duración de períodos breves que habitualmente puede ser de unos pocos meses a los dos años en promedio, y que responden a objetivos inmediatos dentro de un programa operativo y el uso de recursos económicos.

Las inversiones consideradas en el corto plazo responden a las siguientes características:

a. Por lo general las intervenciones se encuentran en plena implementación de un tipo de inversión: proyecto de inversión, reposición, optimización, ampliación marginal, rehabilitación, asociaciones público-privadas, obra por impuestos y de otras formas de inversión que en el futuro se pudieran visualizar por norma legal alguna.

b. Dispone de financiamiento respectivo, sea por continuidad con cargo a la fuente de financiamiento de Recursos Ordinarios, Operaciones Oficiales de Crédito con recursos aprobados o en ejecución de las concertaciones, o actas de aprobación[45] del uso de los recursos Determinados producto de regalías o canon.

c. Se encuentran catalogadas como inversiones en ejecución dentro del Programa Multianual de Inversiones, programa que anualmente se formula para un periodo de tres años.

d. Se encuentra dentro de los Planes Estratégicos Institucionales (PMI) o los Planes Estratégicos Multisectoriales (PEM).

4.2.2 **Mediano Plazo**

El Mediano Plazo concibe el diseño programado de un futuro deseado dentro de los cinco años en promedio, en el cual se identifican todas aquellas inversiones que se encuentran en ejecución y que su tiempo estimado de término se estima que pueda superar los parámetros del Corto Plazo. Las inversiones consideradas en este plazo deben tener por lo menos las siguientes condiciones:

a. Las Inversiones deben de estar considerados dentro de los alcances del Plan Estratégico de Desarrollo Nacional (PEDN).

b. Se debe conocer con alto porcentaje de probabilidad la fuente de financiamiento con la cual se ejecute su implementación. Los recursos provenientes de regalías y canon minero se adecúan a este tipo de inversiones, porque para estos recursos es factible determinar con alta certeza el pronóstico del nivel de ingresos que se puedan disponer dentro de los cinco años siguientes.

---

[45] *Para el Perú los recursos provenientes de las regalías de la explotación de los lotes 56 y 88 del Gas de Camisea la autorización y asignación de recursos financieros a las Fuerzas Armadas se efectúa a través de la aprobación de un Acta de Administración del Fondo de Defensa, cuyos miembros estas constituidos por el Primer Ministro, el Ministro de Defensa, Ministro de Economía y Finanzas, Ministro del Interior y del Ministro de Relaciones Exteriores.*

c. Inversiones que se encuentran en la fase de formulación del perfil en el caso de equipamiento e infraestructura destinado a la defensa donde se estén realizando o por realizar por lo menos las siguientes actividades de orden técnico:

(1) Formulación de estudios técnicos operacionales a cargo de personal especializado, en la cual se evalúen diversas opciones técnicas, los costos de las posibilidades que brinda el mercado y la elección de la mejor opción técnica entre todas.

(2) Evaluaciones del material in situ, para determinar todas las prerrogativas técnicas operativas, capacidad instalada y soporte técnico futuro que garantice la sostenibilidad del proyecto como mínimo dentro del horizonte de evaluación del proyecto y con las posibilidades de su vida útil (Operación y mantenimiento).

(3) Emisión del o los Certificados de Último Destino (CUD)[46] , que permita ser importado por lo menos de manera temporal el material al territorio nacional, para que sea evaluado bajo las condiciones del terreno y las condiciones meteorológicas[47].

(4) Elaboración de Protocolos de Pruebas, que permita la evaluación de la opción técnica operacional del material más conveniente.

(5) Evaluaciones en territorio nacional.

(6) Informes técnicos y económicos que permitan establecer el dimensionamiento físico y financiero del proyecto.

---

[46] *Un **certificado de usuario final** o **certificado de destino final**, conocido también por su nombre en inglés **end-user certificate** o simplemente por sus siglas **EUC**, es un documento oficial utilizado en transferencias internacionales que incluyan la venta y suministro de armas y munición, con el fin de certificar que el comprador es el receptor final de dichos materiales y que no planea realizar una posterior transferencia a terceras partes. Los certificados de destino final son exigidos por múltiples gobiernos para restringir el flujo de armamento a destinatarios no deseados: países bajo embargo, grupos rebeldes o terroristas, países violadores de los derechos humanos y países que sean vistos como una amenaza para los Estados proveedores.*

[47] ***Observaciones:** Dependiendo las condiciones y naturaleza del equipamiento las evaluaciones a través de protocolos de pruebas se pueden hacer también en el lugar de origen de fabricación del equipamiento destinado a la Defensa.*

(7) Evaluación de la factibilidad de convenios de cooperación, alianzas estratégicas, ayuda militar, etc.

(8) Desarrollo de estudios o expedientes técnicos en el caso de infraestructura de acuerdo a las consideraciones que se pueda concebir o visualizar los perfiles con una Ingeniería Conceptual, Básica o Especializada; o en su defecto hasta la terminación de los Expedientes Técnicos.

4.2.3 **Largo Plazo Cercano.**

Se refiere al tiempo cronológico que podría estar disponible fuentes de financiamiento procedente de las actividades productivas de la extracción y obtención de materias primas de las reservas de hidrocarburos gasíferos probados, probables y posibles y/o de las reservas probadas de los depósitos mineros catalogados como recursos medidos respectivamente, en la cual se estimen con gran porcentaje de certeza que pueden ser comercialmente recuperables y económicos; en este sentido, un *Largo Plazo Inmediato* estaría configurado en función de las reservas probadas de lotes gasíferos y/o depósitos mineros que ya vienen siendo explotados, asimismo un *Largo Plazo Mediato,* lo configuraría en base a las reservas probadas y posibles gasíferas y/o depósitos mineros probados que se encuentran en vías de ser explotables según corresponda.

4.2.4 **Largo Plazo Contingente.**

Está marcado en esencia de los recursos gasíferos considerados como sub comerciales, es decir que potencialmente podrían ser recuperables de acumulaciones conocidas, pero que a la fecha los proyectos a ser aplicados aún no se consideran suficientemente maduros para su desarrollo comercial; del mismo modo en el caso de visualizarse el sector minero estaría establecidos por las reservas probables que se constituirán como recursos indicados y que categorizaríamos como marginalmente económica en el momento que se construiría el Plan de Inversiones.

4.2.5 **Largo Plazo Prospectivo.**

Este plazo tiene relación al tiempo cronológico sobre las cantidades de gas estimadas, a una fecha dada a ser potencialmente recuperables de acumulación que aún no han sido descubiertas, en el caso de los recursos mineros recaería ser considerados en base a los recursos inferidos, este aspecto lógicamente tomando en el momento que se esté concibiendo el Plan de Inversiones, en virtud que si tómanos en consideración los factores modificadores relacionados a las propias actividades de la misma minería y la metalurgia, a los aspectos económicos de mercadeo, a los asuntos legales ambientales que puedan dar viabilidad a los proyectos, a los asuntos sociales que generan la explotación de los recursos mineros y los alcances gubernamentales, según transcurran los años y se vaya aumentando el nivel de conocimientos geológicos y la reducción de los índices de incertidumbre que incrementaran el nivel de confianza, los recursos inferidos pasaran ser recursos indicados y luego tomarán la categoría de recursos medidos, convirtiéndose luego en reservas probables y luego reservas probadas, siguiendo de manera referencial el siguiente proceso que se muestra en la figura:

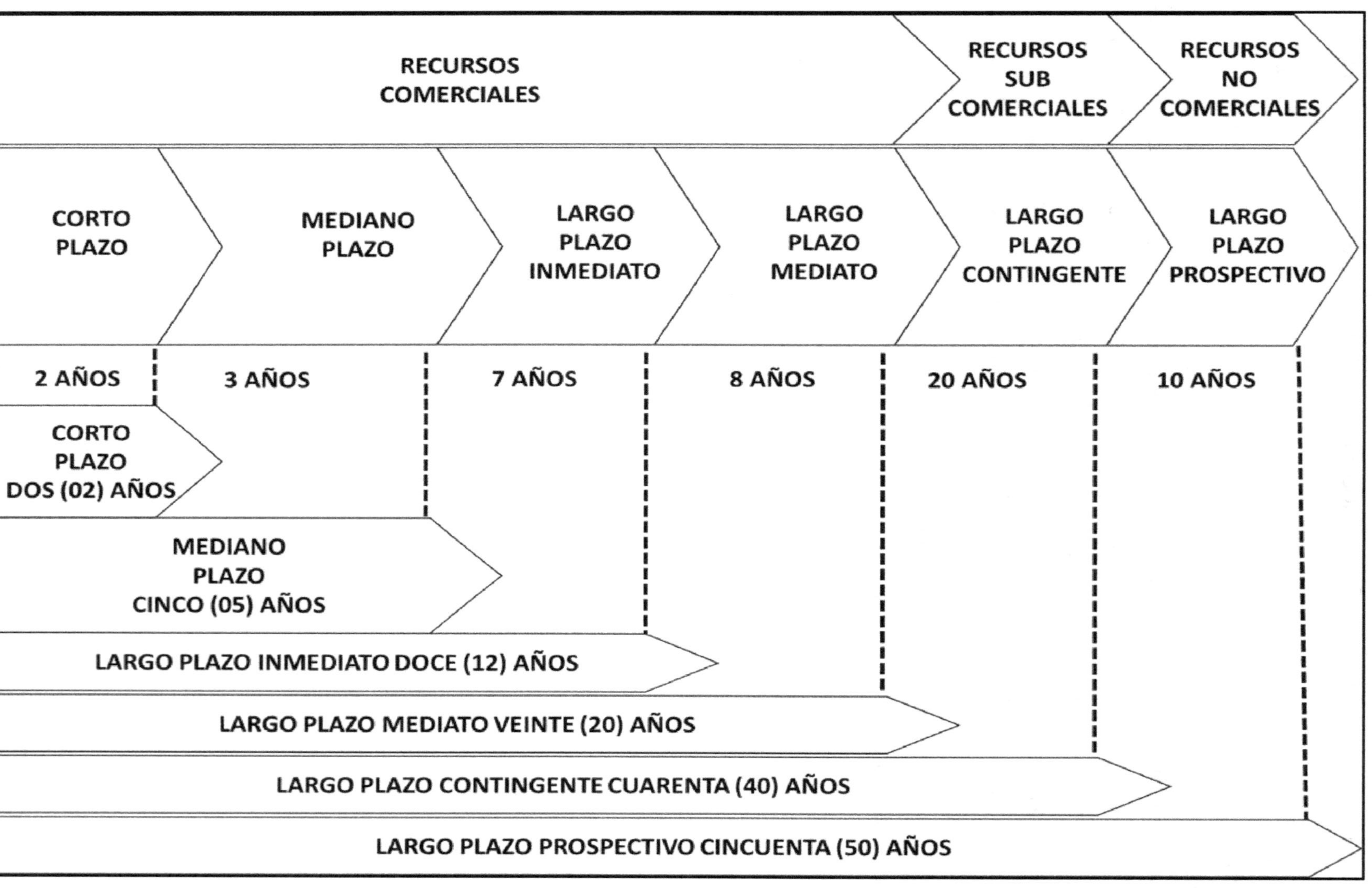

FIGURA 33. *Estructura cronológica de un plan de inversiones*
FUENTE: *Figura 19 - Libro "La Estrategia de Compra" - página 38 - Primera edición, 2019.*

4.3 CONSIDERACIONES PARA ESTABLECER LA DURACIÓN Y EL PLAZO ESTIMADO DE UNA INVERSIÓN PARA SER CONSIDERADOS DENTRO DEL PLAN DE INVERSIONES.

La estimación del período de cada una de las inversiones que tendrían que formar parte de un Plan de Inversiones, de manera básica, estarían en función de tres variables importantes: el diagnóstico del cierre de brechas, el tiempo que demandaría el desarrollo de los sistemas administrativos para la implementación de la inversión y el grado de probabilidad en la asignación de recursos financieros.

FIGURA 34. *Variables para establecer la duración y el plazo estimado de una inversión para ser considerados dentro del plan de inversiones*

4.3.1 **Diagnóstico del cierre de brechas**

La variable relacionada a la determinación de las brechas tiene una importancia fundamental, porque en este punto es donde se estima el dimensionamiento de la inversión en cuanto a su magnitud física y a su nivel de costos económicos tentativos que demandaría su implementación en el futuro, tomando como referencia el *Activo Estratégico de la Inversión*. Esto constituye en realidad el punto de partida en el nacimiento de toda inversión.

El diagnóstico del cierre de brechas se desprende del estudio y la determinación del Diseño de Fuerza que requiere la organización para alcanzar capacidades que le permita cumplir con los Roles Fundamentales dentro de un espacio y tiempo determinado. Como producto del Diseño de Fuerza se podrá identificar tres formas de cierre de brechas:

a. Brechas provenientes de la determinación de equipamiento e infraestructura que puede continuar siendo vigente y que requiere la ejecución de las siguientes intervenciones:

(1) Up grade para mejorar sus prestaciones, que dependiendo de la magnitud de la intervención pueden constituirse en proyectos de inversión o en inversiones de optimización.

(2) Trabajos especializados para poder recuperar las prestaciones por las cuales cumple la misión o función. De acuerdo a la situación en que puedan encontrase dichos activos, las intervenciones más adecuadas se constituirán en proyectos de inversión o en inversiones de rehabilitación.

b. Brechas que determinan la necesidad de implementación de equipamiento y/o de infraestructura nueva.

c. Brechas que determinan la necesidad de ampliación u optimización del equipamiento existente o de la infraestructura.

En esta parte del diagnóstico de brechas, comprende también determinar qué proyectos de inversión e inversiones tendrán un carácter de *Inversiones Operacionales* o de Inversiones Administrativas (gestión institucional), del mismo modo que si para el cierre de brechas este pueda efectuarse bajo una óptica de una *Inversión Vertical* o de *Inversiones Longitudinales o Transversales.*

La determinación de las necesidades, que en realidad son las brechas existentes, se constituye en el punto clave del desarrollo de una inversión para implementar un equipamiento militar, de una infraestructura o ambas a favor de una fuerza determinada que en el lenguaje del *Sistema Administrativo de Inversiones* se denomina *Unidad Productora de Servicios*, donde su concepción considero se deben tener las siguientes observancias que en el libro *La Estrategia de Compra* se expresan:

> *"... la concepción de la determinación de la necesidad y su implementación futura amerita establecer un diseño preliminar con una Estrategia de Compra; que comprenda la determinación de los factores de orden técnico y operativo, que en realidad se constituyen en el conjunto de estudios diversos y decisiones institucionales, que en la realidad inclinaran la balanza hacia un determinado tipo de producto que inclusive en muchos casos puedan determinar a un proveedor específico; los estudios que se conciban en esta etapa se constituyen en los pilares claves y las piezas angulares de una compra de equipamiento militar; en este sentido, los informes de carácter técnico y operativo que se formularán deberán estar sustentados en argumentos y estructuras sólidas, el resultado y conclusiones de estos estudios en esencia podrán determinar en el futuro la probabilidad de consecución de un proceso de contratación de equipamiento militar con éxito y minimizando los porcentajes de errores respectivos..."*

TABLA 41

TIEMPO DE VIDA ÚTIL DE PLATAFORMAS DE COMBATE - FFAA DEL PERÚ

EQUIPAMIENTO	FECHA INICIO	SITUACIÓN	VIDA ÚTIL CONSUMIDA
BAP *Almirante Grau* (CLM-81)[48]	19 dic 1941	Baja 26 set 2017	76 años
BAP Ferré (DM-74)[49]	28 abril 1953	Baja 13 julio 2007	54 años
Avión Canberra B(I) Mk 8[50]	1951	Baja 5 julio 2002	51 años
Avión Mikoyan MiG-29[51]	julio de 1983	Activo	35 años
Avión Dassault Mirage 2000[52]	1984	Activo	34 años
Tanque T – 55[53]	1955	Activo	63 años
Lanzador Múltiple BM 21[54]	1963	Activo	55 años
Tanque AMX 13[55]	1953	Activo	65 años
BAP Villavicencio (FM-52)[56]	7 feb 1978	Activo	40 años
BAP Velarde (CM-21)[57]	25 julio 1980	Activo	38 años

FUENTE: *Tabla 1 - Libro "La Estrategia de Compra" - página 23 - Primera edición, 2019.*

---

[48] ***BAP Almirante Grau (CLM-81).*** *Crucero ligero lanzamisiles de la clase De Ruyter, en 1973 reemplazó al Crucero Ligero BAP Almirante Grau que fuera adquirido el 30 de diciembre de 1959, siendo el tercer buque con este nombre.*

[49] ***BAP Ferré (DM-74).*** *Fue una unidad del tipo destructor misilero que adquirió el Perú para su Marina de Guerra. Fue una unidad de la clase Daring incorporada a la escuadra peruana en 1973. Su construcción para la marina británica, se inició en 1946 y culminó en 1949, en los astilleros Yarrow, Inglaterra.*

[50] ***Canberra B(I) Mk 8.*** *Entro en servicio con la RAF el 1 de Mayo de 1951 como bombardero clásico con un visor de puntería en la nariz acristalada y una tripulación de tres hombres; inicialmente había sido bombardero biplaza de alta cota.*

[51] ***Mikoyan MiG-29.*** *Es un caza de cuarta generación diseñado por Mikoyan en la Unión Soviética en los años 1970, para el rol de superioridad aérea, siendo un caza inicialmente diseñado como un prototipo de caza para el programa PFI (en ruso, Охота спереди в перспективе, Perspektivnyi Frontovi Istrebitel) o Avión caza de Diseño Prospectivo de Primera Línea para la Unión Soviética.*

[52] ***Dassault Mirage 2000.*** *Es un caza a reacción de cuarta generación, polivalente y de un solo motor fabricado por la compañía francesa Dassault Aviation. Fue diseñado a finales de la década de 1970, como un caza ligero basado en el Mirage III, para el Ejército del Aire Francés. Entró en servicio en 1984 siendo el último modelo de la exitosa serie Mirage en entrar en servicio.*

[53] ***Tanque T-55.*** *Tanque diseñado en la Unión Soviética, descendiente directo del T-34. El primer prototipo fue denominado el T-54 que fue construido en 1946 y entró en producción en 1947, luego de una serie de modificaciones mayores, el T-54 fue redenominado T-55 en 1955.*

[54] ***Lanzador Múltiple BM-21 «Grad».*** *Es un sistema múltiple de lanzamiento de cohetes soviético. El BM-21 es uno de los representantes más numerosos y efectivos de este tipo de sistema de armas, como ha sido ampliamente comprobado en distintos teatros de operaciones alrededor del mundo.*

[55] ***Tanque ligero AMX-13.*** *Es un carro de combate ligero de fabricación francesa producido desde 1953 hasta 1987. Sirvió en el Ejército francés y se exportó a más de 25 naciones. Designado con el nº 13 por su peso inicial de 13 t que incluía un chasis resistente y fiable, estaba equipado con una inusual torreta pendular GIAT y un sistema de carga del cañón tipo revólver.*

[56] ***BAP Villavicencio (FM-52).*** *Es una unidad del tipo Fragata Lanzamisiles de la Clase Lupo. Es una de las ocho fragatas lanzamisiles de la clase Lupo con que cuenta la la Marina de Guerra del Perú.*

[57] ***BAP Velarde (CM-21).*** *Es la primera corbeta misilera que adquirió el Perú para su Marina de Guerra, en la década de los años 1970. Es una unidad del tipo Corbeta lanzamisiles. Es una de las seis corbetas lanzamisiles con que cuenta la Flota Naval del Pacífico de la Marina de Guerra del Perú.*

Por otro lado, la vida útil del equipamiento destinado a la defensa[58] es también otro punto a tener en cuenta para el diseño del Plan de Inversiones. Es necesario tener presente que por general la vida útil es del orden de los 40 años a más, como lo expreso en el libro *La Estrategia de Compra*:

> *"... por ejemplo se adquiere un tanque de combate no para 10 o 20 años, sino como mínimo para unos 40 o 50 años, se compra fusiles para más de 20 años, sustento que se basa porque los fabricantes diseñan **"Plataformas" de Combate"** (equipamiento militar o destinado para la defensa) con una vida útil de unos 50 años en promedio con +/-15 años de desviación, con el afán que sobre estas plataformas de combate según pasen los años de servicio, se puedan efectuar optimizaciones o up grade que les permita alcanzar la máxima desviación de vida útil establecida, es decir unos 65 años para estar en servicio en una fuerza armada y estar a la par de los avances de la tecnología, lógicamente ha existido algunas excepciones a esta regla que equipamiento ha estado en servicio con mayor número de años, como se mostró este aspecto en la tabla anterior..."*

TABLA 42

TIEMPO DE VIDA ÚTIL DE ALGUNAS PLATAFORMAS DE COMBATE USADAS EN EL MUNDO

EQUIPAMIENTO	FECHA DE INICIO	SITUACIÓN	TIEMPO DE VIDA ÚTIL ACTUAL
F-16 Fighting Falcón[59]	1978	Activo	40 años
Avión Harrier[60]	1969	Activo	49 años
Tanque Leopard[61]	1979	Activo	39 años
Tanque Abrahams[62]	1979	Activo	39 años

FUENTE: *Tabla 2 - Libro "La Estrategia de Compra" - página 29 - Primera edición, 2019.*

[58] *Libro la Estrategia de Compra (2019): Párrafo 2.1 Determinación de la necesidad, CAPITULO II (LÍNEA DIRECTRIZ - IMPLEMENTACIÓN DE LA INVERSIÓN). Primera edición.*

[59] ***F-16 Fighting Falcon.*** *Caza polivalente monomotor desarrollado por la compañía USA General Dynamicsen en los años 1970 para la Fuerza Aérea de ese país; entró en servicio en el año 1978.*

[60] ***Harrier ('aguilucho' en inglés).*** *También llamado "Harrier Jump Jet" o el "Jump Jet", es un avión a reacción militar de diseño británico capaz de realizar despegues y aterrizajes verticales/cortos (V/STOL), mediante empuje vectorial. De los muchos diseños de este tipo que surgieron a partir de los años 1960..*

[61] ***Tanque Leopard 2.*** *Tanque principal de combate (MTB) desarrollado en Alemania a comienzos de la década de 1970 por Krauss-Maffei-Wegmann. Entró en servicio por primera vez en año de 1979.*

[62] ***Tanque M1 Abrams M1.*** *Es un plataforma de combate como tanque principal de producido en Estados Unidos por General Dynamics. Es el principal medio blindado del Ejército de los Estados Unidos, del Cuerpo de Marines de Estados Unidos, y de los ejércitos de Egipto, Kuwait, Arabia Saudí y Australia.*

Por tanto, la vida útil de un equipamiento es una variable que determinará los hitos que formen parte del Plan de Inversiones.

4.3.2 **Tiempo del desarrollo de los Sistema Administrativos para la implementación de una inversión.**

El tiempo de desarrollo de los Sistemas Administrativos para la disposición final de una inversión comprende en esencia el tiempo estimado de duración de la ejecución de tres procesos importantes. Estos procesos de formalización hasta la tenencia, pasará desde el inicio del perfil hasta, por lo menos, la entrega de los bienes y/o infraestructura en los almacenes o la disposición de las unidades técnicas de recepción y conformidad. Los tres procesos importantes son la formalización de la inversión, el tiempo del proceso de contratación y el periodo de duración de la etapa contractual, según se muestra en la figura siguiente:

FIGURA 35. Procesos importantes para determinar el tiempo del desarrollo de la implementación de una inversión.

a. Formalización de la Inversión.

Una vez determinado el análisis de brechas en base al Diseño de Fuerza u organización deseada con el fin alcanzar un nivel de capacidades para cumplir los Roles Fundamentales, y el haberse clasificado a cada una de las inversiones —ya sea del tipo de Inversiones Administrativas (gestión institucional) u Operacionales—, además de optarse por la más adecuada implementación mediante una inversión vertical o una inversión longitudinal (Transversal), se procede a desarrollar todos los estudios, pruebas, protocolos, informes etc., que contribuyan a formular el perfil de inversión, tener la viabilidad del proyecto, y alcanzar hasta que el expediente técnico o estudio definitivo esté aprobado.

En mi libro *La Estrategia de Compra* menciono que se deben establecer tres niveles para validar la viabilidad de los estudios de inversión que permitan la implementación de equipamiento militar con un carácter institucional, en el que el primer nivel corresponde a la unidad o unidades formuladora-evaluadoras de los proyectos de inversión e inversiones; el segundo nivel, a las unidades ejecutoras de inversiones establecidas por la organización; y el tercer nivel, a las dependencias de abastecimiento que incluye a las ares de contrataciones. En este caso, la formalización de la inversión recae en los dos primeros niveles de estudio.

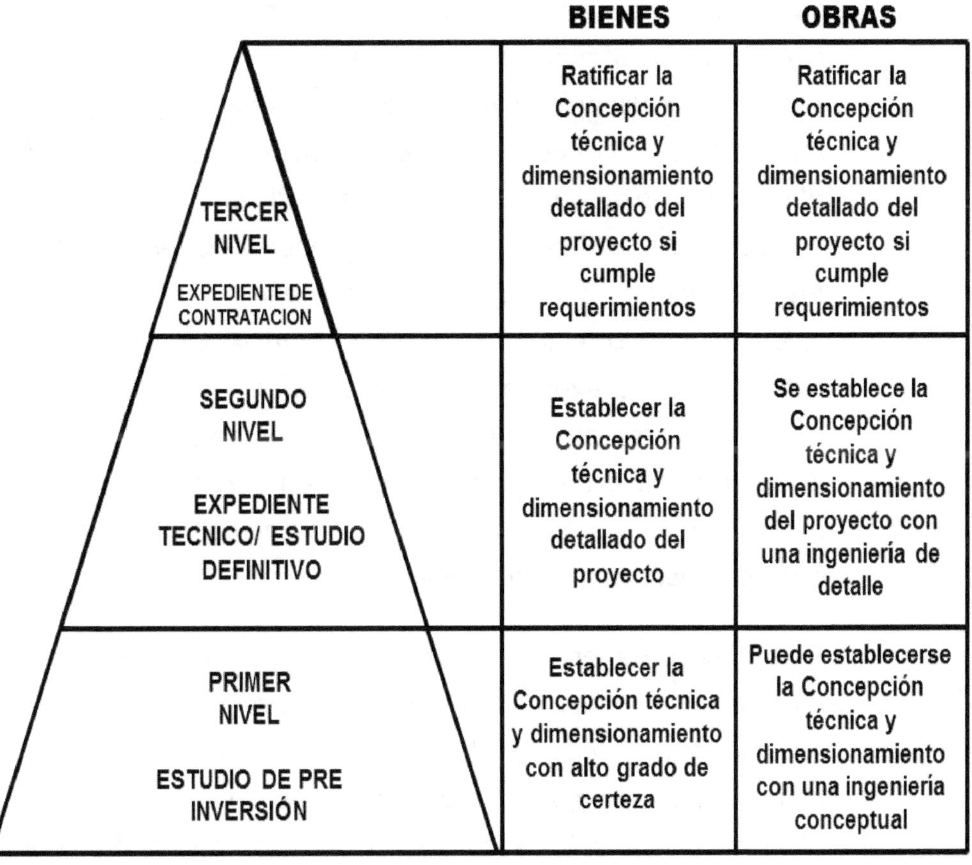

FIGURA 36. *Niveles de estudio para validar la viabilidad de los informes de inversión que permitan la institucionalidad.*

FUENTE: *Figura 59 - Libro "La Estrategia de Compra" - página 140 - Primera edición, 2019.*

Es importante visualizar que el periodo que puede demandar la Formalización de la Inversión y estimar el tiempo dentro del Plan de Inversiones, puede estar sujeto a las siguientes consideraciones que se menciona en el libro "La Estrategia de Compra" y se indica a continuación:

> *"...para el caso de la implementación de una Inversión en la cual el activo estratégico principal se constituye en un bien, es decir de un equipamiento militar como son los tanques de combate, los sistemas de artillería de campaña, vehículos de transporte militar, etc.; es necesario que la Concepción Técnica y el Dimensionamiento del proyecto en esta parte de la Estrategia de Compra tenga que ser por lo general casi definitiva, argumento que se recomienda y sustenta porque estos tipos de activos que son fabricados en el mercado internacional por lo general tienen características técnicas y operativas diferentes entre unos y otros, eso no permite establecer una comparación objetiva y homogénea, del mismo modo, los costos económicos en muchos casos son considerablemente abismales causando distorsiones en el dimensionamiento económico del proyecto no permitiendo poder establecer las alternativas de solución de manera objetiva, y cuya evaluación financiera podría no representar un valor real, por lo tanto el plazo de la formulación de los estudios pueden extenderse en plazos, en virtud que serán necesarios el establecimiento de evaluaciones de los bienes probables a través de pruebas de campo y de ser necesario de laboratorio, tanto en el extranjero como en el propio territorio, a través de protocolos u otros mecanismos técnicos existentes que sean necesarios establecerlos.*
>
> *Para el caso del estudio de pre inversión que corresponde al primer nivel relacionado a infraestructura considero que la mejor opción es estructurar la Concepción Técnica y el Dimensionamiento del Proyecto, en función de la mayor incertidumbre respecto a los resultados sobre los beneficiarios y el rango de precisión y confiabilidad en la estimación de los costos del proyecto que permitan fundamentar la declaratoria de viabilidad; en este sentido nace la pertinencia que sobre una ingeniería conceptual dependiendo de la complejidad de la infraestructura por implementar se podría dar la viabilidad del proyecto; sin embargo, quiero adelantar que el énfasis de los estudios de inversión en caso de Infraestructura recaen como centro de gravedad el segundo nivel que corresponde a la formulación del expediente Técnico Definitivo, la misma que debe estar sustentada en una Ingeniería de detalle en la cual se realizan todos los*

planos definitivos (planos cubicables) y se definen las especificaciones técnicas, entre muchas cosas..."

En consecuencia, lo mencionado en los párrafos anteriores predice el plazo que se consideraría en una inversión concebida dentro del Plan de Inversiones, en el que mucho dependerá la complejidad del *Activo Estratégico Principal*. Considero que el tiempo estimado, cubriendo todas las evaluaciones técnicas que sean necesarias con los protocolos adecuados, incluyendo el desarrollo de los estudios definitivos o expedientes técnicos, oscilan en un período de tres años.

b. Tiempo del Proceso de Contratación propiamente dicho.

Por lo general, cuando se realiza una planificación del proceso de contratación, erróneamente tomamos el tiempo que demandaría el proceso de contratación según lo que establecen las normas correspondientes, sin embargo, es necesario que se tenga en consideración los plazos que demandan la formalización o formulación del expediente de contratación con todas las prerrogativas, requisitos y alcances que contemplen no solo de las normas de contrataciones, sino también las normas de presupuesto y de endeudamiento. Por lo general para el establecimiento de los plazos de un proceso de contratación es necesario estimar un año como mínimo.

c. Tiempo de la etapa contractual.

El tiempo de la etapa contractual va a depender de factores relacionados al estado del *Activo Estratégico*, de las actividades de verificaciones técnicas, de los plazos de transporte hasta el punto de entrega y de los aspectos relacionados a los compromisos por concepto de pagos generados como producto de las condiciones del contrato respectivamente. Respecto al factor relacionado al estado del Activo Estratégico, es necesario estimar los tiempos de disposición de dichos activos en las Unidades Productoras de Servicios, si dentro de las solución del cierre de brechas se está considerando activos por fabricar, y si estos son nuevos de fábrica sin uso, de segundo uso y que requieren trabajos de mantenimiento para ponerlos en las condiciones óptimas de uso. Asimismo, este factor también comprende la complejidad que representaría el Activo Estratégico, en su dimensionamiento físico como el grado o nivel de tecnología que sea necesario para su fabricación.

Las actividades de verificaciones, como factor relacionado al tiempo de la etapa contractual son fundamentales para ser consideradas, porque implican las actividades que se tengan que realizar: primero en el lugar de fabricación donde previo al diseño y establecimiento de un protocolo de pruebas se efectúan las verificaciones técnicas a través de un Comité de especialistas de Aceptación Técnica en Planta o Fábrica (ATP); segundo en la recepción y conformidad definitiva en el país donde se implementarán los Activos Estratégicos respectivos.

Los plazos de transporte hasta el punto de entrega representan el otro punto a tener en cuenta. Por lo general los Activos Estratégicos son transportados vía marítima bajo todas las normas y tiempos que demandan los INCOTERMS[63]. Estos plazos a tener en cuenta pueden oscilar en promedio de unos seis meses a más, por esas circunstancias es conveniente en la planificación considerar un tiempo estimado de unos 360 días.

Del mismo modo, en el caso de los contratos internacionales que tendrían que suscribirse, es importante tener en cuenta el pago de los compromisos contraídos, en los que muchos de esos pueden estar sujetos a las normas internacionales de Créditos Documentarios[64] y ser concordantes con las formas de entrega.

---

[63] *Los **Incoterms** o **Términos Comerciales Internacionales** son una serie de términos comerciales predefinidos publicados por la Cámara de Comercio Internacional (ICC) relacionados con el derecho comercial internacional. Son utilizados en transacciones comerciales internacionales o procesos de adquisición y su uso es alentado por los consejos de comercio, tribunales y abogados internacionales. Una serie de términos comerciales de tres letras relacionados con las prácticas de venta contractuales comunes, las reglas de Incoterms tienen como objetivo principal comunicar claramente las tareas, los costos y los riesgos asociados con el transporte y la entrega de bienes a nivel mundial o internacional. Los incoterms informan los contratos de venta que definen las obligaciones, los costos y los riesgos respectivos involucrados en la entrega de bienes del vendedor al comprador, pero ellos mismos no concluyen un contrato, determinan el precio a pagar, los términos de moneda o crédito, rigen la ley del contrato o definen dónde Título de las transferencias de bienes.*

Las reglas de Incoterms son aceptadas por gobiernos, autoridades legales y profesionales de todo el mundo para la interpretación de los términos más utilizados en el comercio internacional. Su objetivo es reducir o eliminar por completo las incertidumbres derivadas de las diferentes interpretaciones de las normas en diferentes países. Como tales, se incorporan regularmente a los contratos de venta todo el mundo.

[64] *La **carta de crédito** o **crédito documentario** es un medio de pago emitido por una entidad solvente, generalmente un banco. La carta de crédito es independiente del contrato que dio su*

4.3.3 **Posibilidades de asignación de recursos financieros**

Para poder establecer el período que demandaría la disponibilidad de recursos económicos al implementar una inversión, primero es necesario tener en cuenta el estudio efectuado para establecer las probabilidades de las fuentes de financiamiento que solventarían esas intervenciones, dentro del marco de la *Pertinencia de la Inversión* y la *Finalidad de la Inversión*. En base a esta apreciación y dependiendo el *Dimensionamiento Económico* del proyecto, se podría establecer los montos razonables que podrían ser considerados anualmente para asumir los compromisos contractuales, esto permitiría determinar el tiempo estimado de disposición de recursos y, por supuesto, los plazo de los contratos que se tendrían que suscribir.

origen. La carta de crédito se emplea en términos generales en la compra y venta de mercancía o bienes, sin embargo, este instrumento de pago puede utilizarse en otros contratos. La carta de crédito no tiene sustento legal en las leyes estatales, por lo cual no son catalogadas como contratos sino como nueva lex mercatoria. A pesar de no existir un conjunto de leyes específicas para las cartas de crédito, las partes en un contrato de compraventa internacional, por lo general escogen incluir las normas relacionadas con "la carta de crédito" que no son leyes por sí mismas, pero se convierten en leyes para las partes una vez mencionadas en sus contratos.

CAPITULO V

LINEAMIENTOS DEL DISEÑO DEL PLAN DE INVERSIONES

5.1 TIPOS DE ACTIVOS DE LA ORGANIZACIÓN

Toda organización está constituida en activos no financieros, clasificados en *Activos Estratégico* y en *Activos no Estratégicos* (a estos últimos se les denomina otros activos no financieros). Estos activos están dimensionados de acuerdo a la organización con la finalidad de que puedan cumplir con su misión o función según corresponda, y de esta manera puedan alcanzar sus objetivos para los cual fueron establecidos; por cuanto el dimensionamiento de los Activos Estratégicos que forman parte de cada una de las organizaciones de las Fuerzas Armadas está en función de los Roles Fundamentales que puedan cumplir.

Los Activos Estratégicos son los que contribuyen directamente en el cierre de brechas y son importantes para alcanzar Objetivos Estratégicos.

Los Activos no Estratégicos o Complementario cumplen un rol de apoyo, de soporte secundario o auxiliar. Este tipo de activos no necesariamente pueden ser considerados dentro del Plan de Inversiones, porque sus prerrogativas y funcionalidad no afectarían la función o misión que cumplirían para alcanzar los Objetivos Estratégicos, o en concreto para cumplir con el servicio público para el cual esta dimensionado.

Como ejemplo ilustrativo que permita comprender lo que significa un Activo Estratégico de un Activo Complementario, ponemos como base a un Grupo de Artillería de Campaña que se constituye en una organización tipo Batallón, que cumple misiones operacionales de apoyo de fuegos en distintas operaciones militares (ofensivas, defensivas, retrogradas). Para el cumplimiento de esa misión dispone de cañones u obuses, de sus camiones, de sus equipos de comunicaciones, etc., con los cuales cumple el cometido correspondiente del punto de vista operacional. En el campo de las inversiones, la misión que cumple ese Grupo de Artillería de Campaña se constituye en el servicio público que proporciona esa organización tipo batallón, constituyéndose por tanto en una

Unidad Productora de Servicios, donde sus Activos Estratégicos son sus cañones u obuses y todos aquellos activos que permitan la funcionalidad que proporcionen el Servicio Público de Apoyo de Fuegos. Para ambos casos, los Activos Complementarios se constituirán en todos aquellos activos que contribuyan a las gestiones administrativas o de funcionalidad del Grupo de Artillería, y que en esencia no son empleados para cumplir con la misión o el servicio de Apoyo de Fuegos. Estos son por ejemplo los equipos de cómputo de las oficinas, los camarotes de la tropa, etc.

Es importante tener en cuenta que para la concepción del Plan de Inversiones solo interesaría tomar como referencia el Activo Estratégico, para establecer el dimensionamiento físico y económico estimado respectivo; sin embargo, cuando se tenga que entrar a la etapa de formulación propiamente dicha del proyecto, este comprenderá la inclusión de los dos tipos de activos, en virtud de que una inversión alcanza la intervención integral destinada a cerrar brechas para el cumplimiento de un servicio público respectivo.

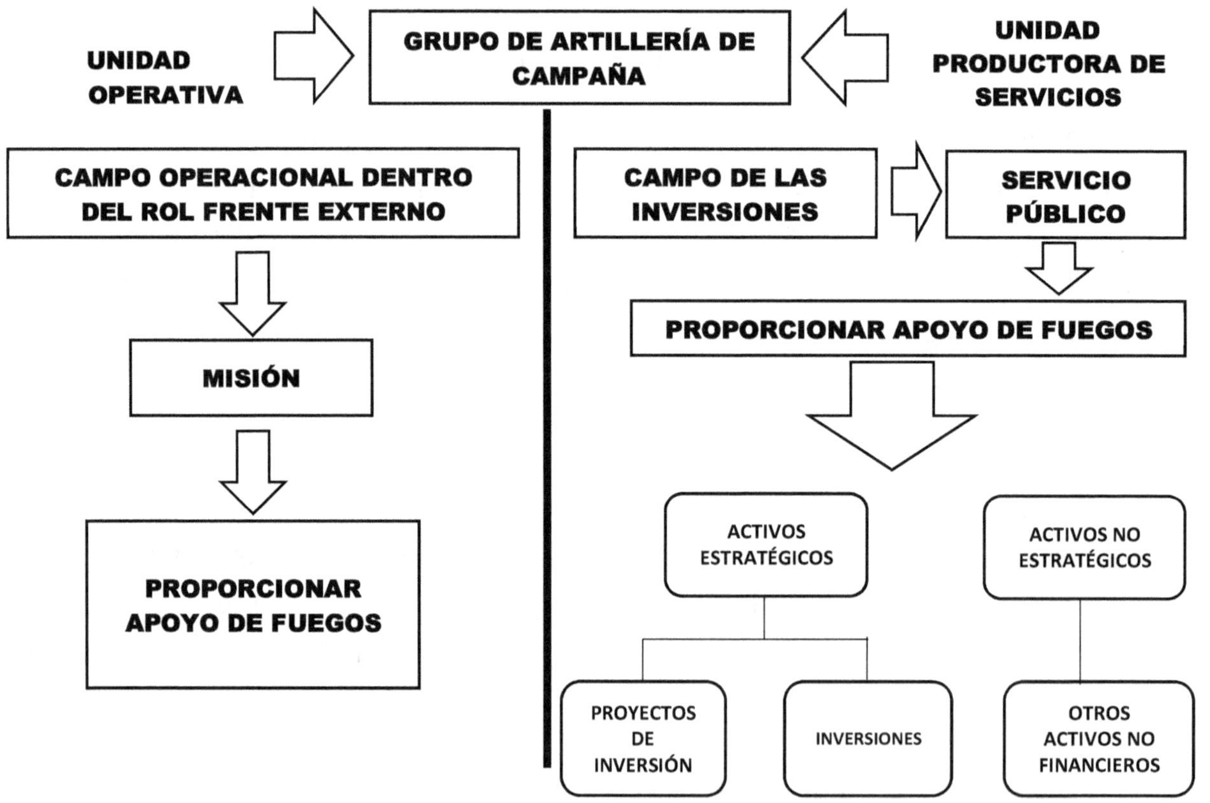

FIGURA 37. *Unidad Productora de Servicios – activos estratégicos y no estratégicos*

En consecuencia, una vez determinado el Diseño de la Fuerza, con las capacidades operacionales para responder a los Roles Fundamentales, se procede al diagnóstico y determinación de las brechas estimadas para ser consideradas en el Plan de Inversiones sobre la base de los Activos Estratégicos.

5.2 CLASIFICACIÓN DE LAS INVERSIONES POR FUNCIÓN, APLICABILIDAD Y TIPO DE INTERVENCIÓN

Una vez determinado el Diseño de la Fuerza y luego el establecimiento de las brechas que se requieren para alcanzar capacidades que respondan a los Roles Fundamentales, es importante establecer a qué *Función*, *Aplicabilidad* y *Tipo* de inversión corresponde su implementación.

5.2.1 Inversiones por el tipo de función o misión que cumplen

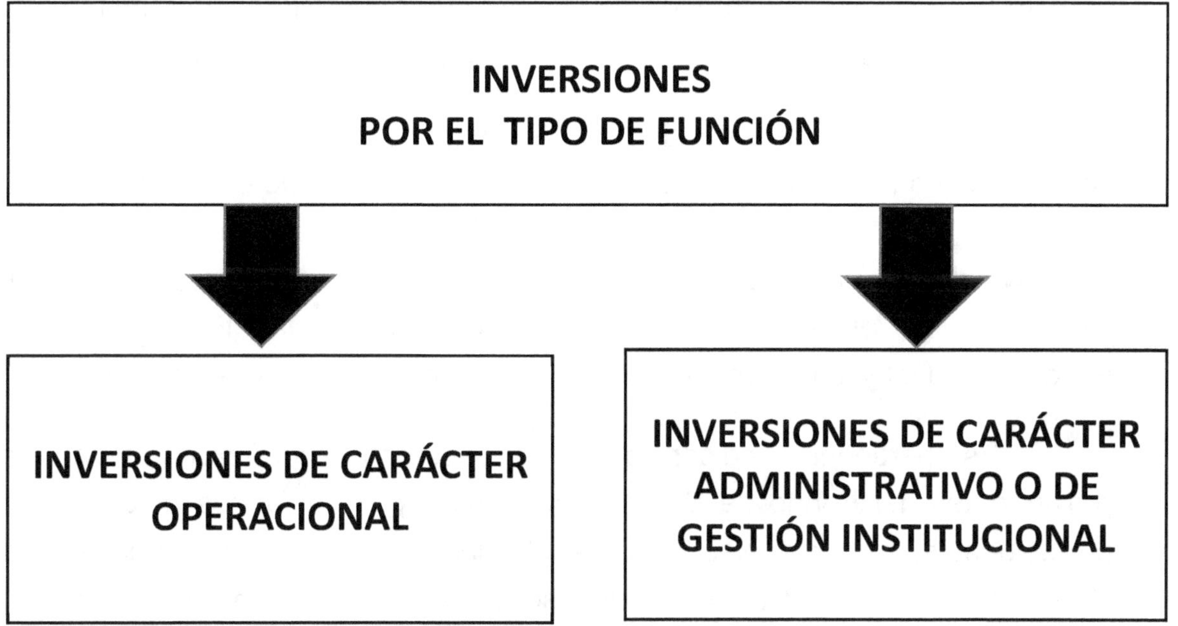

FIGURA 38. *Inversiones por el tipo de función o misión cumplen.*

La Función que cumple se refiere a la misión que tenga que ejecutar la organización en operaciones militares o en el lenguaje de las inversiones al tipo de servicio público que proporciona. El primero se relaciona con la misión de todas las organizaciones, que por su naturaleza están diseñadas para cumplir planes de operaciones para el cumplimiento de los Roles Fundamentales, en particular del Frente Externo y Frente Interno; por tanto a esta forma de intervención la denomino Inversiones de carácter Operacional. Del mismo modo, el segundo aspecto denota a todas aquellas intervenciones que se realicen sobre todas las organizaciones que permitan actividades de gestión y actividades para el funcionamiento como órganos enmarcados dentro de la estructura del Estado y otras que no estén comprendidas en planes de operaciones; las catalogo como Inversiones de carácter Administrativo, que también las denomino como Inversiones de gestión Institucional.

a. **Inversiones de carácter Operacional**

Se refieren a las intervenciones que permiten la implementación de equipamiento e infraestructura destinados específicamente a brindar los servicios relacionados netamente a la Defensa Nacional y sus Roles Fundamentales, cuya *Pertinencia* y *Finalidad* se refleja en los planes operacionales en los que intervienen las Fuerzas Armadas en su conjunto o de manera Institucional. Dentro de este tipo de inversiones podemos mencionar como ejemplo la implementación de brigadas de combate, buques, aviones, tanques, cuarteles en su conjunto, etc.

Por lo general este tipo de inversiones para el sector Defensa son financiadas con la Ley Nº 28455, que creó el Fondo de Defensa para las Fuerzas Armadas y la Policía Militar, cuyos fondos están destinados única y exclusivamente para la adquisición de equipamiento destinado para la modernización, el repotenciamiento y renovación de las Fuerzas Armadas y Policía Nacional y la reparación y mantenimiento del equipamiento de las mismas.

Es pertinente indicar que los recursos económicos y financieros provenientes del Fondo de Defensa se constituyen en fondos adicionales a los presupuestos institucionales anuales otorgados a las instituciones armadas y Policía Nacional del Perú, dado que se considera como ingresos del fondo de defensa. En la actualidad se mantiene como fuente de recaudaciones de este fondo el 40 % de las regalías del Lote 88, el 30% de las regalías del Lote 56, los intereses que generen los ingresos y de otros recursos que señale el Poder Ejecutivo. Asimismo, cuando se incorpora estos recursos al sistema de presupuesto se incorporan dentro del Programa Presupuestal 0135 Mejora de las Capacidades Militares para la Defensa y el Desarrollo Nacional.

Este tipo de organizaciones sus Activos Estratégicos están determinadas por sus Cuadros de Organización y Equipo (Coeq), y responden específicamente a cumplir misiones operacionales relacionados a los Roles Fundamentales, según correspondan.

b. **Las Inversiones de carácter Administrativo o de gestión**.

Se refieren a todas aquellas intervenciones para la implementación de equipamiento e infraestructura que cumplen servicios de apoyo o de una naturaleza complementaria a las funciones destinados a las actividades netamente de la Defensa Nacional. Dentro de estas tenemos, las centros de esparcimiento, oficinas administrativas, vehículos de no uso militar, etc.

Por lo general en las organizaciones que responden a este tipo de inversiones sus Activos Estratégicos responden a funciones que cumplen estas, que estas vienen prescritas en sus Manuales de Organización y Funciones (MOF) y sus correspondientes Manuales y Guías de Procedimientos.

5.2.2 Inversiones por la aplicabilidad en la intervención

La *Aplicabilidad en la Intervención* se refiere a la mejor manera de agrupar los servicios necesarios de infraestructura y/o equipamiento para cerrar las brechas de una o más Unidades Productoras de Servicio. A este tipo de intervenciones las catalogo como *Inversiones verticales* e *Inversiones longitudinales*, a este último también se pueden definirse como *Inversiones transversales*.

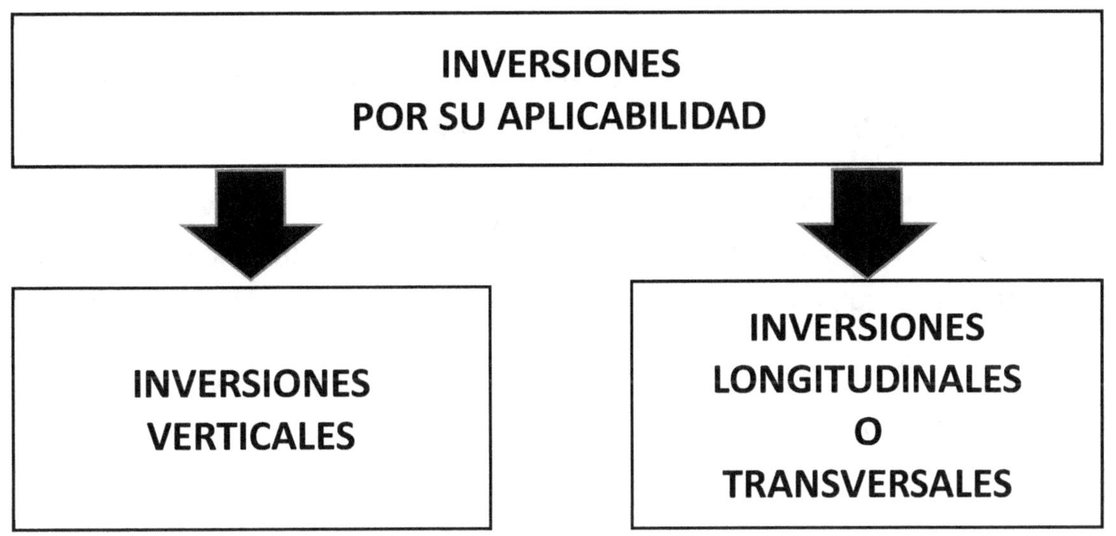

FIGURA 39. *Inversiones por la aplicabilidad en la intervención.*

a. **Inversiones Verticales**

Cuando los Activos Estratégicos, complementarios y otros activos no financieros, que son necesarios para cerrar las brechas de Infraestructura y/o equipamiento, las inversiones corresponden a la misión de una organización mayor que agrupa a varias Unidades Productoras de Servicio, pero que tienen una misma finalidad en el cumplimento de los Roles Fundamentales. Como ejemplo tenemos la implementación de una Brigada de Infantería que está conformada por Unidades Productoras de Servicios como son sus batallones de infantería, su grupo de artillería de campaña, su batallón logístico, etc.

b. **Inversiones longitudinales o transversales.**

Esta inversión se adopta sobre la implementación de un Activo Estratégico que esté destinado a cerrar las brechas relacionadas a equipamiento que abarque a más de una organización mayor que agrupa cada una de varias Unidades Productoras de Servicio, pero que todas estas responden a una misma finalidad (política pública – programa presupuestal) en el cumplimento de un determinado Rol Fundamental. Como ejemplo tenemos a los siguientes:

(1) La implementación de camiones militares para todo o parte de las organizaciones de una o más de las instituciones de las Fuerzas Armadas.

(2) Activos Estratégicos como vehículos de combate: tanques, vehículos de combate de Infantería (VCI).

(3) Armamento como fusiles, ametralladoras, lanzacohetes, misiles y toda gama relacionada a este tipo de activos.

Del mismo modo, la adopción de esta forma de inversión es la más adecuada y recomendable para la implementación de Activos Estratégicos relacionados a equipamiento destinado a la defensa por las siguientes razones:

(1) Permite la estandarización posterior con un solo tipo de Activo Estratégico.

(2) La implementación con una sola línea de Activos Estratégicos favorecen y economizan los costos de funcionamiento relacionados al mantenimiento y operación.

(3) Estandarizan y economizan recursos humanos y materiales respecto a las actividades de entrenamiento.

5.2.3 Inversiones catalogadas por el tipo de intervención.

El *tipo de Intervención* se refiere a la clasificación de las intervenciones relacionadas a aspectos netamente de carácter social sobre los beneficiados, dentro del marco legal del reglamento del Decreto Legislativo Nº 1252, que crea el Sistema Nacional de Programación Multianual y Gestión de Inversiones.

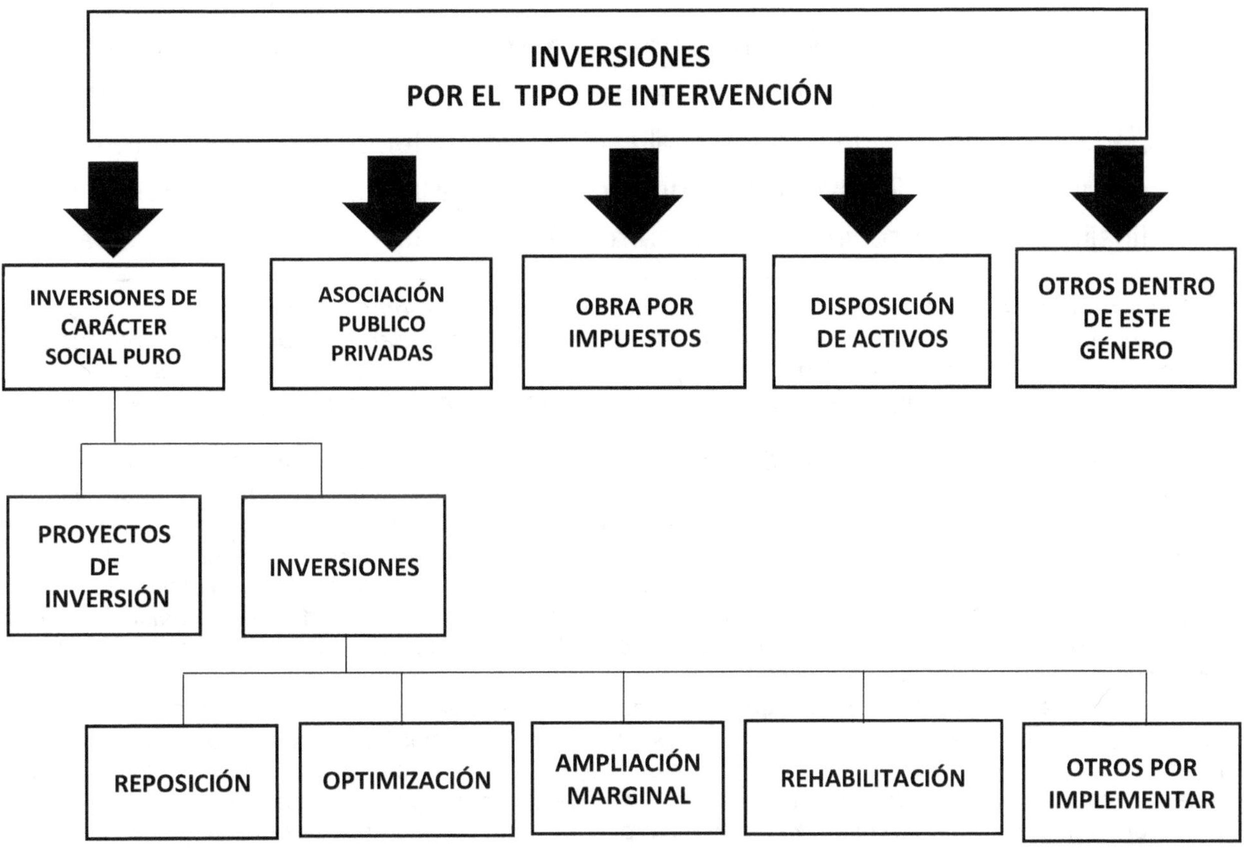

***FIGURA 40**. Inversiones catalogadas por el tipo de intervención.*

Para el caso del Perú, contemplan al tipo de carácter social los proyectos de inversión[65] y las inversiones (reposición[66], optimización[67], ampliación marginal[68],

[65] ***Proyecto de inversión:** Corresponde a intervenciones temporales que se financian, total o parcialmente, con recursos públicos, destinadas a la formación de capital físico, humano, institucional, intelectual y/o natural, que tenga como propósito crear, ampliar, mejorar o recuperar la capacidad de producción de bienes y/o servicios. 15. Proyecto de inversión estándar: Es aquel proyecto que se caracteriza por tener un diseño homogéneo del proceso de producción del servicio, que lo hace susceptible de ser replicable o repetible.*

rehabilitaciones[69] y aquellas otras que puedan incorporarse o conceptualizarse dentro de este tipo)[70]. Del mismo modo, los otros tipos de inversiones son las Asociaciones Público Privadas y las inversiones relacionadas a la Obra por Impuestos.

5.3 ACCIONES DIRECTRICES, EJES DE DESARROLLO Y ACCIONES ESTRATÉGICAS DE LAS INVERSIONES

5.3.1 Acciones Directrices o Ejes de Desarrollo Estratégicos

Una *Acción Directriz Estratégica* (ADE), también denominada *Eje de Desarrollo Estratégico* (EDE), se constituye en la vía por donde discurre la pertinencia, la finalidad, la materialización y la implementación de una Inversión o de un conjunto de Inversiones que responden a los mismos principios, normas, finalidades y procedimientos, desarrollados bajo un programa para alcanzar de

---

[66] ***Inversiones de reposición***: *Son inversiones destinadas al reemplazo de equipos, equipamiento, mobiliario y vehículos cuya vida útil ha culminado, y que formen parte de una unidad productora. La selección de estos activos equipo y/o equipamiento de reemplazo no debe tener como objetivo el incremento de la capacidad de la unidad productora. Estas inversiones no se aplican para el reemplazo de infraestructura.*

[67] ***Inversiones de optimización***: *Son inversiones menores que resultan de un mejor uso y/o aprovechamiento de los factores de producción disponibles de una unidad productora. Los objetivos de estas inversiones son satisfacer un cambio menor en la magnitud de la demanda y/o mejorar la eficiencia en la prestación del servicio. Se identifica sobre la base de un diagnóstico de la unidad productora existente y de la demanda por sus servicios. 9. Inversiones de rehabilitación: Son inversiones destinadas a la reparación de infraestructura dañada o equipos mayores que formen parte de una unidad productora, para volverlos al estado o estimación original. La rehabilitación no debe tener como objetivo el incremento de la capacidad de la unidad productora.*

[68] ***Inversiones de ampliación marginal***: *Comprende las inversiones siguientes: a. Inversiones de ampliación marginal del servicio: Son inversiones que incrementan la capacidad de una unidad productora hasta un veinte por ciento (20%) en el caso de servicios relacionados a proyectos de inversión estandarizados por el Sector. b. Inversiones de ampliación marginal de la edificación u obra civil: Son inversiones que incrementan el activo no financiero de una entidad o empresa pública, y que no modifican la capacidad de producción de servicios o bienes. c.* ***Inversiones de ampliación marginal*** *para la adquisición anticipada de terrenos: Son inversiones que se derivan de una planificación del incremento de la oferta de servicios en el marco del PMI. La adquisición de terrenos debe cumplir con los requisitos establecidos en las normas técnicas aplicables para la construcción y ampliación de edificaciones u obras civiles públicas. d. Inversiones de ampliación marginal por liberación de interferencias: Son inversiones orientadas a la eliminación y/o reubicación de redes de servicios públicos (como sistemas de agua, desagüe, electricidad, telefonía, internet, entre otros), que faciliten la futura ejecución de un proyecto de inversión en proceso de formulación y evaluación o en el marco de lo previsto en un contrato de Asociación Público Privada.*

[69] ***Inversiones de rehabilitación***: *Son inversiones destinadas a la reparación de infraestructura dañada o equipos mayores que formen parte de una unidad productora, para volverlos al estado o estimación original. La rehabilitación no debe tener como objetivo el incremento de la capacidad de la unidad productora.*

[70] *Este tipo de Intervenciones se encuentran para el caso peruano enmarcado dentro de la normatividad del Sistema de Programación Multianual y gestión de Inversiones.*

manera técnica, administrativa, legal, responsable y compatible una serie de hitos u objetivos futuros progresivos y puntuales interrelacionados entre sí con el usos de los recursos del Estado. En esencia, la Acción Directriz o Eje de Desarrollo Estratégico es la materialización de la implementación de una inversión (proyecto de inversión, inversiones de reposición, inversiones de optimización, inversiones de rehabilitación, inversiones de ampliación marginal, las asociaciones público privadas, obras por impuestos).

La entidad garantiza que el programa diseñado debe de seguir los lineamientos establecidos en cada Acción Directriz Estratégica, o Eje de Desarrollo Estratégico, que en realidad debe de ser consecuencia de la *Pertinencia* de la política de Estado y de la *Finalidad* de una política pública específica, y debe materializarse a través de uno o más programas presupuestales.

En definitiva, las Acciones Directrices Estratégicas se instituyen en el desarrollo del Plan de Inversiones y deben estar diseñadas por lo menos para unos cincuenta años como máximo. De acuerdo a las prerrogativas que cumplen las Fuerzas Armadas respecto al marco constitucional, se pueden identificar como mínimo cinco Acciones Directrices Estratégicas, que responden en sí a cada uno de los cinco Roles Fundamentales. Sin embargo, dependiendo del número de políticas públicas que pueda contener el desarrollo de cada Rol Fundamental, se incorporaría una nueva Acción Directriz Estratégica, tal como se muestra en la siguiente figura:

FIGURA 41*. Acciones Directrices Estratégicas o Ejes de Desarrollo Estratégicos*

5.3.2 **Acciones Estratégicas.**

Las Acciones Estratégicas se constituyen en las actividades específicas que se desarrollan dentro de una Acción Directrices Estratégica al implementar una o un conjunto de inversiones alineadas a una política pública; en particular, en esta se establecen los objetivos o hitos por alcanzar dentro del Plan de Inversiones.

Estas Acciones Estratégicas pueden ser diseñadas de acuerdo a la necesidad y disponibilidad de recursos de la siguiente manera:

a. Diseño de una sola Acción Estratégica de manera periódica dentro de una Acción Directriz o Eje de Desarrollo Estratégico de planeamiento.

PP 0135 MEJORA DE LAS CAPACIDADES MILITARES PARA LA DEFENSA Y EL DESARROLLO NACIONAL				
PLANEAMIENTO	PRESUPUESTO Mediano y Largo Plazo cercano inmediato	EJECUCIÓN INVERSIÓN	De 0 a 10 año	ACCIÓN ESTRATÉGICA "A"
	PRESUPUESTO Largo Plazo cercano inmediato y mediato	EJECUCIÓN INVERSIÓN	Del 11 al 20 año	ACCIÓN ESTRATÉGICA "B"
	PRESUPUESTO Largo Plazo cercano mediato	EJECUCIÓN INVERSIÓN	Del 21 al 30 año	ACCIÓN ESTRATÉGICA "C"
	PRESUPUESTO Largo Plazo cercano mediato y Largo Plazo Contingente	EJECUCIÓN INVERSIÓN	Del 31 al 40 año	ACCIÓN ESTRATÉGICA "D"
	PRESUPUESTO Largo Plazo Contingente y probablemente prospectivo	EJECUCIÓN INVERSIÓN	Del 41 al 50 año	ACCIÓN ESTRATÉGICA "E"

FIGURA 42. *Diseño de una sola ACCIÓN ESTRATÉGICA de manera periódica dentro de una ACCIÓN DIRECTRIZ o EJE DE DESARROLLO ESTRATÉGICO DE PLANEAMIENTO.*

En este diseño se establece los hitos y caminos por donde se desarrollarán todo el conjunto de inversiones que formarán parte de esta Acción Estratégica. Es recomendable que las Acciones Estratégicas deban tener periodos máximos de diez años de diseño, pudiéndose considerar también ciertos reajustes en cada período de cambio de gobierno, por las posibilidades de disponer de recursos económicos provenientes de Fuentes de Financiamiento Coyunturales o de aquellas que por decisión política puedan incrementar las Fuentes de Financiamiento de Núcleo Duro.

b. Establecimiento de las Acciones Estrategias de manera parcial para un conjunto de inversiones.

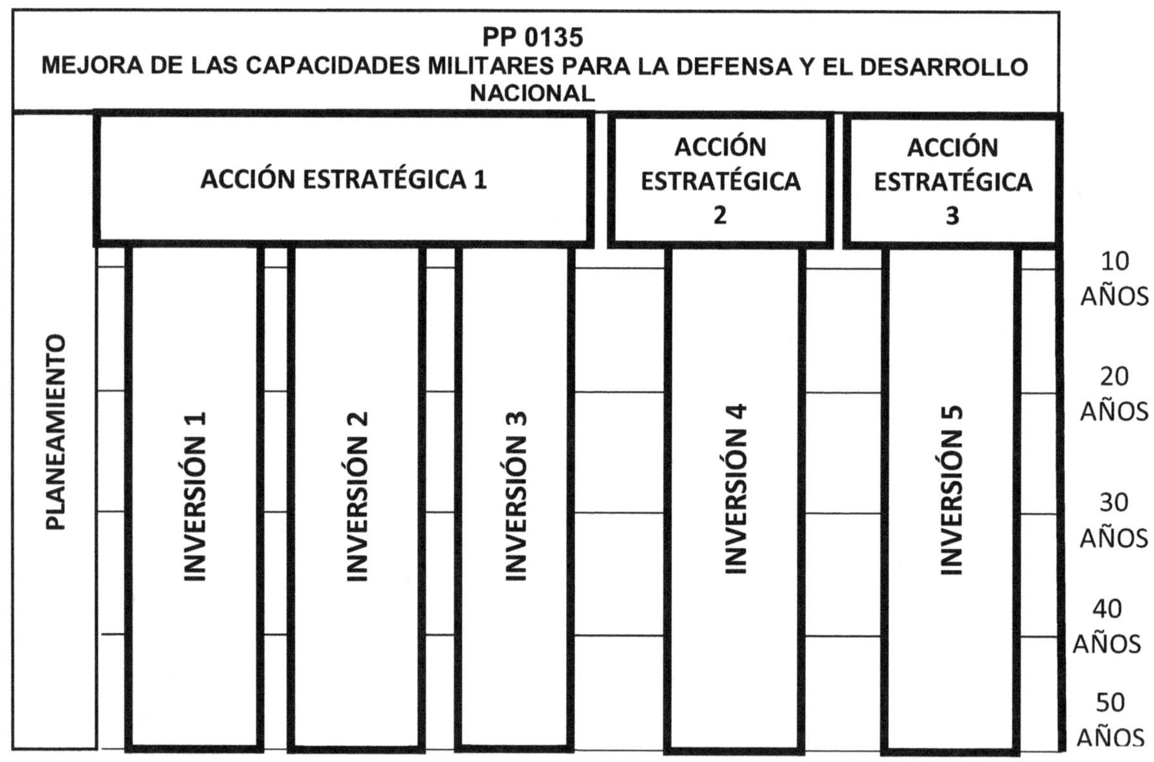

FIGURA 43. *Acción Estratégica de manera parcial para un conjunto de inversiones.*

Esta alternativa contempla un diseño que tiene un espíritu dentro una Acción Directriz o Eje de Desarrollo Estratégico, pero, por la naturaleza del tipo de inversiones —que pueden ser transversales, verticales, operacionales o administrativas —, determina que no solo se tenga que diseñar una sola Acción Estratégica de manera periódica para establecer los hitos y caminos por donde se desarrollarán todo el conjunto de inversiones, sino que estas deban contener dos o más Acciones Estratégicas. A diferencia de la anterior, el tiempo estimado por cada Acción Estratégica puede contemplar todo el tiempo que se visualice el Plan de Inversiones, asimismo este debe contemplar la posibilidad de reajustes por la asignación de Fuentes de Financiamiento Coyunturales que se puedan dar, o también la existencia de incrementos, modificaciones o reajustes de las Fuentes de Financiamiento catalogadas como Núcleo Duro.

c. Establecer Acciones Estratégicas para cada inversión que está contemplada dentro de la Acción Directriz Estratégica.

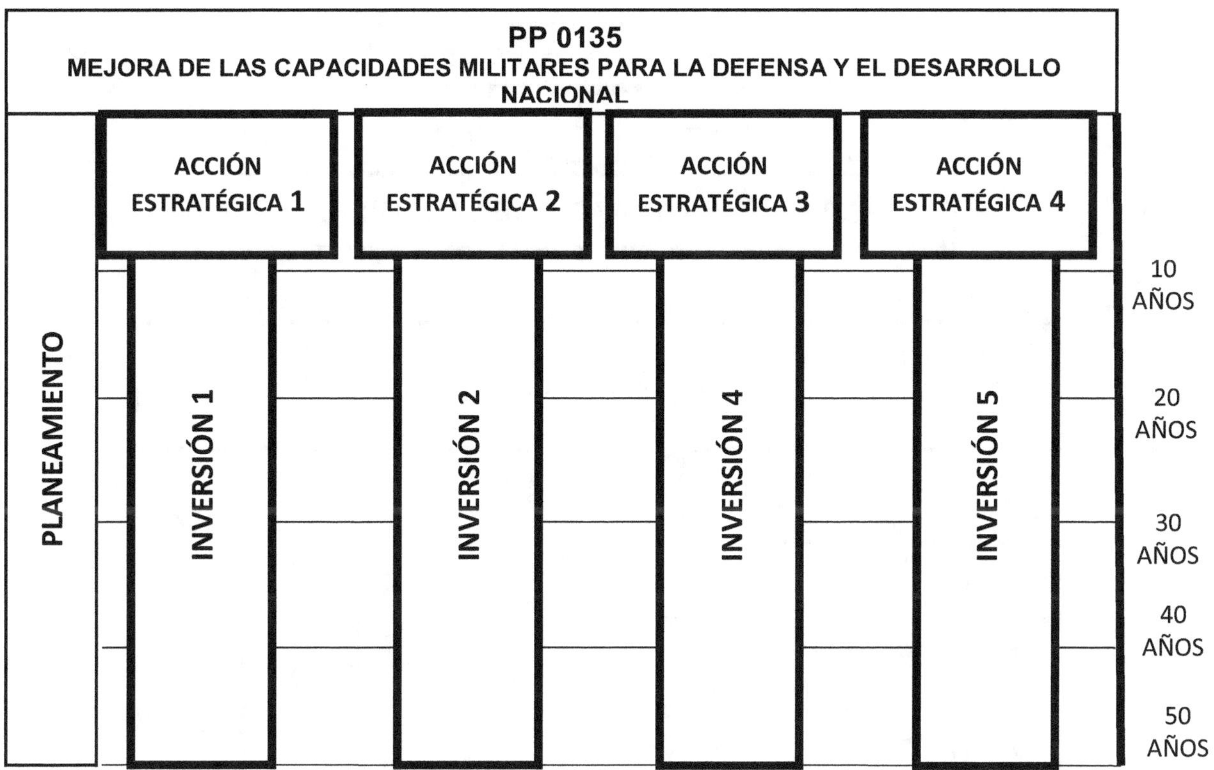

FIGURA 44. *Establecimiento de Acciones Estratégicas para cada Inversión que está contemplada dentro de la Acción Directriz Estratégica.*

Como cada Acción Directriz Estratégica responde a una política pública y esta se ve materializada a través de un programa presupuestal, que se constituye en la unidad de programación de las acciones de las entidades públicas — las cuales integradas y articuladas se orientan a proveer productos (bienes y servicios) para lograr un resultado específico, contribuyendo al logro de un resultado final asociado a un objetivo de la política pública—: resulta conveniente establecer por cada tipo de inversión que forme parte de esta Acción Directriz Estratégica, o Eje de Desarrollo Estratégico, una Acción Estratégica. Este es recomendable para todas aquellas inversiones emblemáticas, como por ejemplo la implementación de tanques de combate, aviones, buques etc., ya que esta permitiría con más facilidad establecer el diseño y desarrollo de las *Líneas directrices de la Estrategia de Compra*[71]*"*, rutas que una inversión debe de seguir desde su concepción como idea hasta su implementación, sea de bienes, de infraestructura militar o de ambos simultáneamente.

5.4 DESARROLLO GENERAL DEL PLAN DE INVERSIONES

5.4.1 Líneas Directrices de la Estrategia de Compra.

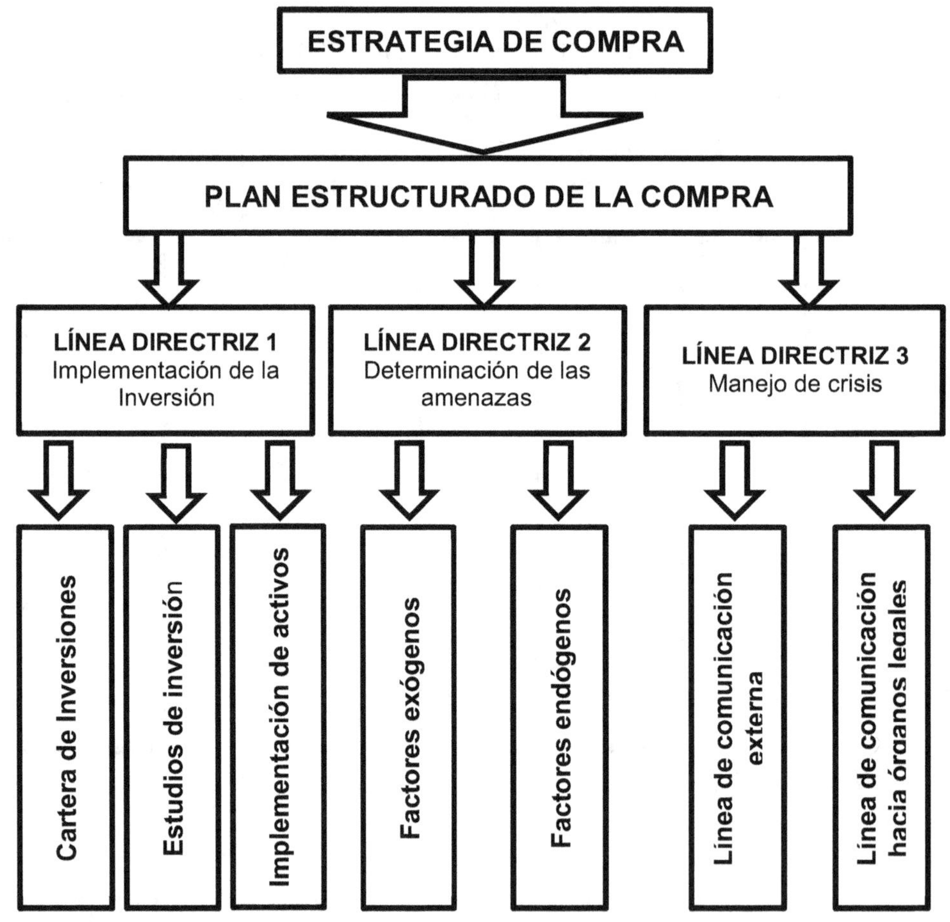

FIGURA 45. *Líneas directrices de la estrategia de compra*
FUENTE: *Figura 1 - Libro "La Estrategia de Compra" - página 15 - Primera edición, 2019.*

[71] *GASTAÑAGA ALVAREZ, Guiovani. Libro "La Estrategia de Compra – Proyectos de Inversión destinados a la Defensa, al apoyo de los desastres naturales y al Desarrollo Nacional". Primera edición, 2019.*

La Estrategia de Compra concibe como *Líneas Directrices* para la compra de un equipamiento o infraestructura destinados a la defensa las rutas que debe seguirse desde la concepción de la idea hasta la implementación de una inversión propiamente. Dentro de ese *Plan estructurado de la compra*, se establecen tres *Líneas Directrices Principales* que se sientan como las columnas importantes; estas son la implementación de la inversión, la determinación de las amenazas y el manejo de crisis. Tener en cuenta que estas tres columnas estructurales que considera una Estrategia de Compra deben ser antisísmicas, para su adecuada dirección y concepción, las cuales determinarán la factibilidad de éxito o de fracaso de la consecución de un inversión.

5.4.2 Desarrollo general del Plan de Inversiones

El desarrollo de la Cartera de Inversiones o Plan de Inversiones tiene como estructura el desarrollo de una fase ideal y otra real:

a. **Fase Ideal del desarrollo del Plan de Inversiones**.

Comprende el desarrollo de las siguientes etapas entre las más principales:

(1) Diseño de la Fuerza.

(2) Diagnóstico del cierre de brechas.

(3) Clasificación de los tipos de inversiones que permitirá la implementación del plan de inversiones: inversiones operacionales, inversiones administrativas (o de gestión institucional).

(4) Diagnóstico y determinación de la *Pertinencia* de cada una de las inversiones que formarán parte de la cartera de inversiones.

(5) Diagnóstico y determinación de la *Finalidad* de cada una de las inversiones que formarán parte de la Cartera de Inversiones.

b. **Fase real del desarrollo del Plan de Inversiones**.

Comprende el estudio y diagnóstico más importante del Plan de Inversiones que abarca, entre otras, las siguientes etapas:

(1) Diagnóstico y determinación de las *Fuentes de Financiamiento* que permitan determinar el nivel de ingresos para solventar el Plan de Inversiones, dentro del periodo estimado que abarcar el indicado plan.

(2) Determinación de los Ejes Estratégicos y las Acciones Estratégicas por adoptar para la implementación de las inversiones, que comprenderá lo siguiente: plazos de implementación de cada una de las

inversiones; involucrados y responsabilidades específicas para las gestiones relacionadas a los sustentos legales que permitan la *Pertinencia* y la *Finalidad* de cada una de las inversiones; involucrados y responsabilidades para la implementación de cada inversión o conglomerado de inversiones.

(3) Cartera definitiva de inversiones para la implementación del Plan de Inversiones.

El desarrollo de cada uno de los puntos antes indicados que corresponden tanto a la fase ideal como a la fase real, los lineamientos y alcances están desarrollados en cada uno de los capítulos tratados en el presente libro.

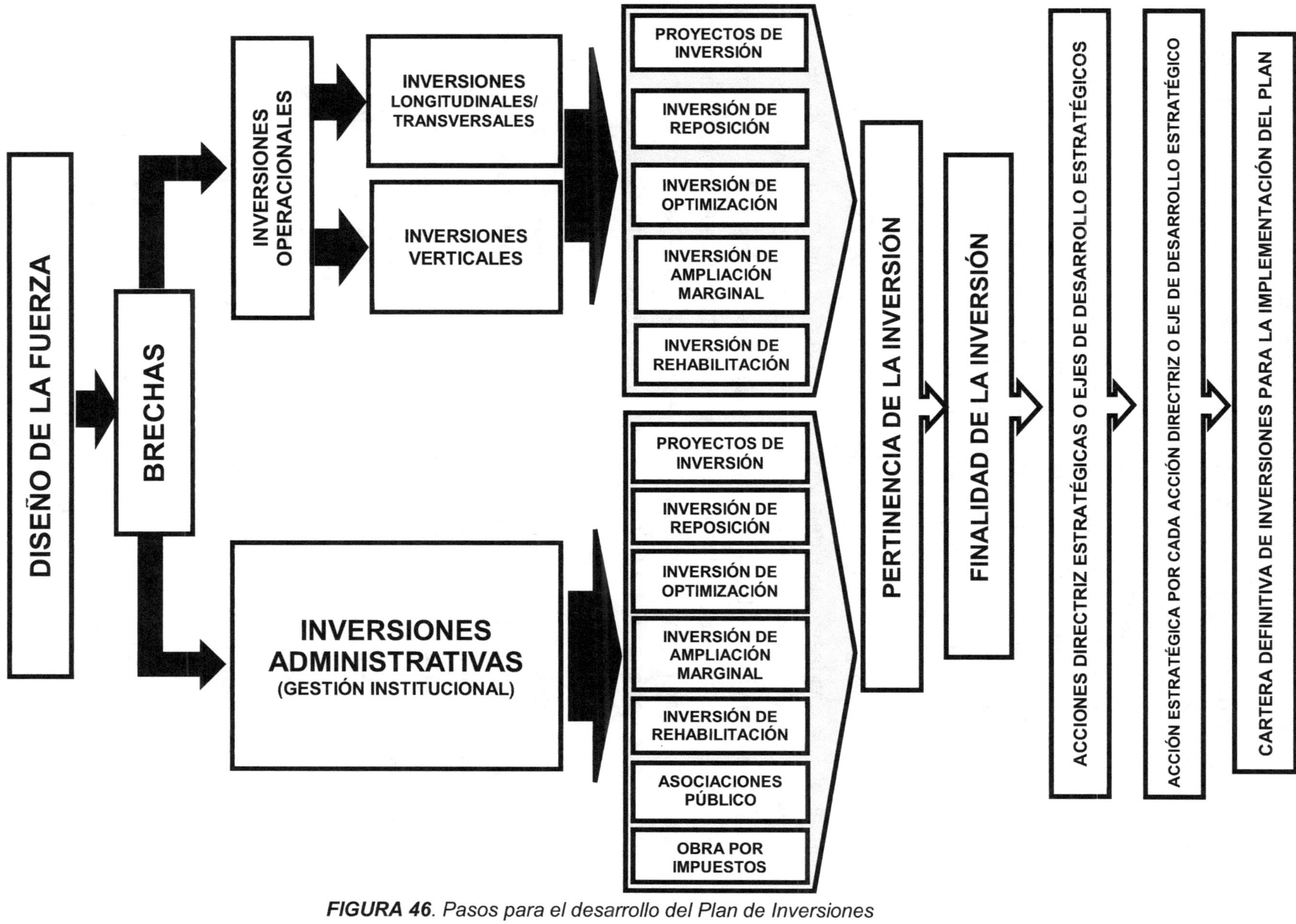

***FIGURA 46**. Pasos para el desarrollo del Plan de Inversiones*

5.5 MATERIALIZACIÓN DE LOS OBJETIVOS Y METAS

5.5.1 Consideraciones de la materialización especifica del Plan de Inversiones.

La materialización específica del Plan de Inversiones se da por el desarrollo de cada Línea Directriz Estratégica que se visualice, de ser necesario, para alcanzar el objetivo máximo del indicado plan. Cada Línea Directriz Estratégica concebida, en concreto, comprende el desarrollo de una o más Acciones Estratégicas, los mismos que pueden diseñarse para una inversión o por un conglomerado de inversiones que se relacionan entre sí bajo una misma *Pertinencia* y *Finalidad.*

Un Plan de Inversiones cronológica y metodológicamente comprende el desarrollo de dos fases, una ideal y otra real. En este mismo orden de ideas, cada inversión o conglomerado de inversiones que se establezca también sigue esta misma cronología y metodología, por consiguiente, de acuerdo a la complejidad del tipo de inversión que se tenga que implementar, se puede concebir una Acción Estratégica que engloba las dos fases —ideal y real—, siendo válido también adoptar dos Acciones Estratégicas, es decir, uno por cada fase.

En caso amerite, se podría considerar, sea en la fase ideal o en la fase real, más de dos Acciones Estratégicas, aunque es necesario comprender que cronológicamente una Acción Estratégica debe establecerse en periodos estimados por una década o de un lustro en promedio. Por tanto, es más conveniente que las diversas actividades en cada una de las fases sean admitidas como objetivos de la implementación de la inversión. Del mismo modo, es conveniente por cada inversión, o por lo menos para el desarrollo de una Acción Estratégica, se designe a un gerente del proyecto, para su administración respectiva, que permita alcanzar los objetivos establecidos.

5.5.2 La Acción Estratégica dentro del desarrollo de una Acción Directriz Estratégica

Una Acción Estratégica comprende la adopción de estrategias específicas que se dan dentro de una "Acción Directriz Estratégica-ADE", también consideradas la ruta por donde deba seguir un parte o todo el procedimiento de la implementación de una inversión dentro de un período determinado, y bajo un cronograma detallado respectivamente.

La consecución de una Acción Estratégica se materializa al alcanzar *Objetivos*, también denominados hitos, cuyo camino para conseguir estos objetivos son efectuados a través de Metas. Las metas incluyen las etapas específicas y concretas donde se tiene que desarrollar una serie de gestiones administrativas y de informes de cada paso, que comprenden la implementación de una inversión, por ejemplo. En las siguientes tablas apreciamos cuáles son las consideraciones para ser consideradas como Líneas de Acción Estratégicas, Acción Estratégica, Objetivos Operativos y de Metas Operativas, así de cómo se da la operatividad de manera cronológicamente dentro del Plan de Inversiones.

TABLA 43

INDICATIVOS PARA SER CONSIDERADOS COMO ACCIÓN DIRECTRIZ ESTRATÉGICA, ACCIÓN ESTRATÉGICA, OBJETIVO OPERATIVO Y DE METAS OPERATIVAS

ACCIONES DIRECTRICES ESTRATÉGICAS	ACCIÓN ESTRATÉGICA	OBJETIVOS OPERATIVOS	METAS OPERATIVAS
Una inversión o conglomerado de inversiones enmarcados dentro de una o varias políticas públicas que respondan a un Rol Fundamental en concreto.	1. Fases cronológicas del plan de inversiones (fase ideal y/o real). 2. De acuerdo a la complejidad del tipo de inversión algunas etapas de cada fase.	a. Diagnóstico del cierre de brechas. b. Clasificación de la satisfacción de brechas en tipos de inversiones. c. Categorización en programas. presupuestales d. Diagnóstico de la fuente de financiamiento. e. Formalización de la inversión. f. Procesos de contratación. g. Ejecución contractual.	(1) Determinación o análisis del Diseño de Fuerza. (2) Determinación de la Brecha de la Inversión o del conglomerado de Inversiones. (3) Diagnóstico y determinación de considerar como Inversión Operacional o Administrativa. (4) Diagnóstico y determinación de optar como inversiones verticales o transversales. (5) Diagnóstico de la política pública como FINALIDAD de la Inversión y si no existe plantear iniciativa legislativa para considerar en un Rol Fundamental determinado. (6) Planteamiento de iniciativas legislativas para adscribir a un programa presupuestal y aprobaciones en caso de no estar considerado. (7) Planteamiento de iniciativas legislativas para que se apruebe la asignación de recursos económicos. (8) Incorporación en la Ley de Presupuesto o de Endeudamiento. (9) Informes técnicos operaciones diversos (protocolos, verificaciones del material en el extranjero, en el ámbito nacional, etc.). (10) Formulación del expediente técnico o estudio definitivo. (11) Consistencia y aprobación del expediente técnico o estudio definitivo. (12) Plan de contrataciones y asignación presupuestal. (13) Formulación del expediente del proceso de contratación. (14) Contratación propiamente dicha. (15) Formulación de protocolos de prueba para verificaciones. (16) Aceptación técnica en fábrica. (17) Actividades de recepción y conformidad.

TABLA 44

DESARROLLO CRONOLÓGICO DE UNA LÍNEA DIRECTRIZ ESTRATÉGICA

EJE DE DESARROLLO ESTRATÉGICO					CRONOGRAMA																					
					1		2		3		4		5		6		7		8		9		10		11	
					1	2	1	2	1	2	1	2	1	2	1	2	1	2	1	2	1	2	1	2	1	2
ACCIÓN ESTRATÉGICA 1	FASE IDEAL	OBJETIVO 1	DIAGNOSTICO DEL CIERRE DE BRECHAS																							
			META 1	Determinación o análisis del Diseño de Fuerza	■	■																				
			META 2	Determinación de la Brecha de la Inversión o del conglomerado de Inversiones			■																			
		OBJETIVO 2	CLASIFICACIÓN DE LA SATISFACCIÓN DE BRECHAS EN TIPOS DE INVERSIONES																							
			META 1	Diagnóstico y determinación como Inversión Operacional o Administrativa				■																		
			META 2	Diagnóstico y determinación por optar como Inversiones Verticales o transversales				■																		
		OBJETIVO 3	CATEGORIZACIÓN PROGRAMAS PRESUPUESTALES																							
			META 1	Diagnóstico de la Política Pública como FINALIDAD de la Inversión y si no existe plantear iniciativa legislativa para considerar en un Rol Fundamental.					■	■	■															
			META 2	Planteamiento de Iniciativas Legislativas para adscribir a un Programa Presupuestal y aprobaciones en caso de no estar considerado								■														
ACCIÓN ESTRATÉGICA 2	FASE REAL	OBJETIVO 1	DIAGNOSTICO DE LAS FUENTE DE FINANCIAMIENTO																							
			META 1	Planteamiento de Iniciativas Legislativas para que se apruebe la asignación de recursos económicos									■	■												
			META 2	Incorporación en la Ley de Presupuesto o de Endeudamiento											■	■										
		OBJETIVO 2	FORMALIZACIÓN DE LA INVERSIÓN																							
			META 1	Informes Técnicos Operaciones diversos (Protocolos, verificaciones en el extranjero, en el ámbito nacional, etc.)													■									
			META 2	Formulación del Perfil de Inversión														■								
			META 3	Viabilidad del Perfil de la Inversión														■								
			META 4	Formulación del Expediente Técnico o Estudio Definitivo															■	■						
			META 5	Consistencia y Aprobación del Expediente Técnico o Estudio Definitivo																	■					
		OBJETIVO 3	PROCESOS DE CONTRATACIÓN																							
			META 1	Plan de Contrataciones y asignación presupuestal																	■					
			META 2	Formulación expediente del Proceso de Contratación																	■					
			META 3	Contratación propiamente dicha																		■	■			
		OBJETIVO 4	EJECUCIÓN CONTRACTUAL																							
			META 1	Formulación de protocolos de Prueba para verificaciones																				■		
			META 2	Aceptación técnica en fabrica																					■	
			META 3	Actividades de recepción y conformidad																						■

CAPITULO VI

PROSPECTIVA PARA LAS INVERSIONES

6.1 PROSPECTIVA LIGADA A LAS INVERSIONES

El paso inicial para poder concebir y diseñar un Plan de Inversiones requiere primero que se tenga que establecer el o los escenarios futuros, sean estos consecuentes o tendenciales, considerando que el periodo estimado de pronóstico optimo debería alcanzar un estudio a 50 años, pudiendo también ser estructurados dicho estudio prospectivo en un menor tiempo que lo considerado como óptimo. La construcción de cada uno de los escenarios debe de referirse específicamente hacia el desarrollo de dos «actividades futuras importantes» y de una «actividad referencial»:

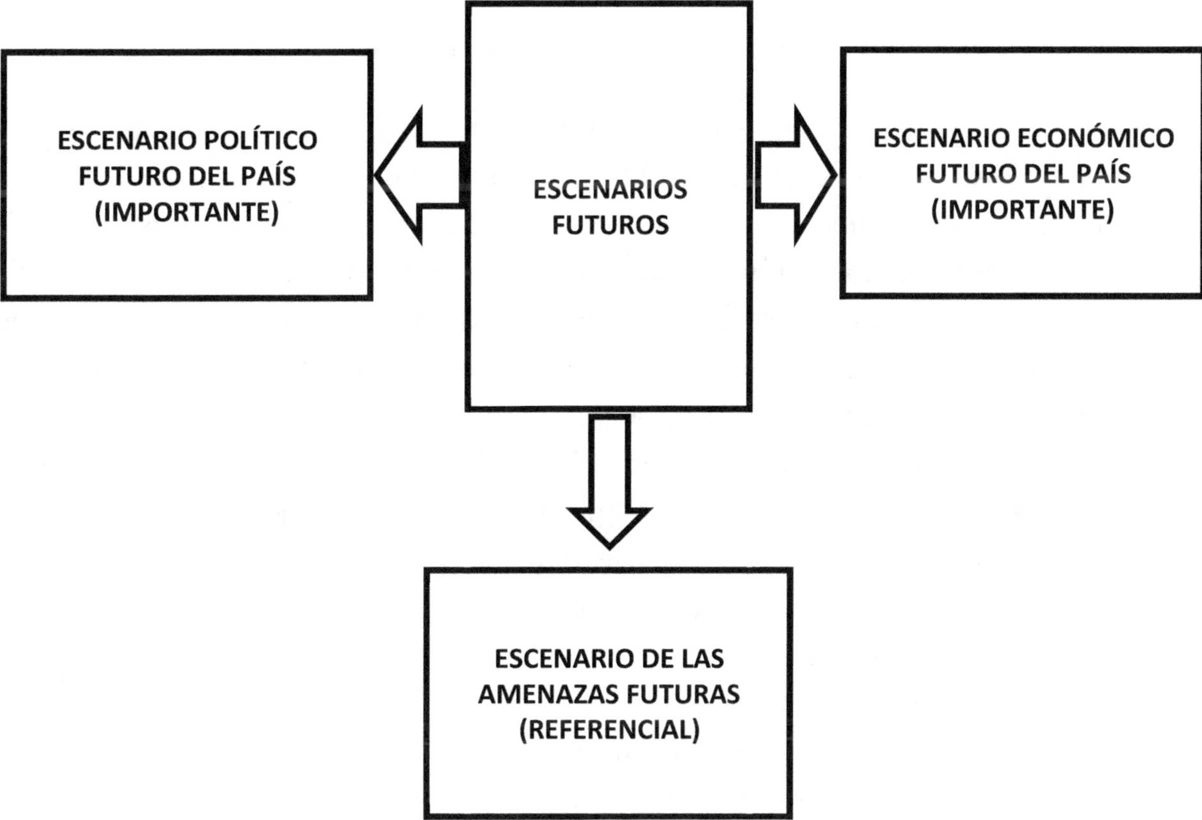

***FIGURA 47**. Escenarios futuros respecto a la prospectiva ligada a las inversiones relacionadas a la implementación de equipamiento destinado a la defensa.*

6.1.1 Escenario Político del país (Importante).

Si se hace un análisis y se esgrimen todas las actuaciones y gestiones que se efectuaron en cada gobierno durante su período, se llega a apreciar que los recursos para financiar equipamiento destinado a la defensa provienen de una decisión política de aquellos funcionarios que condujeron el país, de manera especial con los recursos catalogados como Financiamiento Coyuntural. Por lo tanto, se puede decir en cierta manera que dichos recursos estarían siendo asignados en base al perfil del gobernante, de la tendencia ideológica de la agrupación y de la valorización que le dan a las Fuerzas Armadas, entre otros aspectos. Del mismo modo, esa decisión política también puede recaer sobre políticas de Estado que visualicen crear, modifiquen o deroguen normatividades relacionadas a la asignación de recursos económicos catalogados como fuentes de Financiamiento de Núcleo Duro.

6.1.2 Escenario económico futuro del país (importante)

En segundo aspecto, si bien es cierto que es una obligación de disponer de un diseño óptimo de una fuerza con Capacidades Fundamentales o Diseño de Fuerza que permita cumplir de manera óptima los Roles Fundamentales en cualquier circunstancia; sin embargo, este aspecto muchas veces por la situación de disponibilidad de recursos económicos puede verse como inaplicable la satisfacción de los requerimientos necesarios para alcanzar dicho Diseño de Fuerza optimo, o en su defecto solo permita solventar parcialmente o casi nada de dichas necesidades; en consecuencia, un Plan de Inversiones debe ya contener intervenciones que tengan un alto grado de factibilidad de financiamiento para su implementación, porque es fácil diseñar un Planeamiento Estratégico que incorpore diversas inversiones, pero que no se sepa en realidad de cómo se financiarían su implementación. Por esas razones amerita que se visualice cual sería el escenario económico del país en cada década o lustro y de las probabilidades de disponibilidad de recursos para el sector Defensa tanto de los recursos económicos catalogados como Fuentes de financiamiento de Núcleo Duro como de aquellas Fuentes de Financiamiento Coyunturales.

6.1.3 Escenario de las amenazas futuras (referencial)

Como tercer aspecto se refiere a los escenarios de las amenazas futuras que se puedan presentar, visualizando cuál sería el grado de implicancia que podrían tener esas acciones sobre la estabilidad política y económica del país, entre otras. Considero que este driver puede ser considerado como referencial para la concepción de un Plan de Inversiones en la implementación de un equipamiento destinado a la defensa por las siguientes razones:

a. El equipamiento que dispone el sector Defensa cumplen funciones multirol o multipropósito, es decir, pueden ser empleados muchos de ellos en el cumplimiento de los cinco roles o por lo menos en más de uno. Como ejemplo ponemos a un camión militar, este activo puede ser usado tanto en el frente externo, como en el frente interno, en apoyo al Sistema Nacional y Gestión de Riesgos y Desastres Naturales (SINAGERD), en apoyo al desarrollo nacional y también en apoyo a la política exterior; por tanto, sea cual fuese la amenaza que se pueda presentar en el futuro, por lo general en su mayoría el equipamiento que disponen las fuerzas armadas podrán ser usados para cumplir con todas esas prerrogativas.

b. Cualquiera de las formas como se quiera visualizar la seguridad multidimensional u otro tipo de dimensionamiento que pudiera presentarse en el futuro, los activos no financieros con los que se implementen cada una de las Fuerzas Armadas les permitirá de disponer con las prerrogativas para cumplir y hacer frente a las distintas amenazas que se puedan presentar, como por ejemplo, la tala ilegal y el apoyo a las actividades efectos del calentamiento global —lógicamente en algunos casos se hará necesario complementar con activos que económicamente son menores a los costos de inversión, los mismos que fácilmente podrían ser asignados por el gobierno de turno—.

6.2 ESTABLECIMIENTO DE LOS DRIVERS Y LAS VARIABLES

El libro *La Estrategia de Compra – Proyectos de Inversión destinados al Defensa, al apoyo a los desastres naturales y al Desarrollo Nacional*, menciona, entre otras cosas, respecto a los drivers lo siguiente:

> *"....Los drivers como variables se constituirían como las unidades individuales de incertidumbre de análisis, las cuales estarían orientados al*

desarrollo de las tres razones; sin embargo por su complejidad lo más adecuado sería conceptualizarlo los drivers como un fenómeno, porque se constituirían en el conjunto de variables o unidades individuales de incertidumbre que estarían bajo las mismas circunstancias, justificación que se da porque, la implementación de un equipamiento destinado para la Defensa Nacional requiere de que todas las acciones que contribuyan a su desarrollo y consecución final se comporten como un todo, de manera integral y no de manera individual, es decir si no existe confluencia entre las tres razones indicadas el grado de incertidumbre sería mayor y no permitirá visualizar la posibilidad de materializar recursos futuros...".

"...Como alcance podemos establecer como tema de estudio prospectivo el "Futuro de las posibilidades de recursos financieros al 2068", y que estos recursos como se podrían desencadenar en los años consecutivos hasta alcanzar el escenario apuestas, cabe mencionar que la estimación de la prospectiva seria al 2068 que por la analogía cronológica de la vida útil de un equipamiento para la defensa se toma como parámetro los 50 años, lógicamente tomando como base el inicio al año 2019..."

"...Para el primer caso, el estudio prospectivo permitiría por lo menos saber las alternativas de quien o quienes podrían ser los partidos o las agrupaciones políticas que se mantendrían vigentes o tendencias de ideología para ser gobierno en el transcursos de los años hasta llegar al escenario apuestas, eso facilitaría priorizar y dar énfasis a ciertos proyectos que estén acordes a las políticas del o de los gobernantes que puedan ser los posibles conductores del país en los siguientes lustros, por supuesto que estas inversiones puedan contribuir a la implementación del Diseño de la Fuerza y el cumplimiento de los roles constitucionales en los escenarios futuros; constituyéndose asimismo el estudio prospectivo en otra herramienta principal para poder diseñar el Plan de Inversiones...".

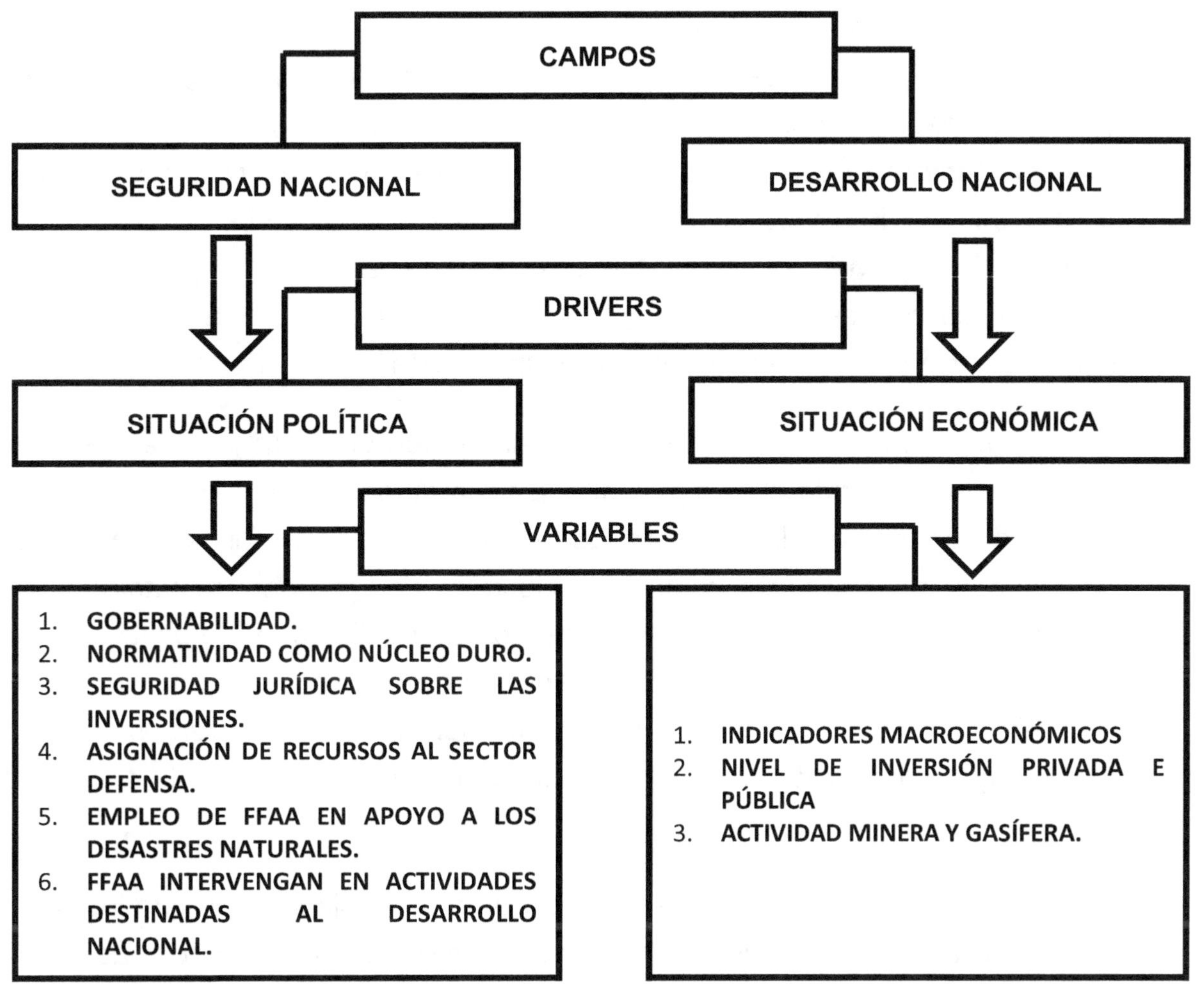

***FIGURA 48**. Campos de estudio de la prospectiva destinada a desarrollar el plan de inversiones.*

En este punto, corresponde tener que alinear los escenarios a las actividades del campo relacionado a la Seguridad Nacional y al campo del Desarrollo Nacional. Para el caso de la Seguridad Nacional pueden existir diversas variables que pueden intervenir, pero, para poder conocer las posibilidades de una correlación que en el futuro se pueda disponer de recursos financieros capaces de ser asignados al equipamiento destinado a la defensa, se debe manejar como driver principal la situación política del país ligada a la Seguridad Nacional. La situación económica como driver debe relacionarse al Desarrollo Nacional.

6.2.1 Variables del driver situación política del país

Las variables que se pueden considerar para efectuar el análisis del escenario actual como de los escenarios futuros, en lo que respecta al driver situación política del país, y entre las más importantes, son las siguientes:

a. Gobernabilidad. Considerando que la gobernabilidad viene a ser el proceso por el cual diversos grupos integrantes de una sociedad ejercen el poder y la autoridad, el modo de hacerlo conlleva políticas y toma de decisiones relativas tanto a la vida pública como al desarrollo económico y social. También, para el caso de la predisposición de la asignación de recursos económicos y de la participación de las Fuerzas Armadas como parte de la vida pública, los gobernantes ejercen su poder y autoridad para mantener los atributos respecto a la importancia y la necesidad que representan estas instituciones.

b. Interés en crear, modificar o derogar normatividad existente o promulgada destinada al sector defensa en recursos catalogados como Fuentes de Financiamiento de Núcleo Duro. La Ley del Fondo de Defensa para las Fuerzas Armadas y la Policía Nacional se constituye en una norma catalogada como Núcleo Duro, porque tiene un estatus de política de Estado y de política pública de largo aliento y aplicación por varios periodos de tiempo. Un ejemplo de este tipo de fuente de financiamiento es la Ley de Cobre para las Fuerzas Armadas de Chile, cuya concepción proviene aproximadamente de fines de la década de los años cincuenta.

c. Seguridad jurídica relacionada a la predisposición que las personas, las organizaciones sociales, políticas, etc. como pilares de la sociedad o el país y que en cualquier momento puedan tener la posibilidad de conducir los destinos del país en cada lustro de periodo de gobierno o legislativo, etc. Esto mantiene como visión hacia todas aquellas empresas, compañías, etc. la certeza de que sus derechos, pertenencias, prerrogativas, contratos suscritos, etc., están protegidos por las diferentes leyes y la aceptación de la población, y que, en el caso de llevar a cabo un procedimiento de modificaciones o implementaciones, estas sean realizadas según lo establecido en el marco jurídico que corresponda, de tal manera que los contratos suscritos o convenios establecidos no puedan afectar las prerrogativas establecidas desde un principio. Como ejemplo podemos mencionar las actividades relacionadas a la explotación de los hidrocarburos y los recursos mineros, dado que la explotación de estos puede permitir mejores posibilidades de otorgar recursos económicos para la implementación de inversiones.

d. Asignación de recursos económicos de diferentes fuentes de financiamiento por parte del Estado destinados a la implementación de inversiones del sector defensa.

e. Disposición que pueda existir en cada periodo de gobierno de dar mayor preponderancia para la participación y el empleo de las Fuerzas Armadas en el Sistema Nacional de Gestión de Riesgos y Desastres Naturales.

f. Disposición de cada gobierno de turno donde se considere la participación de las Fuerzas Armadas interviniendo en las actividades destinadas al Desarrollo Nacional, como la materialización de políticas públicas relacionadas, entre otras cosas, a las siguientes:

(1) Apoyo al hábitat rural.

(2) Reducción del tráfico ilícito de drogas.

(3) Desarrollo de la ciencia, tecnología e innovación tecnológica.

(4) Reducción de la minería ilegal.

(5) Prevención y recuperación ambiental.

6.2.2 **Variables del driver situación de la economía del país**

Las variables que se pueden considerar para el estudio del driver relacionado a la situación de la economía del país actual y futuro, entre otros, pueden ser las siguientes:

a. Indicadores macroeconómicos y sus proyecciones en el futuro.

b. Nivel de inversión privada y pública.

c. Actividad de explotación minera y gasífera.

6.3 CONSTRUCCIÓN DE LOS ESCENARIOS

6.3.1 Los escenarios y el Plan de Inversiones

La implementación de una inversión relacionada a equipamiento destinado a la defensa demanda prolongados periodos y por lo general representan montos considerables de inversión, por estas razones el diseño del Plan de Inversiones es recomendable que deba ser concebido con una visión óptima hacia los cincuenta años, donde se establecen hitos u objetivos que podrían abarcar periodos intermedios de décadas o lustros.

Como mencionamos párrafos anteriores, existen básicamente dos factores importantes que incidirán de manera fundamental en la determinación de la asignación de financiamiento económico futuro a cada inversión. Estos provienen de aquellos recursos catalogados con Fuentes de Financiamiento de Núcleo Duro y de aquellas Fuentes de Financiamiento Coyuntural, estando estos bajo la determinación de la situación política y la situación económica del país. Del mismo modo, como tercer factor referencial se tiene a disposición el tipo de organización y Diseño de Fuerza probable que puedan disponer cada una de las instituciones de las Fuerzas Armadas, para que estas se vayan adecuando y amoldando convenientemente a las prerrogativas para hacer frente a las amenazas que se vayan evidenciando en años futuros.

6.3.2 Métodos de construcción de escenarios

Se puede optar por diversos procedimientos para la construcción de los escenarios (actuales y futuros) que permitan identificar la consecución de hechos, las tendencias, descubrir las causas que han generado su manifestación, evolución y velocidad cronológica, las consecuencias que podrían ocasionar y su impacto consecuente. Para la construcción cronológica de los escenarios se pueden seguir los métodos que inscribo como «probabilidad de eventos», el «método del pronóstico» o un método «mixto», muy independiente de otros por los que se pueda optar como metodología planteada por otros autores.

a. Método de probabilidad de eventos

Este método en primer aspecto analiza la situación de la cronología pasada y cuál es su impacto en el escenario actual, como base para poder estimar la probabilidad de eventos que se puedan proyectar en el futuro. Según se vaya desarrollando el estudio respectivo, se podrá establecer la concurrencia o las variaciones de hechos que se puedan dar en los períodos siguientes y subsiguientes. Este método es adecuado para la construcción de escenarios que contemplen variables que no sean factibles de cuantificar con datos existentes que perduren en el tiempo, como son las estimaciones futuras que se realizan sobre la explotación de las reservas o recursos minerales y gasíferos. Por tanto, su apreciación es producto de indicativos o hechos existentes que puedan perdurar o cambiar en el futuro. Dentro de este método, algunas de las variables que se pueden considerar de los drivers principales que tengan preponderancia para lograr la posibilidad de asignación de recursos económicos son los siguientes:

Driver: Situación política

(1) Grado de madurez política de la población.

(2) Existencia de organizaciones o partidos políticos constituidos, que tengan bases con doctrina, filosofía, entre otros, que puedan perdurar en el tiempo.

(3) Tipo de tendencias, ideologías o corrientes de los actores políticos y otros.

(4) Influencias de tendencias de origen exterior.

(5) Grado de influencia para modificar el modelo económico de la Constitución Política del Estado.

Driver: Situación económica

(1) Tendencia a mantener la existencia de una legislación destinada a la asignación de recursos económicos catalogados como Financiamiento de Núcleo Duro, que esté destinada de manera permanente, exclusiva e intangible para implementar inversiones de equipamiento destinado a la defensa.

(2) Tendencia de asignación de recursos económicos catalogados como Financiamiento Coyuntural, para implementar equipamiento destinado a la defensa

(3) Asignación de recursos económicos destinados para el Rol Fundamental de participación dentro del Sistema Nacional de Gestión de Riesgos y Desastres Naturales.

(4) Asignación de recursos económicos destinados para el Rol Fundamental de participación en el Desarrollo Nacional.

(5) Asignación de recursos económicos destinados para el Rol Fundamental de participación en la política exterior.

b. **Método de pronósticos**

Este método se sustenta en estimados producto de la realización de estudios de ingeniería (cálculo técnico–económico) efectuados sobre recursos y reservas de hidrocarburos y mineros, con los cuales se pueden construir escenarios de carácter histórico relacionados al pasado respecto a la actualidad, y futuros con un pronóstico conservador, moderado y optimista. Siendo este método el más adecuado para el análisis y construcción de escenarios que se relacionen al driver y sus variables «situación económica», se estima con gran probabilidad el nivel de recursos y reservas que pueden ser probadas, probables, posibles, contingentes y prospectivas para su explotación. Como variables del driver situación económica, en el estudio de este método, podemos citar entre las más importantes las siguientes:

(1) Estimaciones de recursos gasíferos, en donde se establecen escenarios de carácter óptimo, moderado y conservador.

(2) Estimaciones de recursos y reservas minerales.

(3) Estimaciones de exportaciones e importaciones.

(4) Escenarios futuros de la economía mundial, entre otros aspectos.

(5) Planes de competitividad establecidos por el gobierno de un país para el futuro.

(6) Contratos de explotación futuros de recursos mineros y gasíferos o concesiones.

El estudio prospectivo que se efectúe adoptando este método tiene una alta probabilidad de eventos a concretarse en el futuro, porque la mayor parte de los datos se sustentan en estudios técnicos, como por ejemplo los proyectos relacionados a la explotación del gas y de los recursos mineros, que permiten tener una clara visión de aquellos recursos comerciales, sub comerciales y de reserva; estas estimaciones no solo responden a cantidades, sino que también se puede visualizar recaudaciones económicas futuras en escenarios óptimos, conservadores, moderados e históricos.

c. **Método mixto (probabilidad de eventos – pronósticos)**

En este método se puede emplear de manera indistinta, de acuerdo al análisis del escenario en observación durante el desarrollo del estudio prospectivo, el *método de probabilidad de eventos* y del *método de pronóstico*. Considero que este método es el más adecuado para hacer un análisis más probable de cada uno de los escenarios futuros.

6.3.3 Valorización de la construcción del escenario actual y futuro

Existen diversas maneras de poder cuantificar los indicadores de eventos y que se puedan optar por la aplicación de los métodos de probabilidad de eventos, de pronóstico o del método mixto para representar y registrar cada una de las variables de un determinado driver, por lo que la valorización de la construcción de los escenarios actuales y futuros se puede establecer a través de una «Escala valorativa», de una «Valoración correlacional» o de una «Valorización de pronóstico»:

a. **Escala valorativa**

Esta escala se constituye en la apreciación a través de una valorización del 1 a 10, agrupando por categorías y también áreas de influencia. Sirve para medir el grado de implicancia que tiene cada variable sobre el escenario actual o futuro. Se podría decir que si la valorización de una variable mantiene una apreciación dentro de los parámetros de una misma categoría, estaríamos posiblemente frente a un «escenario futuro consecuente»; del mismo modo, en el caso que se evidencie una modificación de la valorización que cambie la categoría, se configuraría en un «escenario futuro tendencial».

VALORACIÓN DE LA SITUACIÓN ACTUAL O FUTURA

VALORIZACIÓN	CATEGORÍA	ÁREA DE INFLUENCIA
10	ABSOLUTA	A
9	ALTA	B
8		
7		
6	MEDIA	C
5		
4		
3	BAJA	D
2		
1		
0	NULA	E

FIGURA 49. *Parámetros de grado de situación de la realidad actual y futura según escala valorativa.*

Luego de la valorización que se efectúa a cada una de las variables, estas son graficadas dentro un mapa cartesiano de valoración de variables. Dentro del campo de cada uno de los drivers se implican los escenarios actuales y futuros, que servirán como indicativos poder conocer si se dispondrá de recursos económicos de la Fuente de Financiamiento de Núcleo Duro y de las Fuentes de Financiamiento Coyunturales.

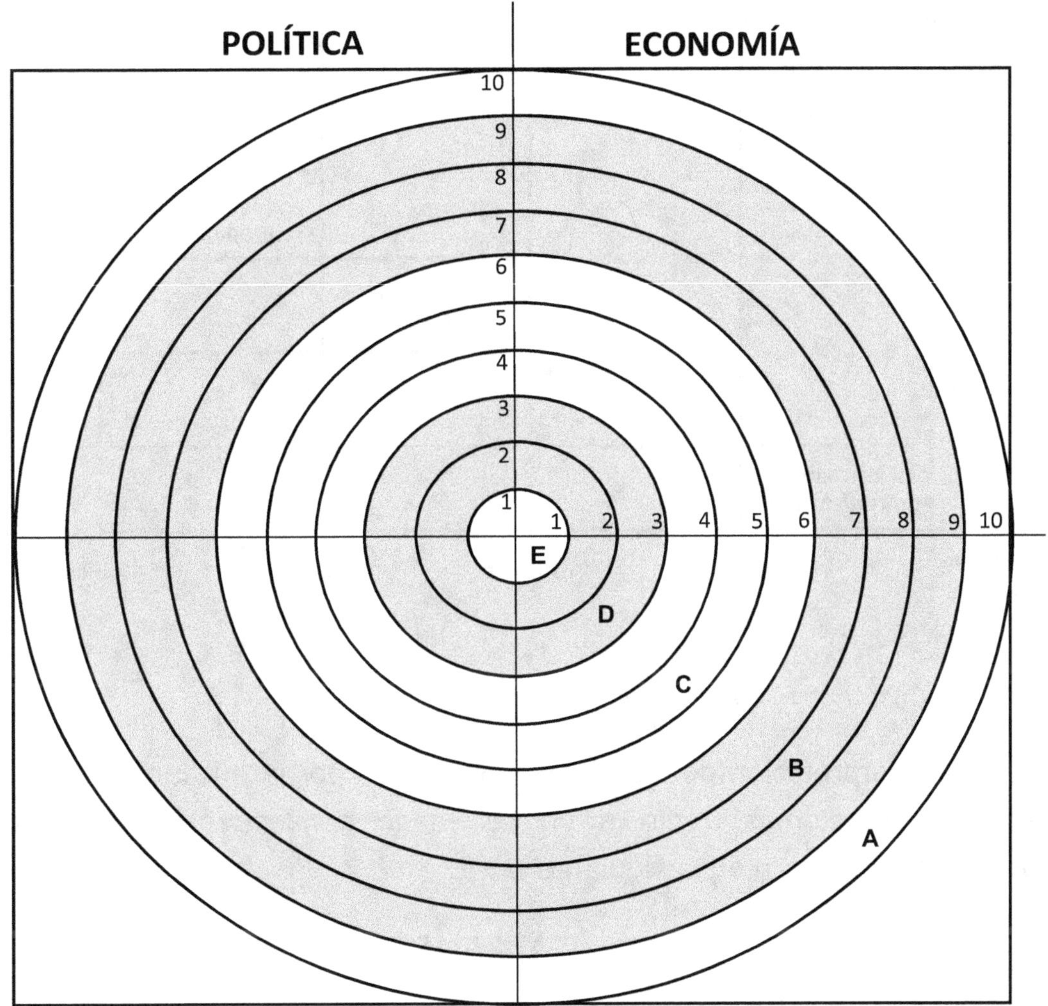

FIGURA 50. *Mapa cartesiano de valoración de las variables de los drivers según el grado de situación de la realidad actual y futura según escala valorativa*

b. Valorización correlacional

Este método de valorización correlacional permite efectuar la medición de manera independiente y relacionar los drivers *situación política* y *situación económica*, determinando cuál sería el grado de probabilidad de que los fenómenos o conjunto de fenómenos que se produzcan en cada una de sus variables a lo largo de un periodo (que puede ser por cada décadas o lustros) muestren una misma tendencia o una modificación entre el comportamiento del escenario actual hacia el proyectado escenario futuro. Este método puede ser utilizado a través de una aplicación consecutiva del coeficiente de correlación por cada periodo, y de esta manera permitiría conocer cuál es el grado de asociación entre los drivers y sus variables (X, Y).

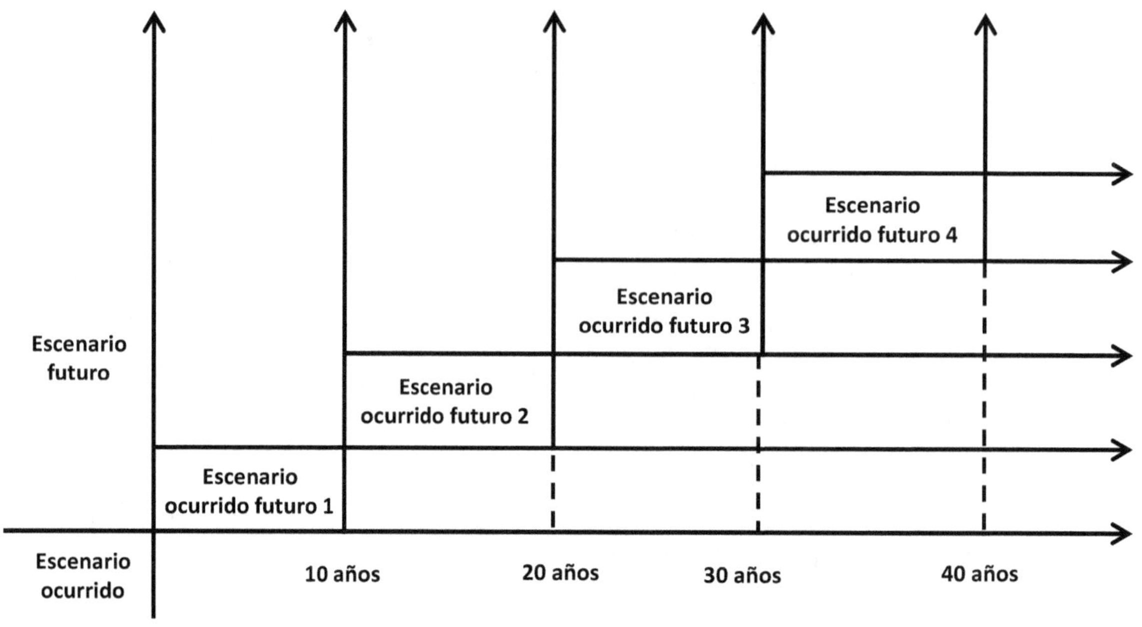

FIGURA 51. *Concurrencia de escenarios.*

La interpretación de los valores obtenidos por la aplicación que permitan determinar si estamos frente a un escenario consecuente o de naturaleza tendencial se muestran en la siguiente tabla:

TABLA 45

VALORES DEL COEFICIENTE DE CORRELACIÓN QUE VALIDAN LA TENDENCIA O MODIFICACIÓN DE LOS ESCENARIOS

Nº	Valor obtenido del análisis de correlación (valor del coeficiente de correlación)	Conclusión
01	Valores tendientes a 1 o -1 Correlación negativa o positiva intensa	Valida un escenario futuro consecuente
02	Valores tendientes a 0,5 o -0,5 Correlación negativa o positiva débil	Valida un escenario futuro tendencial
03	Valores tendientes a 0 Correlación cero , r= 0	Valida un escenario futuro consecuente

Nota: Los resultados de dispersión de los datos obtenidos de las variables se pueden establecer por diversos procedimientos, como por ejemplo del programa *IBM SPSS Statistics.*

c. Valorización por pronóstico

El método de valorización por pronóstico está sustentado en estudios de ingeniería, donde las estimaciones de recursos y reservas de hidrocarburos y mineros que dispone un país son producto de cálculos de orden técnico y económico, lo que constituye una fuente confiable para construir escenarios de carácter histórico y escenarios futuros de naturaleza conservadora, moderada y optimista. En este sentido, es un método que brinda alto porcentaje de probabilidad para analizar la prospectiva del driver *situación económica* y sus variables correspondientes.

Para la valorización de los escenarios actuales y futuros es conveniente establecer una cronología que esté ligada y alineada en especial a las actividades productivas de la extracción, obtención y comercialización de los recursos y reservas de materias primas de hidrocarburos, como de los depósitos minerales. Los resultados favorecerán la formulación de los plazos que contempla el Plan de Inversiones, con datos más sustentados y con alta probabilidad de poder disponer o gestionar iniciativas legislativas que logren alcanzar recursos económicos de Financiamiento de Núcleo Duro o fuentes de Financiamiento Coyunturales. Como se mencionó en varias ocasiones, la prospectiva debe ser analizada en especial por décadas —y posiblemente por lustros—, pues esto es conveniente en virtud que estos están ligados a la alta probabilidad de que se pueda disponer de recursos económicos de la extracción de las materias primas antes indicadas.

TABLA 46

ESCENARIOS PROBABLES IMPORTANTES PARA DETERMINAR EL VOLUMEN DE EXPLOTACIÓN GAS Y LOS PRECIOS DE REFERENCIA DE VENTA EN EL MERCADO.

ESCENARIO	VOLUMEN	PRECIOS
Conservador	• Desarrolla las reservas probadas desarrolladas • No hay inversión	-10% del precio de referencia
Moderado	• Desarrollará las reservas desarrolladas más las reservas probadas no desarrolladas • Existe inversión en comprensión	Precio de referencia
Optimista	• Desarrollará las reservas probadas y reservas desarrolladas posibles • Inversión en comprensión y otros	+ 10% del precio de referencia

FUENTE: *Tabla 15 - Libro "La Estrategia de Compra" - página 70 - Primera edición, 2019.*

Para los pronósticos monetarios del estudio del driver *situación económica*, basados en la explotación de recursos gasíferos y la construcción del escenario conservador, moderado u optimista, es necesario que se tenga en cuenta los parámetros que se indican en tabla anterior. El estudio prospectivo que se efectúe sobre cada uno de estos escenarios tendrá una estrecha relación sobre las reservas[72] y recursos de hidrocarburos que se puedan visualizar en los periodos futuros inmediato, contingente y prospectivo, estos a su vez estarán luego asociados a la implementación de una serie de proyectos de inversión y de inversiones concernientes al equipamiento destinado para la defensa.

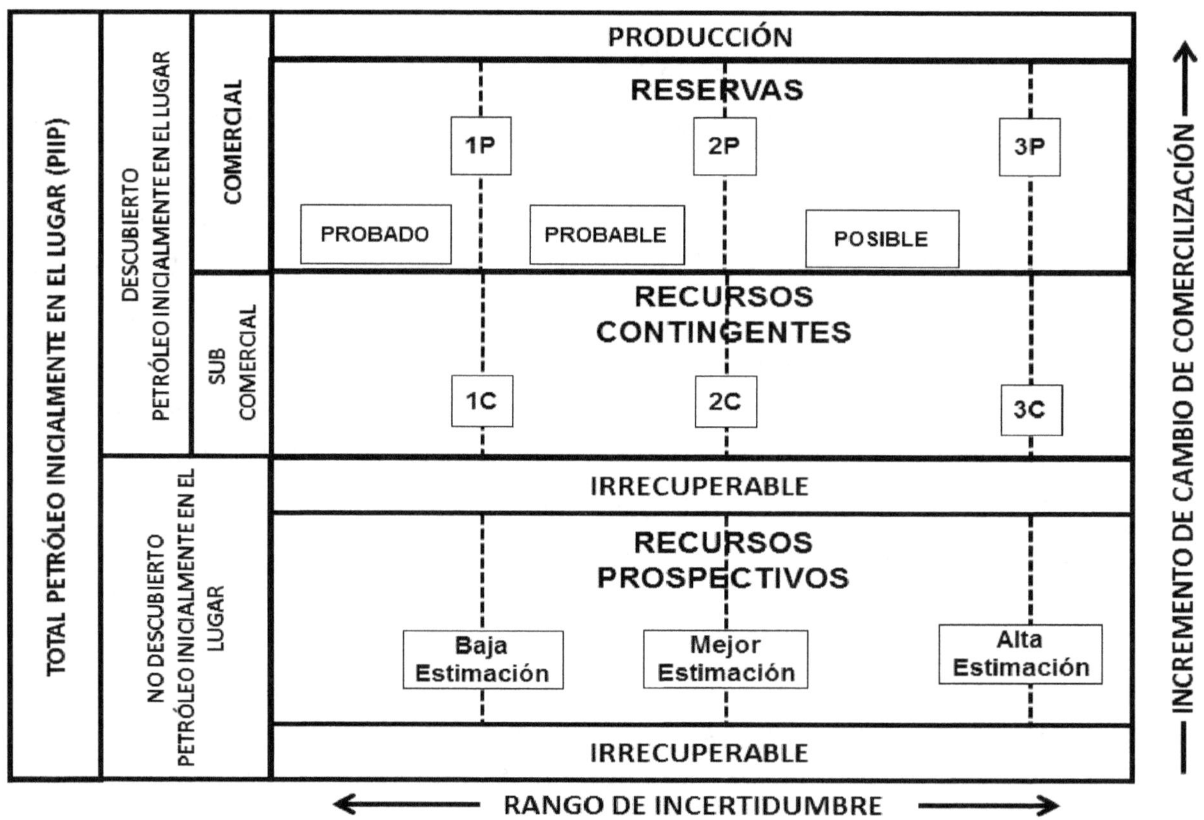

FIGURA 52. *Marco de clasificación de recursos y reservas*[73]

FUENTE: *Figura 52 - Libro "La Estrategia de Compra" - página 111 - Primera edición, 2019.*

[72] *Referencia establecidos en la SPE/WPC/AAPG/SPEE "SPE – PRMS 2009 (Petroleum Resources Management System) y que también son considerados en el "LIBRO ANUAL DE RECURSOS DE HIDROCARBUROS" al 31 de diciembre del 2016, libro que es emitido cada año por la Dirección General de hidrocarburos del Ministerio de Energía y Minas:*

[73] *Fuente: SPE/WPC/AAPG/SPEE "SPE – PRMS 2009 (Petroleum Resources Management System).*

Otra herramienta para el estudio prospectivo mediante la valorización por pronósticos, y que tiene estrecha relación con la construcción de los escenarios, es la condición que deben cumplir las reservas de recursos, como se muestra en la siguiente figura:

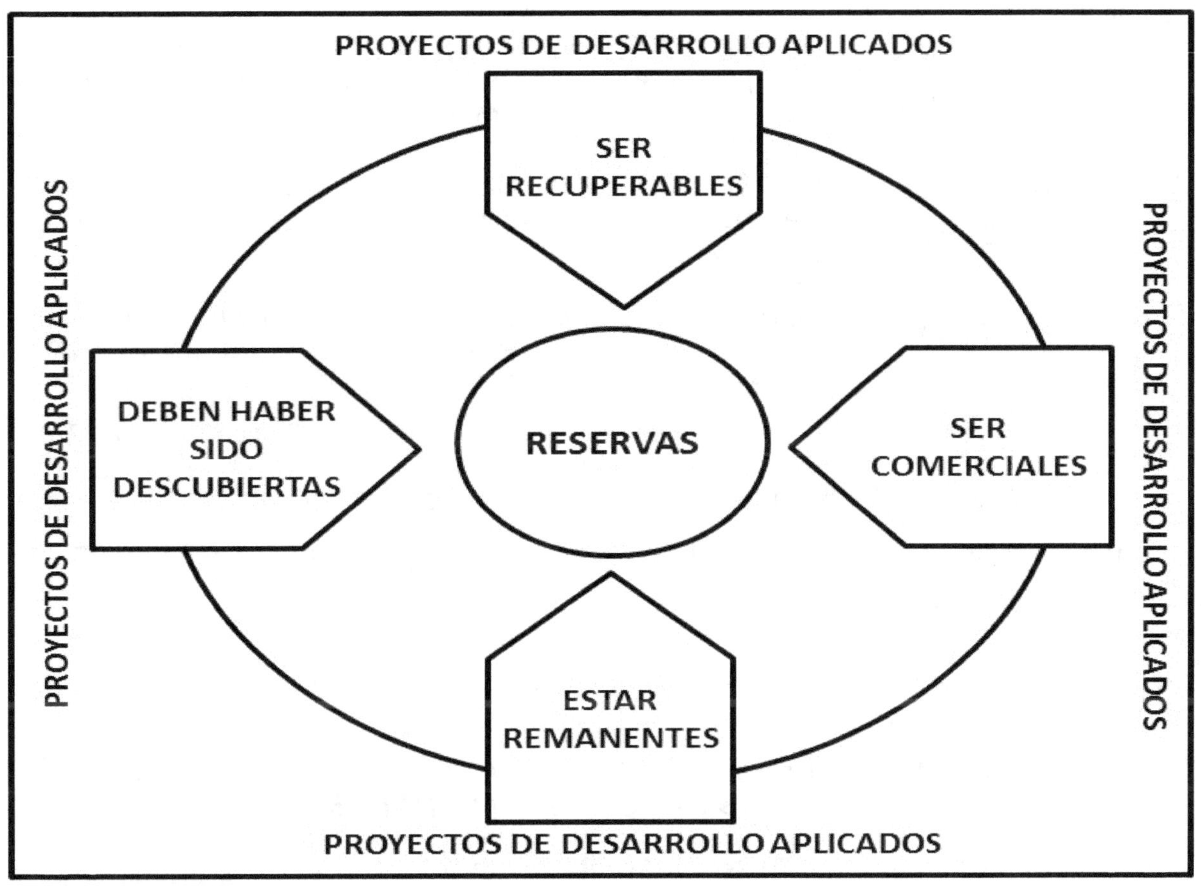

FIGURA 53. *Condiciones que deben cumplir las reservas*
FUENTE: *Figura 53 - Libro "La Estrategia de Compra" – página115 - Primera edición, 2019.*

Las *reservas de gas natural y líquidos de gas natural* son aquellas cantidades de gas natural recuperables comercialmente mediante Proyectos de Desarrollo en acumulaciones conocidas desde una cierta fecha en adelante, bajo condiciones definidas. Estas cantidades cumplen cuatro criterios: deben haber sido descubiertas, deben ser recuperables, deben ser comerciales y deben estar remanentes (a la fecha de evaluación), esto basado en los proyectos de desarrollo aplicados. Las probabilidades de cantidades recuperables del tipo de reservas de gas natural y líquidos de gas natural, son las que se muestran en la siguiente tabla:

TABLA 47

PROBABILIDAD DE CANTIDADES RECUPERABLES

TIPO DE RESERVA	PROBABILIDAD
RESERVAS PROBADAS	POR LO MENOS 90% DE LA PROBABILIDAD DE QUE LAS CANTIDADES REALMENTE RECUPERADAS IGUALARÁN O EXCEDERÁN LAS ESTIMACIONES
RESERVAS PROBABLES	POR LO MENOS 50% DE LA PROBABILIDAD DE QUE LAS CANTIDADES REALMENTE RECUPERADAS IGUALARÁN O EXCEDERÁN LAS ESTIMACIONES DE 2P
RESERVAS POSIBLES	POR LO MENOS 10% DE LA PROBABILIDAD DE QUE LAS CANTIDADES REALMENTE RECUPERADAS IGUALARÁN O EXCEDERÁN LAS ESTIMACIONES DE 3P

FUENTE: *Tabla 30 - Libro "La Estrategia de Compra" – página116 - Primera edición, 2019*

Los indicativos que se debe tener en cuenta en el estudio prospectivo mediante el método de valorización por pronóstico respecto a los recursos mineros son los siguientes:

TABLA 48

DIAGRAMA DE MCKELVEY LA CLASIFICACIÓN DE MANERA GRÁFICA DE LOS RECURSOS MINERALES

ACUMULACIÓN	IDENTIFICACIÓN DE RECURSOS			RECURSOS NO IDENTIFICADOS	
	DEMOSTRADO		INFERIDOS	RANGO DE PROBABILIDAD	
	DIMENSIONES	INDICADOR		HIPOTÉTICO	ESPECULATIVO
Económica	Reservas		Reservas inferidas		
Marginalmente económica	Reservas marginales		Inferencia de reservas marginales		
Sub económica	Reservas sub económicas demostradas		Inferencia de reservas sub económicas		
Otras ocurrencias	Incluye no convencional y materiales de bajo grado				

FUENTE: *Tabla 42 - Libro "La Estrategia de Compra" - página 129 - Primera edición, 2019.*

Los depósitos minerales (recursos minerales) son potencialmente valiosos, por los cuales existen prospectos razonables para una eventual extracción económica. Por otro lado, las reservas de mineral, o reservas de mena, son valiosos y legal, económica y técnicamente factibles de extraer. En la tabla anterior podemos ver a través del diagrama de McKelvey la clasificación de manera gráfica de los recursos minerales en virtud de su viabilidad económica y de la certeza de su existencia; este procedimiento fue considerado por la Oficina de Minas y el Servicio Geológico de los Estados Unidos. En la siguiente figura observamos las condiciones que deben cumplir los recursos y las reservas:

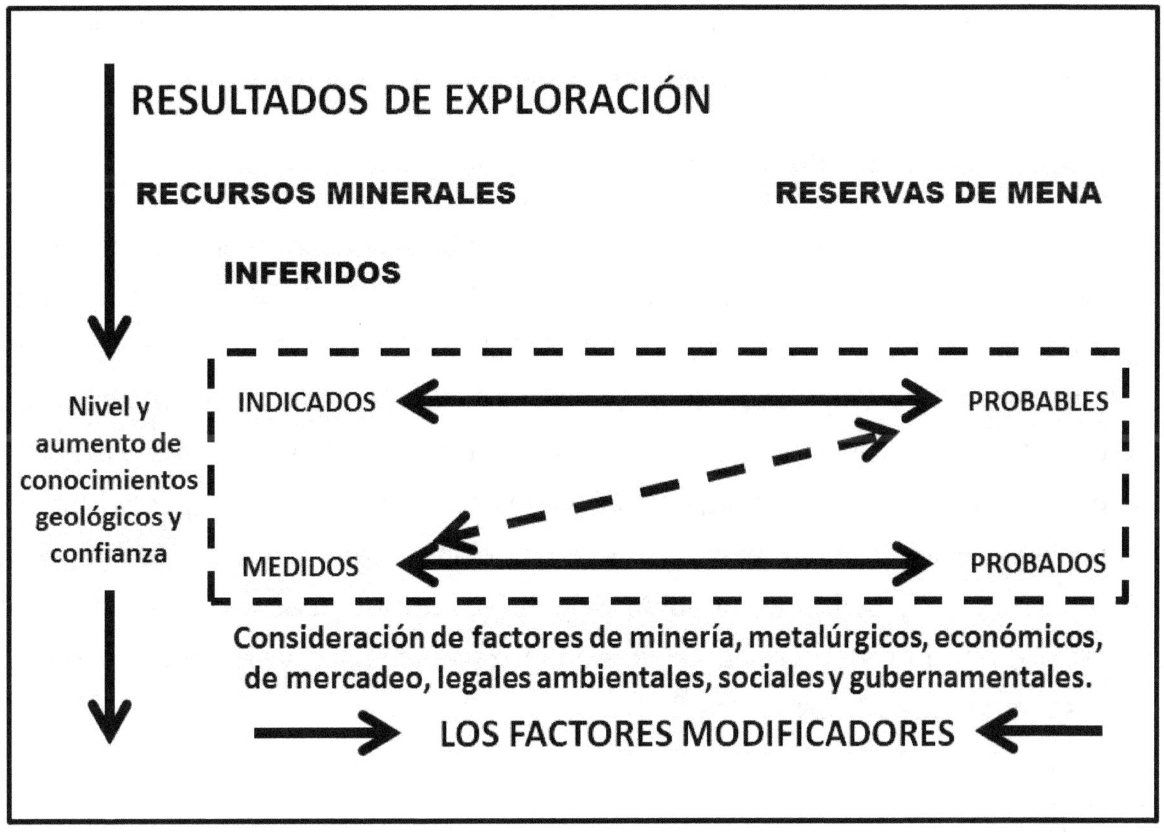

FIGURA 54. *Condiciones que deben cumplir las reservas y los recursos.*
FUENTE: *Figura 56 - Libro "La Estrategia de Compra" - página 130 - Primera edición, 2019.*

En base al Código de Australasia para informar sobre recursos minerales y reservas (código JORC), que fuera publicado en junio de 1988, incorporado a las normas de la bolsa de Australia y publicado en 1990, la SME (*US Society for Minig, Metallurgy, and Exploration*) publicó una guía para informar sobre datos de exploración, recursos minerales y reservas, entre los que tenemos los siguientes conceptos que a tener en cuenta en el estudio prospectivo:

a. Recursos minerales

Es una concentración u ocurrencia de material de interés económico intrínseco en o sobre la corteza de la Tierra, en forma y cantidad de que haya probabilidades razonables de una eventual extracción económica. La ubicación, cantidad, ley, características geológicas y continuidad de un recurso mineral son conocidas, estimadas o interpretadas a partir de evidencias y conocimientos geológicos específicos. Los recursos minerales se subdividen en orden ascendente según la confianza geológica en las categorías *recurso mineral inferido*[74], *recurso mineral indicado*[75] y *recurso mineral medido*[76].

b. Reserva Mineral

Es la parte económicamente explotable de un recurso mineral medido o indicado. Incluye dilución de materiales y tolerancias por pérdidas que se puedan producir cuando se extraiga el material. Para estas se han realizado las evaluaciones apropiadas, que pueden incluir estudios de factibilidad y la consideración de modificaciones por factores razonablemente asumidos de extracción, factores metalúrgicos, económicos, de mercados, legales, ambientales, sociales y gubernamentales. Estas evaluaciones demuestran la fecha en que se reporta y se justifica razonablemente la extracción. Las reservas de mena se subdividen en orden creciente de confianza en reservas probables minerales[77] y reservas probadas minerales[78].

[74] ***Recurso mineral inferido.*** *Es aquella parte de un Recurso Mineral por la cual se puede estimar el tonelaje, ley y contenido de mineral con un bajo nivel de confianza. Se infiere a partir de evidencia geológica y se asume pero no se certifica la continuidad geológica ni de la ley. Se basa en información inferida mediante técnicas apropiadas de localizaciones como pueden ser afloramientos, zanjas, rajos, laboreos y sondajes que pueden ser limitados o de calidad y confiabilidad incierta.*

[75] ***Recursos mineral indicado.*** *Es aquella parte de un Recurso Mineral para el cual puede estimarse con un nivel razonable de confianza el tonelaje, densidad, forma, características físicas, ley y contenido mineral. Se basa en información sobre exploración, muestreo y pruebas reunidas mediante técnicas apropiadas en ubicaciones como pueden ser: afloramientos, zanjas, rajos, túneles, laboreos y sondajes. Las ubicaciones están demasiado espaciadas o su espaciamiento es inapropiado para confirmar la continuidad geológica y/o de ley, pero está espaciada con suficiente cercanía para que se pueda suponer continuidad.*

[76] ***Recursos mineral medido.*** *Es aquella parte de un Recurso Mineral para el cual puede estimarse con un alto nivel de confianza el tonelaje, su densidad, forma, características físicas, ley y contenido de mineral. Se basa en la exploración detallada e información confiable sobre muestreo y pruebas obtenidas mediante técnicas apropiadas de lugares como pueden ser afloramientos, zanjas, rajos, túneles, laboreos y sondajes. Las ubicaciones están espaciadas con suficiente cercanía para confirmar continuidad geológica y/o de la ley.*

[77] ***Reservas probables de mineral.*** *Es la parte económicamente explotable de un Recurso Mineral Indicado y en algunas circunstancias Recurso Mineral Medido. Incluye los materiales de dilución y tolerancias por pérdidas que puedan producirse cuando se explota el material. Se han realizado evaluaciones apropiadas, que pueden incluir estudios de factibilidad, e incluyen la*

Desde este punto de vista, tomando como base los alcances indicados anteriormente, la cronología que se establecería para los recursos económicos que podrían provenir de los recursos mineros se diseñarían en el Plan de Inversiones que se muestra en la siguiente figura construida sobre la base al código JORC y del diagrama de McKelvey:

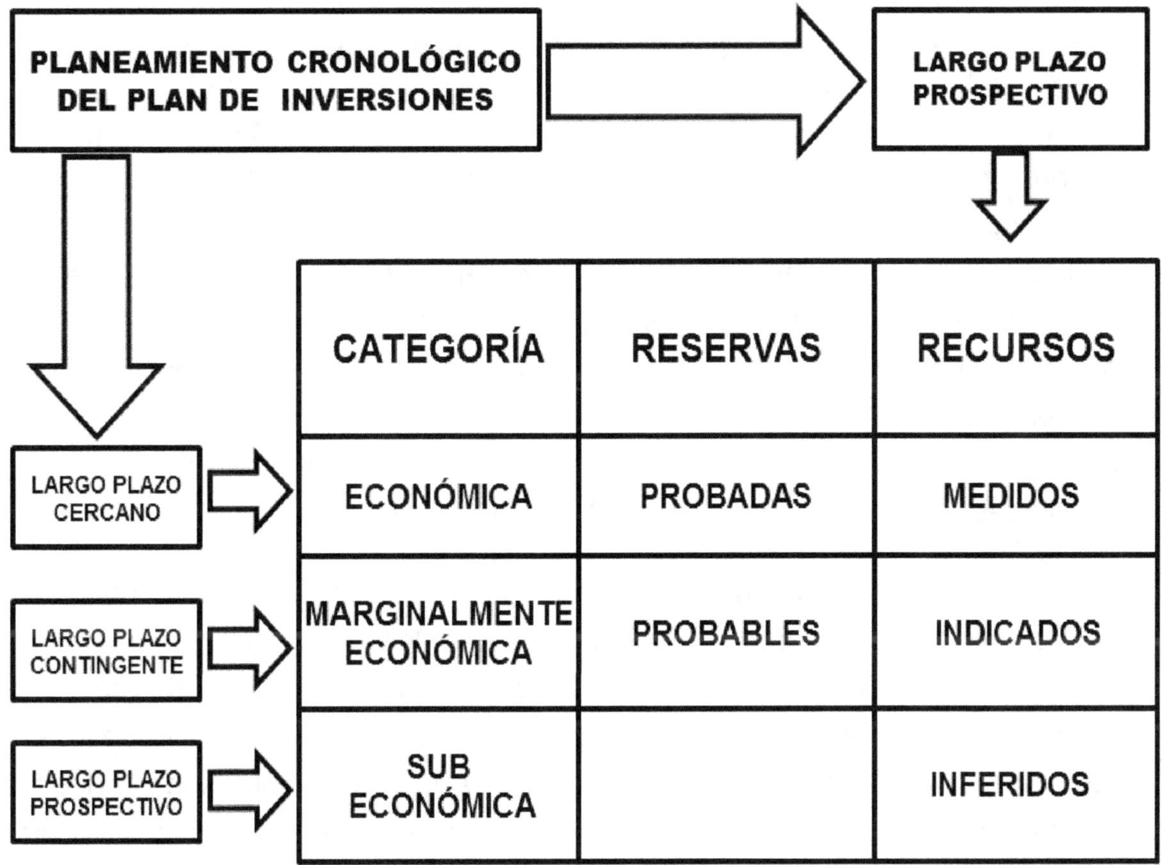

FIGURA 55*. Planeamiento cronológico de las Inversiones.*
FUENTE: *Figura 57 - Libro "La Estrategia de Compra" - página 133 - Primera edición, 2019.*

El análisis prospectivo del primer escenario, que representaría el Largo Plazo Inmediato del Plan de Inversiones, estaría ligado al periodo que demandarían las actividades productivas de la extracción y obtención de las

consideración de factores modificadores razonablemente asumidos de minería, metalúrgicos, económicos, de mercadeo, legales, medioambientales, sociales y gubernamentales. Estas evaluaciones demuestran a la fecha en que se presenta el informe, que la extracción podría justificarse razonablemente.

[78] ***Reservas probadas de Mineral****. Es la parte económicamente explotable de un Recurso Mineral Medido. Incluye los materiales de dilución y tolerancias por pérdidas que se pueden producir cuando se explota el material. Se han realizado evaluaciones apropiadas que pueden incluir estudios de factibilidad, e incluyen la consideración de modificaciones por factores fehacientemente asumidos de minería, metalúrgicos, económicos, de mercados, legales, ambientales, sociales y gubernamentales. Estas evaluaciones demuestran, a la fecha en que se publica el informe, que la extracción podría justificarse razonablemente.*

reservas probadas de lotes gasíferos y de los depósitos mineros que ya vienen siendo explotados en la actualidad.

El segundo escenario del estudio prospectivo a construir sería consecuencia del primer escenario, y sería compatible con el Largo Plazo mediato del Plan de Inversiones, siendo su estructura sustentada sobre las base de las valorizaciones de los pronósticos de las reservas probadas, posibles gasíferas y de los depósitos mineros probados que se encuentran en vías de ser explotables.

El tercer escenario de estudio prospectivo consecuente estaría ligado a los escenarios económicos relacionados a los recursos gasíferos considerados como sub comerciales, es decir, que potencialmente podrían ser recuperables de acumulaciones conocidas, pero que a la fecha los proyectos a ser aplicados aún no se consideran suficientemente maduros para su desarrollo comercial. En el caso de visualizarse el sector minero, este estaría establecido por las reservas probables que se constituirán como recursos indicados, y que categorizaríamos como marginalmente económicos en el momento que se construiría el Plan de Inversiones; este estaría en el Largo Plazo Contingente.

Como cuarto escenario, consecuente del tercer escenario prospectivo y los que puedan visualizarse en adelante, estarían los relacionados al tiempo de las cantidades de gas estimadas a una fecha dada a ser potencialmente recuperables de acumulación, pero que aún no han sido descubiertas. En el caso de los recursos mineros, recaería la consideración en base a los recursos inferidos; este estudio estaría sustentado en factores modificadores relacionados a las propias actividades de la misma minería y la metalurgia, como son los aspectos económicos de mercadeo, los asuntos legales ambientales que puedan dar viabilidad a los proyectos, los asuntos sociales que generan la explotación de los recursos mineros y los alcances gubernamentales. Según transcurran los años, y se vaya aumentando el nivel de conocimientos geológicos y la reducción de los índices de incertidumbre que incrementaran el nivel de confianza, los recursos inferidos pasarán a ser recursos indicados, y luego tomarán la categoría de recursos medidos, convirtiéndose luego en reservas probables y posteriormente en reservas probadas. Para el Plan de Inversiones este se constituiría en el Largo Plazo Prospectivo.

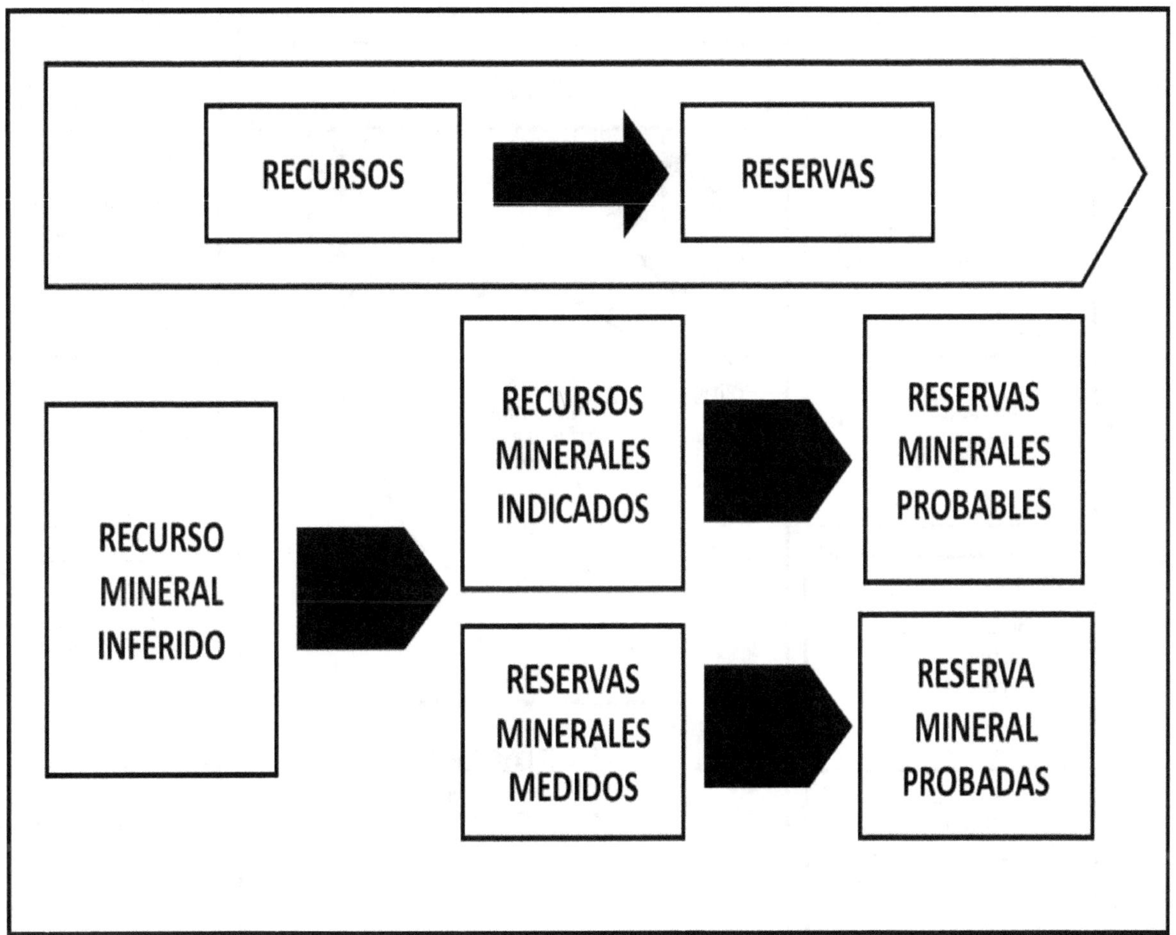

FIGURA 56. *Proceso de cambio de modificadores de los minerales*
FUENTE: *Figura 18 - Libro la Estrategia de Compra – pagina37 - Primera edición 2019*

6.4 CONSTRUCCIÓN DE ESCENARIOS

6.4.1 Drivers y variables

La finalidad de la prospectiva dentro del campo de las inversiones de equipamiento destinado a la Defensa radica en esencia saber si podremos disponer de recursos económicos catalogados como financiamientos de Núcleo Duro y de aquellos denominados financiamientos Coyunturales. En este sentido, las actividades humanas relacionadas al sistema político y económico, dentro de un periodo futuro, determinarán si mantener o modificar los escenarios, los mismos que mostrarán la factibilidad o no de las probabilidades de disponibilidad de fondos.

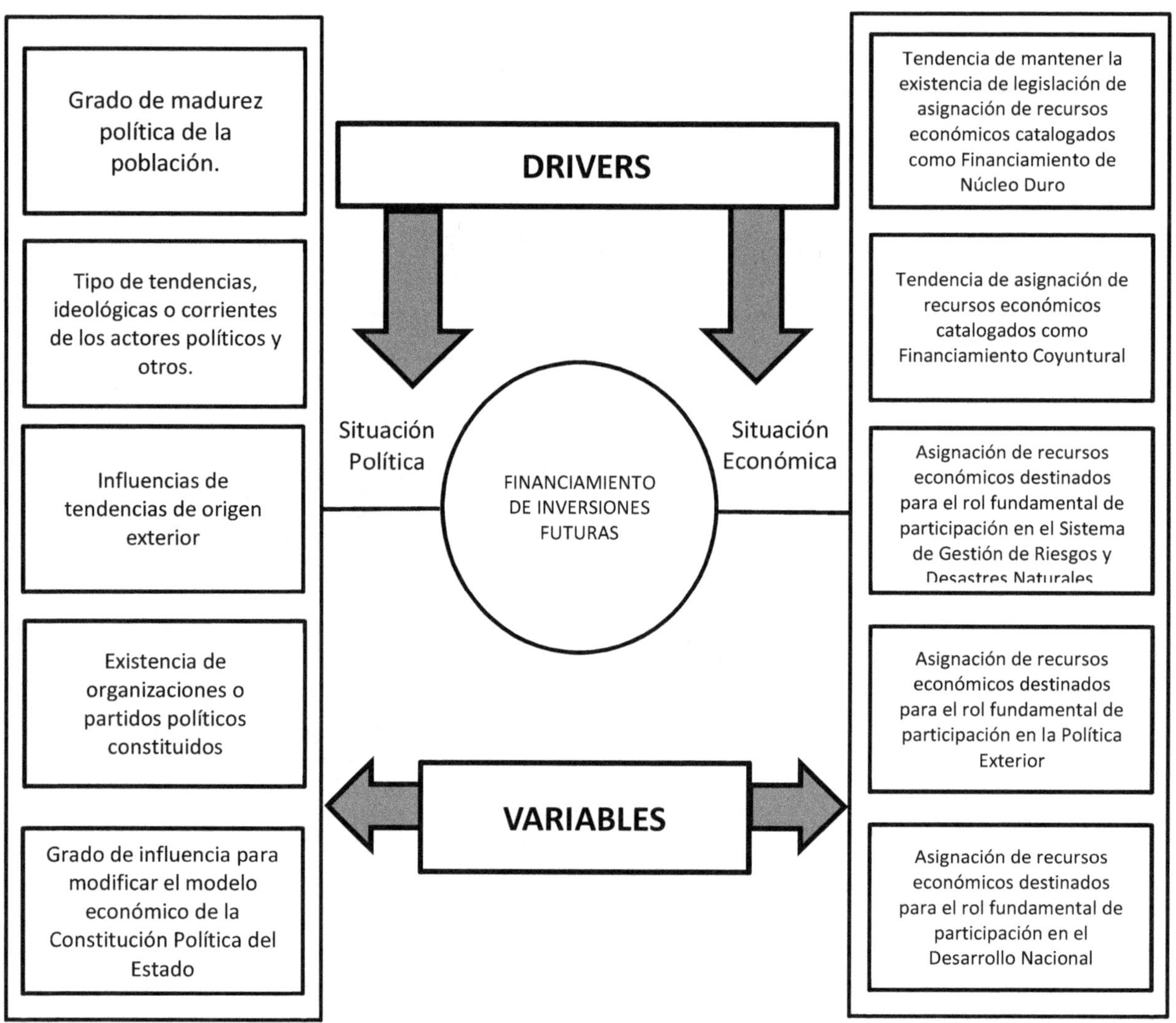

***FIGURA 57**. Drives y variables dentro del Proceso de la Prospectiva.*

6.4.2 Procedimiento de construcción de escenarios

El procedimiento de la construcción de escenarios para lograr establecer cuál podría ser el futuro que se presentaría para las prerrogativas que requiere el sector Defensa con el fin de mantener y cerrar sus brechas de inversiones, primero requiere del análisis del escenario actual como punto de inicio para determinar cómo se encuentran los drivers y sus variables; luego de la determinación de este escenario, se procede a la construcción de los escenarios futuros, los mismos que luego del estudio dentro de una década o lustro, según convenga, se puedan determinar si se configuran como escenarios futuros consecuentes o un escenario futuro tendencial. Por tanto, cada periodo de análisis de estudio se configura en el insumo de vital importancia para el diseño y concepción del Plan de Inversiones, porque será indicativo de cómo se estarían moviendo los recursos económicos, denominados Fuentes de Financiamiento de Núcleo Duro y Fuentes de Financiamiento Coyunturales a través de los años, los cambios de periodos presidenciales, el mantenimiento de políticas de Estado o cómo simplemente se constituyen en políticas de Gobierno.

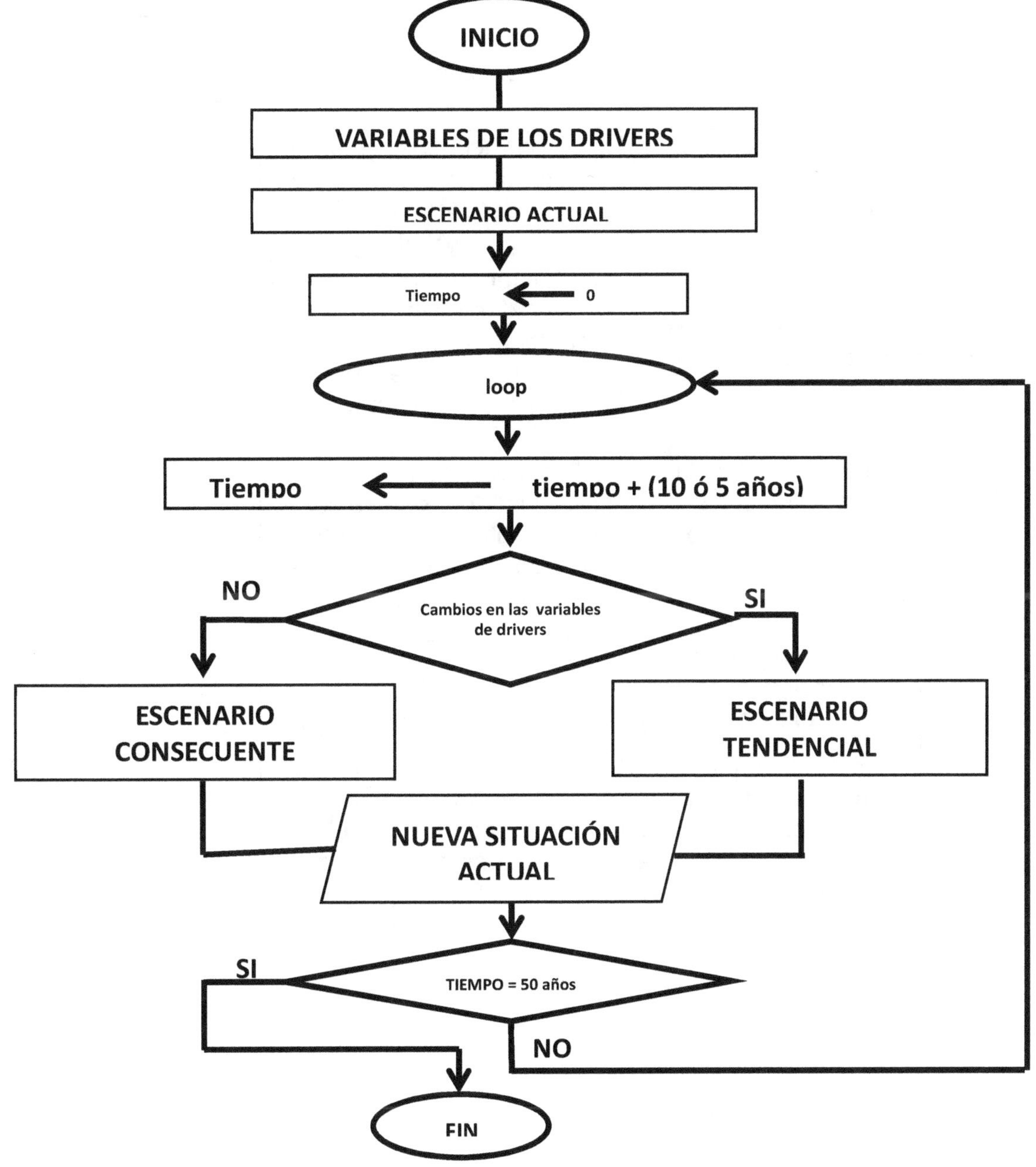

FIGURA 58. *Flujograma o Loop*[79] *de construcción de escenarios futuros*

[79] Loop *es una palabra en inglés que se refiere a un proceso, sistema o estructura circular, la cual termina donde comienza y viceversa; se traduce al español como sinónimo de lazo, bucle, circuito o ciclo.*

6.4.3 Construcción de escenario actual

TABLA 49

VALORIZACIÓN DE LAS VARIABLES RESPECTO A LA SITUACIÓN ACTUAL

No	VARIABLE	SITUACIÓN ACTUAL	VALORACIÓN				
			AB	AL	ME	BA	NI
1	Grado de madurez política de la población.	Se evidencia un bajo grado de madurez política para poder elegir a sus gobernantes.				2	
2	Existencia de organizaciones o partidos políticos constituidos.	No Existen organizaciones y partidos políticos con doctrinas y filosofías que mantengan preceptos únicos en el tiempo				2	
3	Tipo de tendencias, ideológicas o corrientes de los actores políticos y otros.	En el país se evidencia influencia de organizaciones que intentan alinearse a las influencias de tendencias radicales exteriores		7			
4	Influencias de tendencias de origen exterior	En la región existe gran tendencia hacia el socialismo			6		
5	Grado de influencia para modificar el modelo económico de la Constitución Política del Estado	Grado de influencia para modificar el modelo económico de la Constitución Política del Estado			4		

LEYENDA:

AB : ABSOLUTA
AL : ALTA
ME : MEDIA
BA : BAJA
NI : NINGUNA

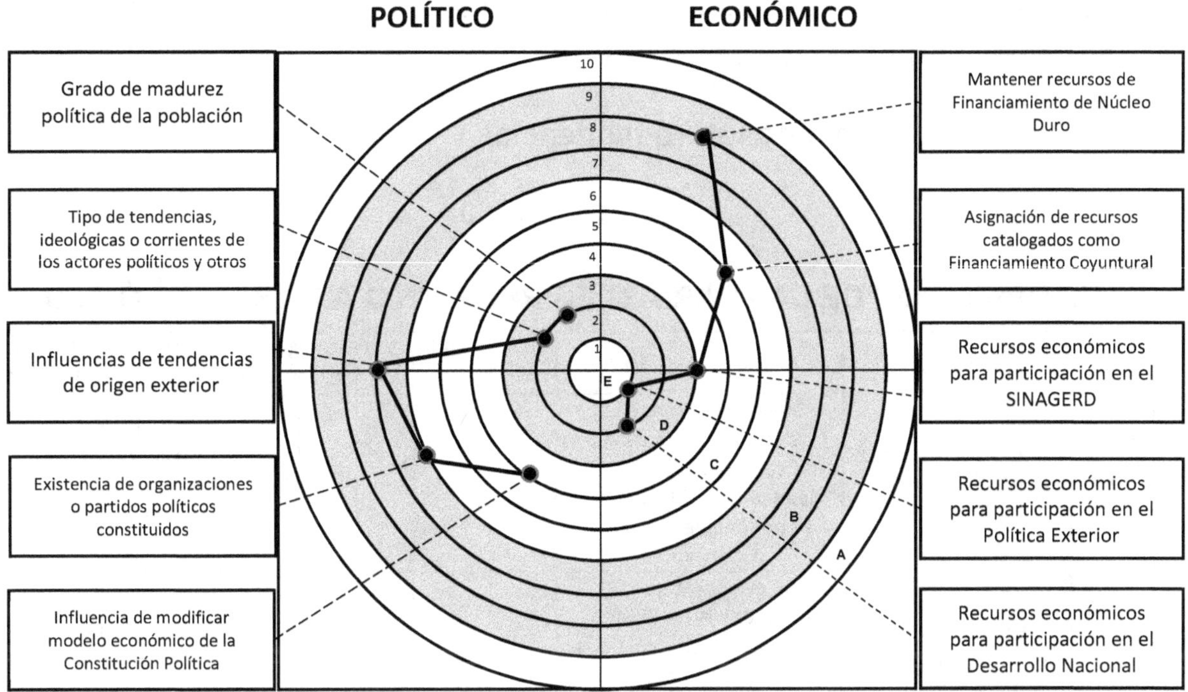

Figura 59. Mapa cartesiano de valorización de las variables respecto a la situación actual

6.4.4 Construcción del escenario futuro.

Sobre la base de la construcción del escenario actual, aplicando cualquiera de las metodologías establecidas anteriormente, y la base de los drivers principales que se relacionan específicamente a la política y la situación económica futura del país, se pueden diseñar dos escenarios. El primero sería un escenario futuro consecuente, en donde las variables de los drivers se mantendrían a través del tiempo sin que existan alteraciones entre décadas o lustros subsiguientes; el segundo generaría un escenario tendencial como producto de la variación de una o más de las variables de los drivers de manera considerable y su incidencia generaría el cambio del curso del futuro consecuente.

a. Escenario futuro consecuente

El estudio prospectivo de este escenario se sustenta en que las variables de los drivers se mantienen en las mismas consideraciones o que su modificación no altere en gran medida las prerrogativas relacionadas a la disposición de recursos catalogados como Fuentes de Financiamiento de Núcleo Duro y posibilidades de los recursos catalogados como coyunturales dentro del periodo de estudio respectivo (década o lustro).

b. **Escenario futuro tendencial**

TABLA 50

VALORIZACIÓN DE LAS VARIABLES RESPECTO A LA SITUACIÓN FUTURA

No	VARIABLE	SITUACIÓN FUTURA	CATEGORÍA - VALORACIÓN					CONCLUSIÓN RESPECTO AL ESCENARIO ACTUAL
			AB	AL	ME	BA	NI	
1	Grado de madurez política de la población.	Se evidencia que en la década se evidencia indicativos de alto grado de madurez política para poder elegir a sus gobernantes.		7				Existe indicativos de cambios considerables en la variable de una categoría baja en el escenario a un categoría alta que determina un escenario tendencial
2	Existencia de organizaciones o partidos políticos constituidos.	Se evidencia que se mantiene la no Existen organizaciones y partidos políticos con doctrinas y filosofías que mantengan preceptos únicos en el tiempo				2		Esta variable se mantiene igual al escenario actual , lo que determina un escenario consecuente
3	Tipo de tendencias, ideológicas o corrientes de los actores políticos y otros.	En el país se evidencia influencia de organizaciones que intentan alinearse a las influencias de tendencias radicales exteriores		8				Existe indicativos de cambios en la variable de una categoría media en el escenario actual a un categoría alta, lo que determina un escenario tendencial
4	Influencias de tendencias de origen exterior	En la región existe gran tendencia hacia el socialismo			5			Esta variable se mantiene en esencia en la misma categoría a pesar que los indicativos se modificaron de 4 a 5, por lo tanto se configura en un escenario consecuente.
5	Grado de influencia para modificar el modelo económico de la Constitución Política del Estado	Grado de influencia para modificar el modelo económico de la Constitución Política del Estado		9				Existe indicativos de cambios considerables en la variable de una categoría baja en el escenario actual a un categoría alta que determina un escenario tendencial
CONCLUSIÓN: Tres variables que modifican la situación actual, determina que se configura en un escenario tendencial								

LEYENDA:

AB : ABSOLUTA
AL : ALTA
ME : MEDIA
BA : BAJA
NI : NINGUNA

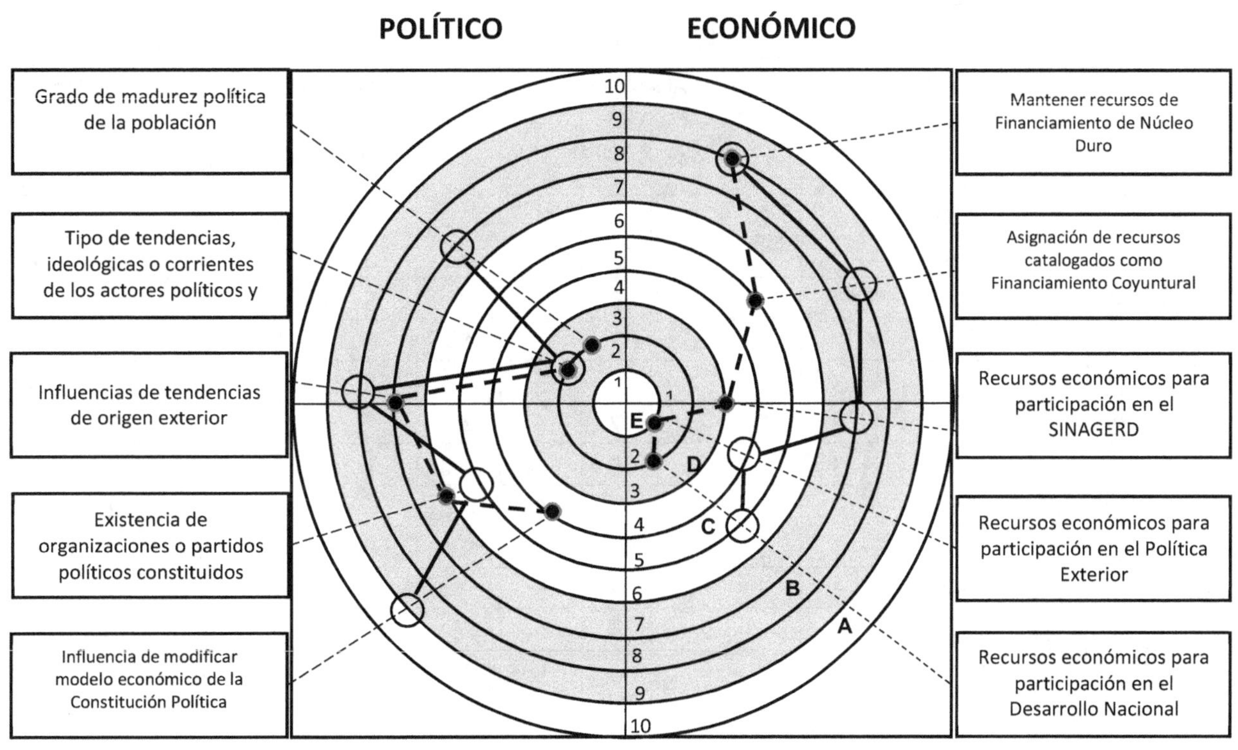

FIGURA 60: Mapa cartesiano de *valorización de las variables respecto a la situación actual y futura*

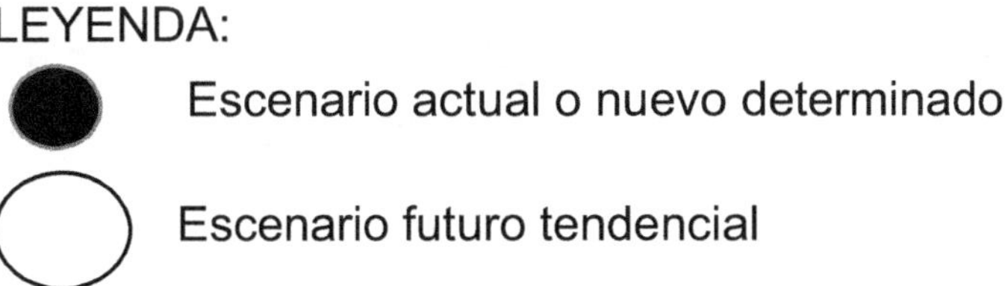

TABLA 51

MATRIZ DE VALORIZACIÓN DE LAS VARIABLES PARA OBTENER RESULTADOS PARA SER APLICADOS AL COEFICIENTE DE CORRELACIÓN

ESCENARIO	PERIODO EN AÑOS	DRIVER POLÍTICA						DRIVER ECONOMÍA					
		VALORIZACIÓN DE VARIABLES POR AÑO					XT	VALORIZACIÓN DE VARIABLES POR AÑO					YT
		X1	X2	X3	X4	X5		Y1	Y2	Y3	Y4	Y5	
ESCENARIO PASADO	-10	2	2	7	6	4	4.2	7	5	4	4	2	4.4
	-9	2	3	6	6	4	4.2	6	5	4	3	2	4
	-8	3	3	7	7	5	5	6	4	4	2	2	3.6
	-7	2	3	6	7	4	4.4	6	4	5	4	2	4.2
	-6	3	2	6	6	5	4.4	6	5	5	3	3	4.4
	-5	3	3	7	7	4	4.8	7	5	5	3	2	4.4
	-4	3	2	6	6	4	4.2	7	4	4	2	3	4
	-3	2	3	7	7	5	4.8	6	5	4	2	2	3.8
	-2	2	2	7	7	4	4.4	6	4	5	3	3	4.2
	-1	3	3	7	7	5	5	7	4	4	3	3	4.2
ESCENARIO ACTUAL	Año 0	3	3	7	6	5	4.8	5	5	4	3	2	3.8
ESCENARIO FUTURO	+1	3	3	7	6	5	4.8	6	5	4	4	2	4.2
	+2	3	3	7	6	6	5	5	5	4	5	2	4.2
	+3	3	2	7	6	6	4.8	6	5	5	4	3	4.6
	+4	4	4	6	7	5	5.2	6	6	5	3	3	4.6
	+5	4	5	6	7	5	5.4	7	7	4	4	4	5.2
	+6	5	6	6	6	6	5.8	6	5	5	6	4	5.2
	+7	6	5	7	6	5	5.8	6	7	6	4	4	5.4
	+8	6	5	5	7	5	5.6	7	7	6	5	5	6
	+9	7	6	7	6	6	6.4	7	7	7	3	5	5.8
	+10	6	6	7	6	6	6.2	8	7	7	4	5	6.2

Los XT y YT son sometidos al análisis correlacional

ANEXO A: FORMATO DE CONTENIDOS MÍNIMOS DE UN INFORME QUE ESTABLEZCA LA PERTINENCIA Y FINALIDAD DE UNA INVERSIÓN:

1. Finalidad del informe.

2. Bases legales, normativas, planes o aspectos doctrinarios existentes respecto al requerimiento establecido.

3. Consideraciones de carácter técnico - operacional actuales que sustenten la adopción del nuevo requerimiento.

    a. Consideraciones de carácter operacional (o capacidad de producción actual).

    b. Consideraciones de carácter técnico (o tecnología actual).

4. Descripción de la concepción técnica que se desea alcanzar con el requerimiento determinado.

    a. Capacidad de producción por alcanzar.

    b. Localización del requerimiento.

    c. Tecnología que se desea alcanzar.

5. Rol o roles constitucionales que se esperan cumplir con dicho requerimiento.

6. Establecimiento del dimensionamiento del requerimiento que se desea alcanzar, que en el caso de cumplir con más de dos roles constitucionales será necesario establecer el dimensionamiento físico y económico por cada rol constitucional.

    a. Estimado del dimensionamiento físico.

    b. Estimado del dimensionamiento económico.

7. Categorización del rol o roles constitucionales en la cual se cumplirá o se enmarcará dicho requerimiento.

    a. Política de Estado.

    b. Política Pública.

c. Rol Constitucional.

d. Programa Presupuestal.

ANEXO B (ESQUEMA DEL DESARROLLO DE UN EJE DE DESARROLLO ESTRATÉGICO QUE ESTE RELACIONADO A UN SERVICIO PÚBLICO DETERMINADO)

1. OBJETO DEL SERVICIO PÚBLICO

Establecer el Eje de Desarrollo Estratégico (ADE) y las Acciones Estratégicas (AE) del Plan de Inversiones para implementar los Proyectos de Inversión e Inversiones que contengan Activos Estratégicos prioritarios para alcanzar las Capacidades al año 2050 (30 años) visualizadas dentro del Plan Estratégico Institucional dentro del Servicio Público relacionado al ROL ESTRATÉGICO: INDEPENDENCIA, SOBERANÍA E INTEGRIDAD TERRITORIAL.

2. ESTABLECIMIENTO DE BRECHAS TOTALES.

a. **Proyectos de Inversión e Inversiones requeridas para alcanzar el nivel de diseño de la organización o la Fuerza.**

No	TIPO DE INTERVENCIÓN	CANTIDAD	APÉNDICE
1	PROYECTOS DE INVERSIÓN E INVERSIONES	Número de Inversiones	**Apéndice A**

Apéndice A: **Relación de Proyectos de Inversión e Inversiones necesarias para cerrar brechas al ANEXO 01** (SERVICIO PÚBLICO RELACIONADO AL ROL ESTRATÉGICO: INDEPENDENCIA, SOBERANÍA E INTEGRIDAD TERRITORIAL).

b. **Dimensionamiento económico de los Proyectos de Inversión e Inversiones, considerados en el Programa Multianual de Inversiones.** (Considerar en este punto cuanto en montos económicos representa la Brecha)

No	TIPO DE INTERVENCIÓN	MONTO TOTAL DE INVERSIÓN		MONTO DE LA BRECHA	
		Monto en soles	Monto en dólares	Monto en soles	Monto en dólares
1	PROYECTOS DE INVERSIÓN E INVERSIONES	8,145,860,303	2,468,442,516	5,822,422,317	1,764,370,399

Nota: Tipo de cambio 3.30 soles por dólar.

3. DISEÑO DE LA ORGANIZACIÓN CON ACTIVOS ESTRATÉGICOS PRIORIZADOS AL AÑO 2050.

(Se establece de acuerdo al tipo de necesidad la prioridad y prelación de cada inversión respecto a otra)

a. **Proyectos de Inversión e Inversiones que contengan Activos Estratégicos prioritarios.**

No	TIPO DE INTERVENCIÓN	CANTIDAD	APÉNDICE
1	PROYECTOS DE INVERSIÓN E INVERSIONES	48	**Apéndice B**

Apéndice B: **Relación de Proyectos de Inversión que contienen Activos Estratégicos priorizados al año 2050 al ANEXO 01** (SERVICIO PÚBLICO RELACIONADO AL ROL ESTRATÉGICO: INDEPENDENCIA, SOBERANÍA E INTEGRIDAD TERRITORIAL).

b. **Dimensionamiento económico de los Proyectos de Inversión e Inversiones, que contiene Activos Priorizados al año 2050.**

No	TIPO DE INTERVENCIÓN	MONTO TOTAL DE LA INVERSIÓN		MONTO DE LA BRECHA	
		Monto en soles	Monto en dólares	Monto en soles	Monto en dólares
1	PROYECTOS DE INVERSIÓN E INVERSIONES	6,284,250,148	2,135,739,582	4,078,510,566	1,235,912,293

4. FASES PARA IMPLEMENTACIÓN DE INVERSIONES PRIORIZADOS AL AÑO 2050.

a. **Objetivo de las Fases.**

Alcanzar el Objetivo y las Acciones Estratégicas del Plan Institucional:

(1) **Objetivo Estratégico (OE) Nº 1:**

Se refiere este objetivo al Objetivo con el que se quiere alcanzar como organización.

(2) **Acción Estratégica (AE) 1.1**

Se refiere al camino de cómo alcanzar el Objetivo Estratégico de un Plan Institucional, como por ejemplo podría ser la de gestionar las inversiones para incrementar las capacidades fundamentales de la organización y que estos puedan ser financiados con recursos de un programa presupuestal.

b. **Fases de Implementación para alcanzar el Objetivo y las Acciones Estratégicas.**

(1) Comprende el dimensionamiento y desarrollo de las Fases relacionadas ya a la implementación de las Inversiones: como por ejemplo se podría establecer unas tres fases para alcanzar el Objetivo y la Acción Estratégicas del Plan Institucional, que por ejemplo se podría haber estructurado de la siguiente manera:

(a) **Primera Fase.**

Comprende el Conjunto de Proyectos de Inversión e Inversiones que se desarrollen entre el periodo del 2021 al 2030.

(b) **Segunda Fase:**

Comprende el Conjunto de Proyectos de Inversión e Inversiones que se desarrollen entre el periodo del 2031 al 2040.

(c) **Tercera fase:**

Comprende el Conjunto de Proyectos de Inversión e Inversiones que se desarrollen entre el periodo del 2041 al 2050.

(2) **Etapas de cada Fase:**

Según corresponda en la situación que se encuentre cada Proyecto de Inversión e Inversión, comprenderá el desarrollo de las siguientes etapas:

(a) **Etapa de Formalización de la Inversión.**

Comprende al conjunto de Proyectos de Inversión e Inversiones (Reposiciones, Optimización, Ampliación Marginal y Rehabilitaciones), concebidas dentro del Diseño de la Fuerza, y que su situación de desarrollo han alcanzado la aprobación del Expediente Técnico o Estudio Definitivo respectivo; cuyas metas que deberán de alcanzar el conjunto de este tipo de Proyecto de Inversión e Inversiones son las siguientes:

1. Inclusión en el Programa Multianual de Inversiones.
2. Formulación del Perfil de Proyecto de Inversión o Informe de Inversión Respectivo.
3. Viabilidad del Proyecto de Inversión o aprobación de la Inversión respectivamente.
4. Formulación del Expediente Técnico o estudio Definitivo según corresponda.
5. Aprobación del Expediente Técnico o estudio Definitivo según corresponda.

(b) **Etapa de Implementación de los Proyectos de Inversión e Inversiones (Ejecución).**

Comprende al conjunto de Proyectos de Inversión e Inversiones (Reposiciones, Optimización, Ampliación Marginal y Rehabilitaciones), concebidas dentro del Diseño de la Fuerza, y que su situación de desarrollo viene a estar considerado con el Expediente Técnico o Estudio Definitivo respectivo aprobado, hasta su implementación de la Inversión. Las metas que deberán de alcanzar el conjunto de este tipo de Proyecto de Inversión e Inversiones son las siguientes:

1. Expediente Técnico o estudio Definitivo según corresponda aprobado.
2. Proceso de contratación que corresponda.
3. Ejecución contractual.

5. **PERTINENCIA DE LAS INVERSIONES**.

a. **Consideraciones:**

En este punto se considera la *Pertinencia de la Inversión* que estén enmarcadas dentro de un Servicio Público determinado, en este caso como por ejemplo del Rol Fundamental: Independencia, Soberanía e Integridad territorial, en la cual ese conjunto de normas legales emitidas por el Estado sean las que sustenten los objetivos del o los Proyecto de Inversión e Inversiones que estarán consideradas dentro del Plan de Inversiones, y de esta manera alcanzar el nivel de capacidades de las organizaciones que se quiere disponer.

b. **Situación actual de la Pertinencia para la implementación de las Inversiones**.

En este punto se establece el marco jurídico existente como Pertinencia, que sustente los objetivos de las Inversiones que sirvan de aplicabilidad para la implementación de Inversiones que presten Servicios Públicos, como dijimos ponemos como ejemplo lo relacionados al Rol Fundamental: Independencia, Soberanía e Integridad territorial:

(1) **La Constitución Política del Perú.**

(a) Artículo 163°.- El Estado garantiza la seguridad de la Nación mediante el Sistema de Defensa Nacional. La Defensa Nacional es integral y permanente. Se desarrolla en los ámbitos interno y externo. Toda persona, natural o jurídica, está obligada a participar en la Defensa Nacional, de conformidad con la ley.

(b) Artículo 164°.- La dirección, la preparación y el ejercicio de la Defensa Nacional se realizan a través de un sistema cuya organización y cuyas funciones determina la ley. El Presidente de la

República dirige el Sistema de Defensa Nacional. La ley determina los alcances y procedimientos de la movilización para los efectos de la defensa nacional.

(c) Artículo 165°.- Las Fuerzas Armadas están constituidas por el Ejército, la Marina de Guerra y la Fuerza Aérea. Tienen como finalidad primordial garantizar la independencia, la soberanía y la integridad territorial de la República. Asumen el control del orden interno de conformidad con el artículo 137º de la Constitución.

(d) Artículo 167°.- El Presidente de la República es el Jefe Supremo de las Fuerzas Armadas y de la Policía Nacional.

(e) Artículo 168°.- Las leyes y los reglamentos respectivos determinan la organización, las funciones, las especialidades, la preparación y el empleo; y norman la disciplina de las Fuerzas Armadas y de la Policía Nacional. Las Fuerzas Armadas organizan sus reservas y disponen de ellas según las necesidades de la Defensa Nacional, de acuerdo a ley.

(f) Artículo 170°.- La ley asigna los fondos destinados a satisfacer los requerimientos logísticos de las Fuerzas Armadas y la Policía Nacional. Tales fondos deben ser dedicados exclusivamente a fines institucionales, bajo el control de la autoridad señalada por la ley.

(2) **Políticas de Estado.**

La Política de Estado visualizada como base para la Implementación de las Inversiones ligadas al Servicio Publico relacionado al Rol Fundamental se sustenta en la **Política de Estado 9: Política de Seguridad Nacional** que corresponde al Objetivo I : Democracia y Estado de Derecho establecido en el Acuerdo Nacional[80], que establece lo siguiente:

[80] *El Acuerdo Nacional es el conjunto de políticas de Estado elaboradas y aprobadas sobre la base del diálogo y del consenso, luego de un proceso de talleres y consultas a nivel nacional, con el fin de definir un rumbo para el desarrollo sostenible del país y afirmar su gobernabilidad democrática. La suscripción del Acuerdo Nacional se llevó a cabo en un acto solemne en Palacio de Gobierno, el 22 de julio de 2002, con la participación del entonces Presidente de la República, Alejandro Toledo, el Presidente del Consejo de Ministros, Roberto Dañino, y los principales representantes de las organizaciones políticas y de la sociedad civil integrantes del AN.*

OBJETIVO I: DEMOCRACIA Y ESTADO DE DERECHO.

Política de Estado 9: Política de Seguridad Nacional.

Se establece el compromiso de mantener una política de Seguridad Nacional que garantice la independencia, soberanía, integridad territorial y la salvaguarda de los intereses nacionales, en la cual consideran que esa es una tarea que involucra a la sociedad en su conjunto, a los organismos de conducción del Estado, en especial a las Fuerzas Armadas, en el marco de la Constitución y las leyes. Por tanto se comprometen a prevenir y afrontar cualquier amenaza externa o interna que ponga en peligro la paz social, la seguridad integral y el bienestar general.

En ese Objetivo se fomenta la participación activa de toda la sociedad en su conjunto, en el logro de objetivos de la política de Seguridad Nacional; garantizará la plena operatividad de las Fuerzas Armadas orientadas a la disuasión, defensa y prevención de conflictos, así como al mantenimiento de la paz; impulsar la enseñanza de los conceptos básicos de la seguridad nacional en todos los niveles del sistema educativo nacional; fomentar la participación activa en la protección de la Antártida, el medio ambiente, el desarrollo de la Amazonía y la integración nacional y la de mantener una estrecha coordinación entre el sistema de Defensa Nacional y la política exterior para la definición y defensa de los intereses permanentes del Estado.

(3) **Conclusiones y recomendaciones respecto a la Pertinencia.**

Para el desarrollo de este Servicio Publico relacionado al ROL ESTRATÉGICO INDEPENDENCIA, SOBERANÍA E INTEGRIDAD TERRITORIAL), para la implementación de Activos no Financieros (Inversiones) se dispone de marco legal establecido.

6. FINALIDAD DE LAS INVERSIONES

a. Consideraciones:

En este punto se establece las consideraciones de que las inversión que formen parte del Plan de Inversiones, deben estar sustentados en una Finalidad, que se constituirá en las bases y justificaciones por las cuales se tenga que implementar una intervención (Inversiones) para prestar un

"Servicio" y dar de esta manera solución a una demanda que esté relacionada a cualquiera de los Rol Estratégico.

b. Establecer en este párrafo las Políticas Públicas que sustentan el Servicio Público, como por ejemplo para el ROL FUNDAMENTAL: Independencia, soberanía e Integridad Territorial, tenemos los siguientes:
   (1) Ley No 29158.- Ley Orgánica del Poder Ejecutivo
   (2) Decreto Legislativo Nº 1129.- Norma que regula el Sistema de Defensa Nacional.
   (3) Ley Nº 28455.- Ley del Fondo de Defensa para las Fuerzas Armadas y Policía Nacional.
   (4) DL No 1134 Ley de la Organización y Funciones del Ministerio de Defensa.
   (5) Decreto Supremo Nº 012-2017-DE. Norma que aprueba la Política de Seguridad y Defensa nacional.

c. En este párrafo desarrollar las consideraciones de o los Programas Presupuestales con la que materializan las Políticas Públicas que sustentan el Servicio Público que corresponda, por ejemplo dentro del ROL ESTRATÉGICO: Independencia, soberanía e Integridad Territorial, desarrollar lo relacionado al Programa Presupuestal 0135.

d. En este párrafo establecer las conclusiones y recomendaciones, que se relacionen a lo siguiente:
   (1) Determinar la existencia de normas legales que sustentan en todo su contexto el uso de recursos para asignar al Servicio Público que tenga que cumplir.
   (2) Especificar de manera detalla la norma legal que sustenta la Política Publica del Rol Fundamental , como por ejemplo para el ROL I, tenemos al Decreto Supremo Nº 012-2017-DE. Norma que aprueba la Política de Seguridad y Defensa nacional, ordenamiento que sustenta la Finalidad de las inversiones, que a pesar de tener un espíritu multisectorial en la actualidad no se ve materializa en Programas Presupuestales adscritos a esta Política Pública. Como recomendación hace necesario conformar un comité técnico conjunto integrado por el MINDEF, la Fuerza Aérea y Marina de Guerra, a fin de incluir dentro de las tipologías de las

inversiones los aspectos multisectoriales dentro del programa presupuestal 135 relacionado a las siguientes aspectos:

(a) Protección de la Amazonía, presencia en la Antártida y combate a la minería ilegal
(b) Capacidad para combatir el tráfico ilícito de drogas y delitos conexos.
(c) Capacidad para combatir la corrupción.
(d) Capacidad para efectivizar la modernización de la gestión pública.
(e) Cultura de Seguridad Nacional y de Identidad nacional en los ciudadanos.
(f) Capacidad para enfrentar la inseguridad ciudadana.
(g) Capacidad de gestión de riesgo de desastres.
(h) Infraestructura para enfrentar ataques a los sistemas de información: Ciberseguridad.
(i) Capacidad para desacelerar el deterioro del ambiente
(j) Capacidad para el desarrollo de tecnologías
(k) Capacidad para la gestión del territorio
(l) Capacidad para combatir la pobreza y desigualdad social.
(m) Capacidad para el manejo de los conflictos sociales.

7. DIAGNÓSTICO DE LAS FUENTES DE FINANCIAMIENTO.

a. Grupo Genérico de Ingresos:

En este párrafo luego de un estudio y análisis establecer cuáles podrían ser las fuentes de Ingresos económicos potenciales que se deberían de gestionar, para poder financiar la implementación de las Inversiones destinadas al Servicio Publico que se quiere implementar, como por ejemplo el relacionado al Rol Estratégico: Independencia, soberanía e Integridad Territorial, sería entre otros como por ejemplo los siguientes:

(1) Impuestos y contribuciones obligatorias, provenientes en especial de las regalías generadas por la explotación del Gas de Camisea.
(2) Endeudamiento.

FIGURA: *Grupo Genérico de Ingreso*

b. **Las Fuentes de Financiamiento.**

En este párrafo desarrollar de manera detallada cuales serían las Fuentes de Financiamiento que sustentaran las inversiones, como por ejemplo para el primer Rol podríamos establecer como las siguientes:

(1) Recursos Determinados (RD).

(2) Recursos por Operaciones Oficiales de Crédito (ROOC).

(Luego de que se establezca, cuáles podrían ser las fuentes de financiamiento, se deberá desarrollar por cada una de ellas como sería la obtención de esos recursos económicos).

c. **Recursos Determinados (RD).** (Por ejemplo tomamos como para el Rol Fundamental Independencia, soberanía e Integridad Territorial)**:**

(1) **Como por ejemplo el análisis de las consideraciones de uso de esos recursos podrían ser:**

(a) Los recursos de esta fuente de financiamiento provendrán de las regalías generadas de la explotación del gas de Camisea; según lo establecido en la Ley del Fondo de Defensa de las Fuerzas Armadas y Policía Nacional.

(b) Por constituirse recursos que tienen carácter intangible, permanente y exclusivo, constituyéndose como Fondos de Núcleo Duro por tener características de Política de Estado, por tanto para la planificación estratégica de la satisfacción de brechas con esta fuente tendrá los siguientes parámetros:

1. Financiaran el 90 % de las inversiones que prestarán el Servicio Público que corresponde al ROL ESTRATÉGICO: Independencia, soberanía e Integridad Territorial.
2. La planificación y uso de los recursos estarán sustentados en base a las recaudaciones futuras al año 2050, no adoptando ningún tipo de operaciones de endeudamiento con cargo a estos recursos.

(c) Fuentes para obtener recursos financieros:
Se considerarán el establecimiento de dos fuentes de recursos de ingresos, para poder financiar las inversiones correspondientes a este Servicio Publico:

1. Primera fuente de ingresos: Usos de las regalías provenientes de la explotación de los pozos 56 y 88 del Gas de Camisea al año 2050.
2. Segunda fuente de ingresos: Recursos provenientes de otros lotes de la explotación del Gas de Camisea al año 2050.

(2) **Primera fuente de ingresos:** Usos de las regalías provenientes de la explotación de los pozos 56 y 88 del Gas de Camisea al año 2050.

(a) Esta primera fuente de ingresos, se encuentra sustentada en el Artículo 2 de la Ley Nº 28455 que crea el Fondo de Defensa para las Fuerzas Armadas y la PNP, que en sus literales "b" y "c" establecen el 30% y 40% como regalías por la explotación de los lotes 56 y 88 del Gas de Camisea, respectivamente.

(b) Los recursos estarían gravadas sobre las **Reservas Probadas[81] y Probables[82],** que corresponden a la explotación de los lotes 57 y 58.

[81] ***Reservas probadas****. S*on aquellas cantidades de petróleo y gas natural, las cuales mediante análisis de datos de geociencia y de ingeniería, pueden estimarse con certeza razonable a ser recuperables comercialmente, desde una fecha dada en adelante, de yacimientos conocidos y bajo condiciones económicas, método de operación y reglamentación gubernamental definidas. Del mismo modo, si se usan los métodos probabilísticos, debería haber por lo menos 90% de probabilidad de que las cantidades realmente recuperadas igualarán o excederán las estimaciones.

[82] ***Reservas Probables****. S*on aquellas reservas adicionales en las cuales el análisis de datos de geociencia y de ingeniería indican que son menos probables de ser recuperadas comparadas con las reservas probadas, pero más cierto de recuperarse que las Reservas Posibles; asimismo, cuando utilizan métodos probabilistas, debería existir por lo menos una probabilidad del 50% de que las cantidades reales recuperadas igualarán o excederán la estimación de 2P.

Recaudadas al año 2050, tomando como referencia los conceptos establecidos en la SPE/WPC/AAPG/SPEE "SPE – PRMS 2009 (Petroleum Resources Management System) y que también son considerados en el "LIBRO ANUAL DE RECURSOS DE HIDROCARBUROS" al 31 de diciembre del 2016, libro que es emitido cada año por la Dirección General de hidrocarburos del Ministerio de Energía y Minas:

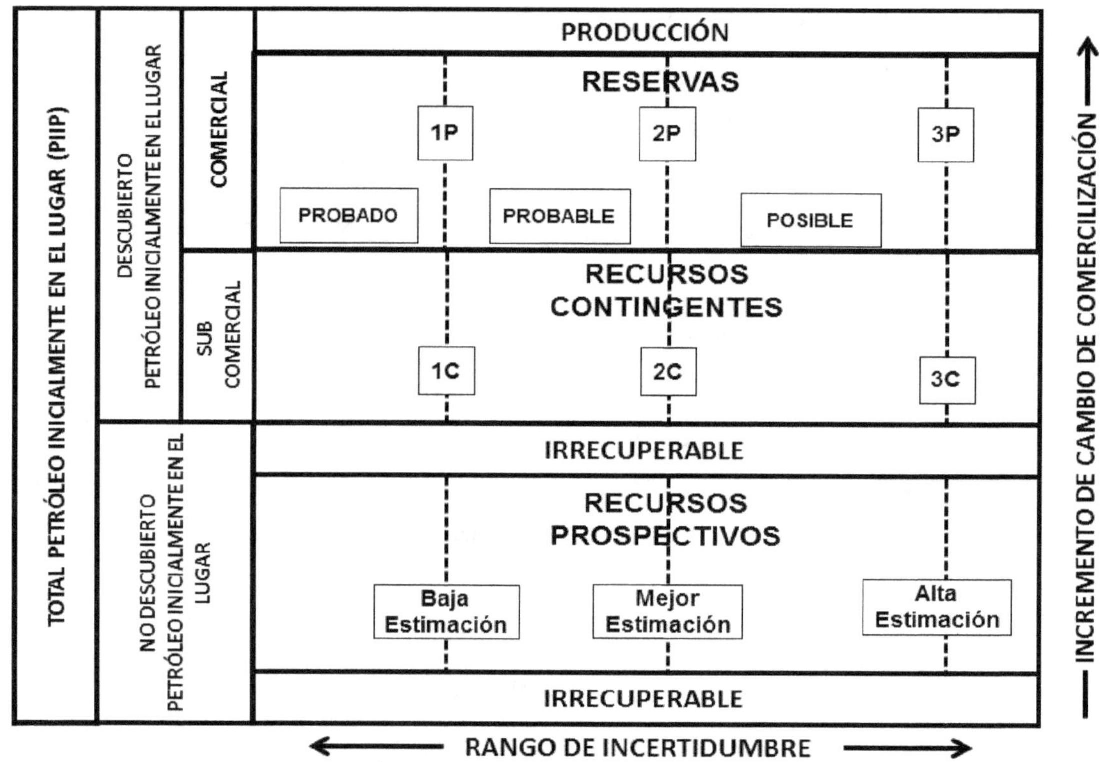

FIGURA: *Marco de clasificación de recursos y reservas*[83]

(c) Los estimados de recursos económicos provenientes de la explotación de los lotes 56 y 88 del gas de Camisea estarán orientadas en un escenario Moderado, de los otros escenarios que se constituyen el Optimo y el Conservador, justificación que se realiza porque estos recursos económicos provendrían de reservas que están desarrolladas (Probadas) y de las Reservas más las

[83] *Fuente: SPE/WPC/AAPG/SPEE "SPE – PRMS 2009 (Petroleum Resources Management System).*

reservas probables que en realidad representan las reservas probadas no desarrolladas, porque estas reservas se encuentran en pleno uso de explotación en base a contratos otorgados por el Estado del Perú y el escenario moderado corresponde a los precio del mercado con las cuales se está comercializado el gas natural y los líquidos de gas.

ESCENARIO	VOLUMEN	PRECIOS
Conservador	• Desarrolla las reservas probadas desarrolladas • No hay inversión	-10% del precio de referencia
Moderado	• Desarrollará las reservas desarrolladas más las reservas probadas no desarrolladas • Existe inversión en comprensión	Precio de referencia
Optimista	• Desarrollará las reservas probadas y reservas desarrolladas posibles • Inversión en comprensión y otros	+ 10% del precio de referencia

(d) En base a estas prerrogativas el nivel de Ingresos al año 2050 en el escenario moderado se indica en el cuadro siguiente:

REGALÍAS ESTIMADAS EN DÓLARES	PROBADAS	PROBABLES	TOTAL
LOTE 56 GAS NATURAL	642,942,306	223,392,368	866,334,674
LOTE 56 LÍQUIDOS DE GAS NATURAL	216,631,762	82,220,266	298,852,028
LOTE 88 GAS NATURAL	2,964,632,718	84,202,441	3,048,835,159
LOTE 88 LÍQUIDOS DE GAS NATURAL	755,643,703	22,415,554	778,059,257
TOTAL DE REGALÍAS	4,579,850,489	412,230,629	4,992,081,118
TERCERA PARTE	1,526,616,829	137,410,209	1,664,027,039

(e) El monto estimado en dólares indicado en el cuadro anterior se estima que las recaudaciones anuales entre el periodo 2021 al 2038, en un escenario Moderado, las regalías que se generarían sería del orden de los US$ 2,551,419,005, en consecuencia, para el planeamiento a nivel Ejército tomamos como referencia el tercio de las recaudaciones, según se muestran en el siguiente cuadro:

No	AÑO	INGRESO	SALDO ACUMULADO TOTAL	TERCIO DE LAS REGALÍAS	ACUMULADO DEL TERCIO	FASES	MONTO POR FASE
1	AL 2020	57,370,000	57,370,000	19,123,333	19,123,333	FASE 1	166,476,667
2	2021	7,080,000	64,450,000	2,360,000	21,483,333		
3	2022-23	11,230,000	75,680,000	3,743,333	25,226,667		
4	2024-25	88,500,000	164,180,000	29,500,000	54,726,667		
5	2026-27	108,000,000	272,180,000	36,000,000	90,726,667		
6	2028-29	112,500,000	384,680,000	37,500,000	128,226,667		
7	2030	114,750,000	499,430,000	38,250,000	166,476,667		
8	2031	115,500,000	614,930,000	38,500,000	204,976,667	FASE 2	287,817,700
9	2032	121,500,000	736,430,000	40,500,000	245,476,667		
10	2033-34	141,750,000	878,180,000	47,250,000	292,726,667		
11	2035-36	152,250,000	1,030,430,000	50,750,000	343,476,667		
12	2037-38	161,385,000	1,191,815,000	53,795,000	397,271,667		
13	2039-40	171,068,100	1,362,883,100	57,022,700	454,294,367		
14	2041	181,332,186	1,544,215,286	60,444,062	514,738,429	FASE 3	396,178,635
15	2042	192,212,117	1,736,427,403	64,070,706	578,809,134		
16	2043-44	203,744,844	1,940,172,247	67,914,948	646,724,082		
17	2045-46	203,746,882	2,143,919,129	67,915,627	714,639,710		
18	2047-48	203,748,919	2,347,668,048	67,916,306	782,556,016		
19	2049-50	203,750,957	2,551,419,005	67,916,986	850,473,002		
TOTAL AL 2050		2,551,419,005	2,551,419,005	850,473,002	850,473,002	US$	850,473,002

(f) Acciones por adoptar:

1. Gestionar las Actas de Aprobación del Uso de los recursos ante el Comité de Administración del Fondo de Defensa para las

Fuerzas Armadas en función de las Fases; para financiar las siguientes inversiones al año 2050:

TIPO DE INVERSIÓN	CÓDIGO	MONTO
Proyecto de Inversión 1	2459685	$ 60,000,000
Inversión de reposición	2459686	$27,000,000
....		
....		
TOTAL		$ 87,000,000

2. La planificación y uso de los recursos deberán ser en base a las recaudaciones futuras, en este sentido adoptar por las siguientes acciones:
   a. Gestión de autorización para la formulación de los Expedientes Técnicos/ Estudios Definitivos en base a las Actas de Aprobación del Comité de Administración del Fondo de Defensa para las Fuerzas Armadas y Policía Nacional.
   b. Gestión de autorización de emisión de constancias de previsión de recursos que permitan la convocatoria de procesos de contrataciones, sustentado en los montos determinados en las Actas del Comité de Administración del Fondo de Defensa para las Fuerzas Armadas y Policía Nacional.

(3) **Segunda fuente de recursos:** Recursos provenientes de otros lotes de la explotación del Gas de Camisea al año 2040.

(a) Esta segunda forma de ingresos, se encuentra sustentada en el "literal e" del Artículo 2 de la Ley Nº 28455 que crea el Fondo de Defensa para las Fuerzas Armadas y la PNP, que establecen otros recursos que establezca el Poder Ejecutivo.

(b) Los recursos estarían gravadas sobre las **Reservas Probadas y Probables,** que corresponden a la explotación a otros lotes tomadas al año 2050.

(c) Los estimados de recursos económicos provenientes de la explotación de otros lotes del gas de Camisea estarán orientadas al escenario Moderado porque este considera que se desarrolla sobre las reservas desarrolladas (Probadas) más las reservas Probables lo que representa en realidad a las reservas probadas no desarrolladas, porque en ese escenario se maneja los precio de referencia los que se maneja en el venta en el mercado, que al año 2050 alcanzaría el monto que se indica a continuación:

TIPO DE HIDROCARBUROS	MONTO ESTIMADO
GAS NATURAL DE OTROS LOTES	1,489,897,321
LÍQUIDOS DE GAS NATURAL DE OTROS LOTES	351,510,406
TOTAL EN DÓLARES	1,841,407,727

(d) En base a estas prerrogativas el nivel de Ingresos en el escenario Moderado al año 2050, es del orden que se indica en el siguiente cuadro:

No	AÑO	INGRESO TOTAL	TERCIO DE LAS REGALÍAS	ACUMULADO DEL TERCIO
1	2031 al 2032	94,313,014	31,437,671	31,437,671
2	2033 al 2034	95,983,648	31,994,549	63,432,221
3	2035 al 2036	95,428,485	31,809,495	95,241,716
4	2037 al 2038	98,682,769	32,894,256	128,135,972
5	2039 al 2040	97,346,597	32,448,866	160,584,838
6	2041 al 2043	98,320,063	32,773,354	193,358,192
7	2044 al 2047	99,303,264	33,101,088	226,459,280
8	2048 al 2050	100,296,296	33,432,099	259,891,379
TOTAL EN $		779,674,137	259,891,379	259,891,379

(e) Acciones por adoptar.

1. Necesidad de la promulgación de una norma legislativa en base a lo establecido en el "literal e" del Artículo 2 de la Ley Nº 28455 que crea el Fondo de Defensa para las Fuerzas Armadas y la PNP, que establecen la posibilidad que el Poder Ejecutivo puede asignar otros recursos.
2. Se requiere un trabajo conjunto con la MGP, FAP, CCFFAA y MINDEF para la formulación de los informes técnicos, económicos y así como el desarrollo de la exposición de motivos que sustenten la necesidad que la incorporación de estos recursos para el Fondo de Defensa.
3. Demostrar que los recursos asignados con las regalías del Lote 56 y 88 son insuficientes al año 2050 y en adelante para cumplir el Servicio Publico que corresponde al ROL ESTRATÉGICO: Independencia, soberanía e Integridad Territorial.

d. **Recursos de Operaciones Oficiales de Crédito (ROOC).** (Por ejemplo tomamos como para el Rol Fundamental Independencia, soberanía e Integridad Territorial):

(1) Esta Fuente de Financiamiento se constituirá como fuente complementaria para cubrir el financiamiento de los Proyectos de Inversión e inversiones necesarios para cubrir las brechas que no fueron consideradas con los recursos provenientes del Fondo de Defensa de la explotación de los lotes 56 y 88; del mismo modo, en el caso que no se aprobará la Acción Estratégica 2 que contempla de incrementar recursos de las regalías que serían generadas por la explotación del gas de otros pozos de Camisea, esos Proyectos de Inversión e Inversiones serían solicitados sus recursos mediante la gestionado por este tipo de Fuente de Financiamiento.

(2) Los fondos de esta Fuente estarán destinados a financiar Proyectos de Inversión e Inversiones de la Fase 2 (2031-2040) y la Fase 3 (2041-2050), que comprenderá la gestión de dos operaciones de endeudamiento tramitados el primero en la Fase 1 y el segundo tramitado en la Fase 3 respectivamente.

(3) El rango estimado de gestión de los dos endeudamientos que se gestionarán corresponderá entre el rango del 10% al 15% como máximo del monto estimado de las recaudaciones de los recursos disponibles al año 2050 de la explotación de los lotes 56 y 88 del gas de Camisea. Asimismo, en el caso de que la gestión no surta efecto esta deberá seguir el trámite por la fuente de financiamiento de Recursos Ordinarios y/o de Recursos Directamente Recaudados.

(4) El periodo de gestión estará sujeta a lo establecida en la siguiente figura

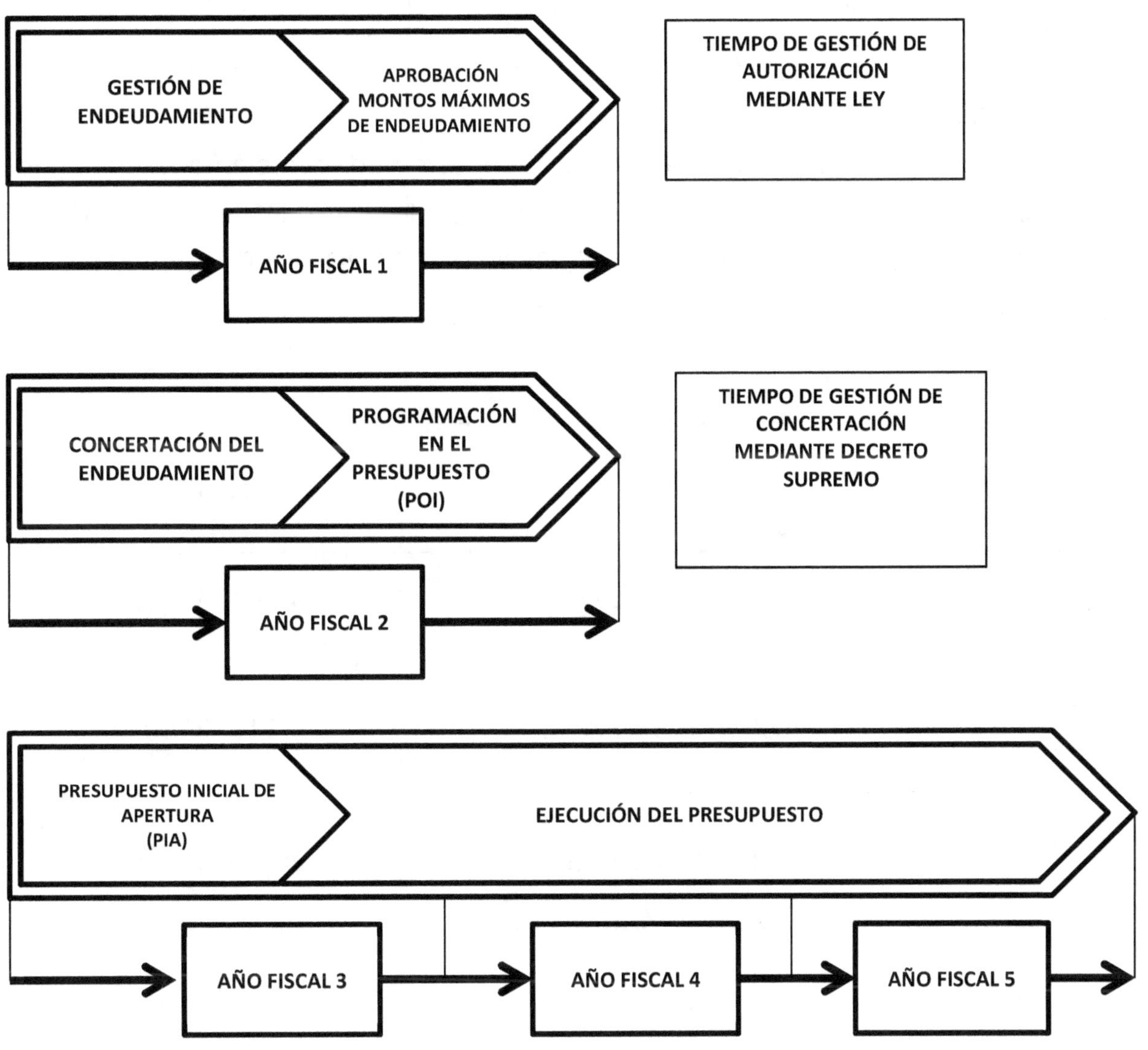

(5) El monto de gestiones como techos máximos serán los siguientes:

FASE	MONTO EN SOLES	MONTO EN DÓLARES
FASE 1 (2021-2030)	147,738,303	44,769,182.73
FASE 2 (2031-2040)	266,569,906	80,778,759.39
TOTAL	414,308,209	125,547,942.12

8. FASES DE EJECUCIÓN

El desarrollo de la implementación de los Proyectos de Inversión e Inversiones que corresponde al Servicio Público relacionado al ROL ESTRATÉGICO: INDEPENDENCIA, SOBERANÍA E INTEGRIDAD TERRITORIAL serán ejecutada en tres Fases:

Nº	FASE	PERÍODO
1	PRIMERA FASE	2021 – 2030
2	SEGUNDA FASE	2031 -2040
3	TERCERA FASE	2041 – 2050
TOTAL	TRES FASE	50 AÑOS

9. EJES DE DESARROLLO ESTRATÉGICO.

a. Una "Acción *Directrices Estratégica"* (ADE) o también denominado *"Eje de Desarrollo Estratégico"* (EDE) se constituirá en la vía por donde discurre la pertinencia, la finalidad, la materialización y la implementación de cada uno de los Proyectos de Inversión e Inversión, que responden a los mismos principios, normas, finalidades y procedimientos, desarrollados para alcanzar el Servicio Público relacionado al **ROL ESTRATÉGICO: INDEPENDENCIA, SOBERANÍA E INTEGRIDAD TERRITORIAL** y financiados a través del Programa Presupuestal 0135 **MEJORA DE LAS CAPACIDADES MILITARES PARA LA DEFENSA Y EL DESARROLLO NACIONAL.**

b. El Eje de Desarrollo Estratégico 1 será ejecutado a través del desarrollo de tres Acciones Estratégicas que se indican a continuación:

(1) **ACCIÓN ESTRATÉGICA 1**.
Implementación de Inversiones con Recursos provenientes del Fondo de Defensa de los Lotes 56 y 88 al año 2050.

(2) **ACCIÓN ESTRATÉGICA 2**.
Implementación de Inversiones con recursos provenientes de otros pozos de gas.

(3) **ACCIÓN ESTRATÉGICA 3**.
Implementación de Inversiones con recursos provenientes de Operaciones de Endeudamiento.

SERVICIO PÚBLICO ROL ESTRATÉGICO: INDEPENDENCIA, SOBERANÍA E INTEGRIDAD TERRITORIAL PP-135 MEJORA DE LAS CAPACIDADES MILITARES PARA LA DEFENSA Y EL DESARROLLO NACIONAL						
PLANEAMIENTO	ACCIÓN ESTRATÉGICA 1		ACCIÓN ESTRATÉGICA 2		ACCIÓN ESTRATÉGICA 3	
	Implementación de Inversiones con Recursos provenientes del Fondo de Defensa de los Lotes 56 y 88 al año 2038.	2021 - 2030	Implementación de Inversiones con recursos provenientes de otros pozos de gas.	2021 - 2030	Implementación de Inversiones con recursos provenientes de Operaciones de Endeudamiento	
		2031 - 2040		2031 - 2040		
		2041 - 2050		2041 - 2050		

10. IMPLEMENTACIÓN DE LOS CURSOS DE ACCIÓN.

a. Acción Estratégica 1.

Implementación de Inversiones con Recursos provenientes del Fondo de Defensa de los Lotes 56 y 88 al año 2050.

(1) **Objetivos 1 de la Acción Estratégica 1.**

Objetivo 1

Implementar el conjunto de Proyectos de Inversión e Inversiones financiadas con los recursos del fondo de defensa de la regalías provenientes del lote 56 y 88 al año 2050.

(a) **Metas 1 del Objetivo 1.**
Alcanzar la formalización de las Inversiones establecidas en la Fase 1 (2021-2030).

(b) **Meta 2 del Objetivo 1.**
Implementación de las Inversiones establecidas en la Fase 1 (2021-2030).

(c) **Meta 3 del Objetivo 1**.
Alcanzar la formalización de las Inversiones establecidas en la Fase 2 (2031-2040).

(d) **Meta 4 del Objetivo 1**.
Implementación de las Inversiones establecidas en la Fase 2 (2031-2040).

(e) **Meta 5 del Objetivo 1**.
Alcanzar la formalización de las Inversiones establecidas en la Fase 3 (2041-2050).

(f) **Meta 6 del Objetivo 1**.
Implementación de las Inversiones establecidas en la Fase 3 (2041-2050).

(2) **Objetivo 2 del Acción Estratégica 1.**

Objetivo 2.

Alcanzar los recursos para el financiamiento de los Proyectos de Inversión e Inversiones que corresponden a la Segunda y Tercera Fase a través de la aprobación de las Actas de Aprobación del Comité de Administración, respectivamente.

(a) **Meta 1 del Objetivo 2.**
Financiamiento de la Segunda Fase (2031-2040)

(b) **Meta 2 del Objetivo 2.**
Financiamiento de la tercera Fase (2041-2040).

ACCIÓN ESTRATÉGICA 1
IMPLEMENTACIÓN DE INVERSIONES CON RECURSOS PROVENIENTES DEL FONDO DE DEFENSA DE LOS LOTES 56 Y 88 AL AÑO 2038

OBJETIVOS	FASE 1	FASE 2	FASE 3
OBJETIVO 1 Implementar el conjunto de Proyectos de Inversión e Inversiones financiadas con los recursos del fondo de defensa de la regalías provenientes del lote 56 y 88 al año 2038.	**Meta 1.** Alcanzar la formalización de las Inversiones establecidas en la Fase 1 (2021-2026). **Meta 2.** Implementación de las Inversiones establecidas en la Fase 1 (2027-2032).	**Meta 1.** Alcanzar la formalización de las Inversiones establecidas en la Fase 2 (2027-2032). **Meta 2.** Implementación de las Inversiones establecidas en la Fase 1 (2027-2032).	**Meta 1.** Alcanzar la formalización de las Inversiones establecidas en la Fase 3 (2032-2038). **Meta 2.** Implementación de las Inversiones establecidas en la Fase 3 (2032-2038).
OBJETIVO 2 Alcanzar los recursos para el financiamiento de los Proyectos de Inversión e Inversiones que corresponden a la Segunda y Tercera Fase a través de la aprobación de las Actas de Aprobación del Comité de Administración, respectivamente.	Meta 1: Financiamiento de la Segunda Fase (2027-2032)	Meta 2: Financiamiento de la Segunda Fase (2032-2038)	
ETAPAS ⇨	**Formalización de la Inversión** **Implementación de las Inversiones**	**Formalización de la Inversión** **Implementación de las Inversiones**	**Formalización de la Inversión** **Implementación de las Inversiones**

(3) **Plazos y cronograma de implementación de la Acción Estrategica.**

(a) Plazos y cronograma del conjunto de Proyectos de Inversión e Inversiones financiadas con los recursos del Fondo de Defensa de la regalías provenientes del lote 56 y 88 al año 2050.

Apéndice I Cronograma de ejecución y año fiscal de desembolso de recursos financieros con cargo al Fondo de Defensa de las Fuerzas Armadas al Anexo 01(SERVICIO PÚBLICO RELACIONADO AL ROL ESTRATÉGICO: INDEPENDENCIA, SOBERANÍA E INTEGRIDAD TERRITORIAL).

(b) Plazos y cronograma de actividades para al alcanzar los recursos para el financiamiento de los Proyectos de Inversión e Inversiones que corresponden a la Segunda y Tercera Fase respectivamente.

Apéndice J Cronograma de ejecución Anexo 01(SERVICIO PÚBLICO RELACIONADO AL ROL ESTRATÉGICO: INDEPENDENCIA, SOBERANÍA E INTEGRIDAD TERRITORIAL).

(4) Acciones y responsabilidades para alcanzar las metas y Objetivos de la Acción Estratégica 1.

(a) **Primera Fase.**

1. Calidad en la Gestión relacionada en la Formalización de la Inversión dentro de los Plazos establecidos.

2. Calidad en la Gestión Relacionada en la Implementación de las Inversiones.

3. Gestión de los recursos necesarios para la implementación de las Inversiones consideradas en la Fase 2 (2031-2040), la misma que concluya en la aprobación del Acta de Aprobación emitida por el Comité de Administración del Fondo.

(b) **Segunda Fase**

1. Calidad en la Gestión relacionada en la Formalización de la Inversión dentro de los Plazos establecidos.

2. Calidad en la Gestión relacionada en la Implementación de las Inversiones.

3. Gestión de los recursos necesarios para la implementación de las Inversiones consideradas en la Fase 3 (2041-2050), la misma que concluya en la aprobación del Acta de Aprobación emitida por el Comité de Administración del Fondo.

(c) **Tercera Fase.**

1. Calidad en la Gestión relacionada en la Formalización de la Inversión dentro de los Plazos establecidos.

2. Calidad en la Gestión relacionada en la Implementación de las Inversiones.

b. **ACCIÓN ESTRATÉGICA 2.** IMPLEMENTACIÓN DE INVERSIONES CON RECURSOS PROVENIENTES DE OTROS POZOS DE GAS.

(1) **Objetivos y metas de la Acción Estratégica 2.**

(a) **Objetivos 1 de la Acción Estratégica 2.**

Objetivo 1

Alcanzar la aprobación del marco legal que permita la incorporación de otros recursos provenientes de la explotación de otros pozos del gas de Camisa, para el financiamiento de los Proyectos de Inversión e Inversiones.

1. **Meta 1 del Objetivo 1**.

Preparación de la Iniciativa Legislativa conjuntamente con la Marina de Guerra del Perú, Fuerzas Aérea, CCFFAA y MINDEF que permita la incorporación de recursos de las regalías de la explotación del gas de otros pozos de Camisea.

2. **Meta 2 del Objetivo 1.**

Aprobación de la norma legal que permita la incorporación de regalías de la explotación de otros pozos.

(b) **Objetivo 2 de la Acción Estratégica 2.**

Objetivo 2

Alcanzar los recursos para el financiamiento de aquellos Proyectos de Inversión e Inversiones que corresponden a la Tercera Fase de implementación del Plan a través de la aprobación del Acta de Aprobación del Comité de Administración del Fondo de Defensa.

Meta 1 del Objetivo 2.

Alcanzar el financiamiento de los Proyectos de Inversión y de las Inversiones consideradas en la Tercera Fase (2041 - 2050)

(c) **Objetivos 3 de la Acción Estratégica 2.**

Objetivo 3

Implementar el conjunto de Proyectos de Inversión e Inversiones financiadas con los recursos del Fondo de Defensa que provienen de la regalías de otros Lotes del año 2041 al 2050.

1. **Metas 1 del Objetivo 3.**

   Alcanzar la formalización de los Proyectos de Inversión e Inversiones consideradas en la Fase 3 (2041-2050), con estos recursos de financiamiento.

2. **Meta 2 del Objetivo 3.**

   Implementación de los Proyectos de Inversión e Inversiones consideradas en la Fase 3 (2041-2050), con estos recursos de financiamiento.

ACCIÓN ESTRATÉGICA 2 IMPLEMENTACIÓN DE INVERSIONES CON RECURSOS PROVENIENTES DE OTROS POZOS DE GAS				
OBJETIVOS	**FASE 1**	**FASE 2**	**FASE 3**	
OBJETIVO 1 Alcanzar la aprobación del marco legal que permita la incorporación de otros recursos provenientes de la explotación de otros pozos del gas de Camisa, para el financiamiento de los Proyectos de Inversión e Inversiones.	**Meta 1.** Preparación de la Iniciativa Legislativa conjuntamente con la Marina de Guerra del Perú, Fuerzas Aérea, CCFFAA y MINDEF que permita la incorporación de recursos de las regalías de la explotación del gas de otros pozos de Camisea. en la Fase 1 (2021-2030). **Meta 2.** Aprobación de la norma legal que permita la incorporación de regalías de la explotación de otros pozos en la Fase 1 (2021-2026)			
OBJETIVO 2 Alcanzar los recursos para el financiamiento de los Proyectos de Inversión e Inversiones que corresponden a la Segunda y Tercera Fase a través de la aprobación de las Actas de Aprobación del Comité de Administración.		**Meta 1**: Financiamiento de la Segunda Fase (2031-2040)		
OBJETIVO 3 Implementar el conjunto de Proyectos de Inversión e Inversiones financiadas con los recursos del Fondo de Defensa que provienen de la regalías de otros Lotes del año 2041 al 2050.			**Meta 1.** Alcanzar la formalización de las Inversiones establecidas en la Fase 3 (2041-2050). **Meta 2.** Implementación de las Inversiones establecidas en la Fase 3 (2041-2050).	
ETAPAS ⇨			**Formalización de la Inversión**	**Implementación de los Proyectos de Inversión e Inversiones**

(2) **Plazos y cronograma de implementación de la Acción Estratégica 2.**

(a) Plazos y cronograma del conjunto de Proyectos de Inversión e Inversiones financiadas con los recursos del Fondo de Defensa de la regalías provenientes del lote 56 y 88 al año 2050

Apéndice I Cronograma de ejecución y año fiscal de desembolso de recursos financieros con cargo al Fondo de Defensa de las Fuerzas Armadas al Anexo 01(SERVICIO PÚBLICO RELACIONADO AL ROL ESTRATÉGICO: INDEPENDENCIA, SOBERANÍA E INTEGRIDAD TERRITORIAL).

(b) Plazos y cronograma de actividades para al alcanzar los recursos para el financiamiento de los Proyectos de Inversión e Inversiones que corresponden a la Segunda y Tercera Fase respectivamente.

Apéndice J Cronograma de ejecución de actividades para gestionar los recursos financieros con cargo al Fondo de Defensa de las Fuerzas Armadas al Anexo 01(SERVICIO PÚBLICO RELACIONADO AL ROL ESTRATÉGICO: INDEPENDENCIA, SOBERANÍA E INTEGRIDAD TERRITORIAL).

(3) Acciones y responsabilidades para alcanzar las metas y Objetivos de la Acción Estratégica 2.

(a) **Primera Fase.**

1. Calidad en la Gestión relacionada en la Formalización de la Inversión dentro de los Plazos establecidos.
2. Calidad en la Gestión Relacionada en la Implementación de las Inversiones.
3. Gestión de los recursos necesarios para la implementación de las Inversiones consideradas en la Fase 2 (2031-2040), la misma que concluya en la aprobación del Acta de Aprobación emitida por el Comité de Administración del Fondo.

(b) **Segunda Fase**

1. Calidad en la Gestión relacionada en la Formalización de la Inversión dentro de los Plazos establecidos.
2. Calidad en la Gestión relacionada en la Implementación de las Inversiones.

3. Gestión de los recursos necesarios para la implementación de las Inversiones consideradas en la Fase 3 (2041-2050), la misma que concluya en la aprobación del Acta de Aprobación emitida por el Comité de Administración del Fondo.

(c) **Tercera Fase.**

1. Calidad en la Gestión relacionada en la Formalización de la Inversión dentro de los Plazos establecidos.
2. Calidad en la Gestión relacionada en la Implementación de las Inversiones.

c. **ACCIÓN ESTRATÉGICA 3.** Implementación de Inversiones con recursos provenientes de Operaciones de Endeudamiento.

En esta parte se desarrolla los lineamientos similares a las dos Acciones Estratégicas expuestas anteriormente, pero respecto a la gestión de la fuente de financiamiento de Recursos Oficiales de Operaciones de Crédito.

11. ACCIONES FINALES Y RECOMENDACIONES.

En este aspecto se considera las responsabilidades de las diferentes dependencias y funcionarios y de todas las acciones que puedan mejorar y optimizar la gestión y desarrollo del Eje de Desarrollo Estratégico.

Apéndice A: Relación de Proyectos de Inversión e Inversiones al ANEXO 01 (SERVICIO PÚBLICO RELACIONADO AL ROL ESTRATÉGICO: INDEPENDENCIA, SOBERANÍA E INTEGRIDAD TERRITORIAL).

No	TIPO DE INVERSIÓN	DESCRIPCIÓN	CÓDIGO	MONTO PI	MONTO EJECUTADO	MONTO DE LA BRECHA	
						SOLES	DÓLARES
1	REPOSICIÓN	Inversión 1	2459675	306,002,085	0.00	306,002,085	92,727,905
2	REPOSICIÓN	Inversión 1	2459685	81,600,556	0.00	81,600,556.12	24,727,441
3	REPOSICIÓN	Inversión 1	2459686	96,870,900	0.00	96,870,900.00	29,354,818
4	PROYECTO DE INVERSIÓN	Inversión 1	2467727	64,836,842	0.00	64,836,842.15	19,647,527
5	PROYECTO DE INVERSIÓN	Inversión 1	2171117	744,854,750	120,332,962	624,521,788.00	189,249,026
6	REPOSICIÓN	Inversión 1	40848	4,500,000	0	4,500,000.00	1,363,636
7	REPOSICIÓN	Inversión 1	2459884	306,002,085	0.00	306,002,085.44	92,727,905
8	REPOSICIÓN	Inversión 1	2445817	123,020,276	0.00	123,020,276	37,278,871
9	REPOSICIÓN	Inversión 1		207,640,000	0.00	207,640,000	62,921,212
10	REPOSICIÓN	Inversión 1		107,400,000	0.00	107,400,000	32,545,455
11	REPOSICIÓN	Inversión 1		114,560,000	0.00	114,560,000.00	34,715,152
21	PROYECTO DE INVERSIÓN	Inversión 1	37956	2,508,335	0	2,508,335.20	760,102
76	PROYECTO DE INVERSIÓN	Inversión 1	40985	84,944,052	0	84,944,052	25,740,622
77	OPTIMIZACIÓN	Inversión 1	35538	24,092,399	0	24,092,399	7,300,727
78	OPTIMIZACIÓN	Inversión 1	18807	28,935,125	0	28,935,125	8,768,220
79	PROYECTO DE INVERSIÓN	Inversión 1	2393568	343,266,760	0	343,266,760	104,020,230
81	OPTIMIZACIÓN	Inversión 1	38883	63,161,582	0.00	63,161,582	19,139,873
TOTAL				8,145,860,303	2,323,437,986	5,822,422,317	1,764,370,399

APÉNDICE B: PROYECTOS DE INVERSIÓN PRIORIZADOS CON INDICACIÓN DE LAS TRES FORMA DE FINANCIAMIENTO ESTABLECIDO EN LAS TRES ACCIONES ESTRATÉGICAS.

No	TIPO DE INVERSIÓN	DESCRIPCIÓN	CÓDIGO	MONTO DE LA BRECHA EXISTENTE		ACCIÓN ESTRATÉGICA 1 POZO 56 Y 88		ACCIÓN ESTRATÉGICA 3 ENDEUDAMIENTO		ACCIÓN ESTRATÉGICA 2 OTROS POZOS	
				S/.	$	S/.	$	S/.	$	S/.	$
1	REPOSICIÓN	Inversión 1	2459	306	92.7	306	92.7	0	0	0	0
2	REPOSICIÓN	Inversión 2	2459	81.6	24.7	81,6	24.7		0	0	0
3	REPOSICIÓN	Inversión 3	2459	96.8	29.3	96.8	29.3		0	0	0
	PROYECTO DE INVERSIÓN	Inversión 4	2235	782.8	237.2	732.6	222		0	50.1	15.2
	PROYECTO DE INVERSIÓN	Inversión 5	2172	388.2	117.6	194.1	58.8	40	12.1	154	46.6
	PROYECTO DE INVERSIÓN	Inversión 6	1084	82.9	25.1		0		0	82.9	25.1
	OPTIMIZACIÓN	Inversión 7	1083	9	2.7		0	9	2.7	0	0
	PROYECTO DE INVERSIÓN	Inversión 8	3796	2	0.6		0	2	0.6	0	0
	PROYECTO DE INVERSIÓN	Inversión 9	3797	2	0.6		0	2	0.6	0	0
	PROYECTO DE INVERSIÓN	Inversión 10	3794	2.4	0.7		0	2.4	0.7	0	0
43	REPOSICIÓN	Inversión 11	2446	5	1.5	5	1.5		0	0	0
44	REPOSICIÓN	Inversión 12	2469	5.9	1.8	5.9	1.8		0	0	0
45	PROYECTO DE INVERSIÓN	Inversión 13	1163	58.5	17.7		0		0	58.5	17.7
46	OPTIMIZACIÓN	Inversión 14	2359	19.6	5.9		0		0	19.6	5.9
47	PROYECTO DE INVERSIÓN	Inversión 15	4098	84.9	25.7	84.9	25.7		0	0	0
48	OPTIMIZACIÓN	Inversión 16	1880	28.9	8.7		0		0	28.9	8.7
TOTAL				**4,078.5**	**1,235.9**	**2,806.5**	**850.4**	**414.3**	**125.5**	**857.6**	**259.8**

APÉNDICE C: CRONOGRAMA DE PAGOS DE PROYECTOS DE INVERSIÓN PRIORIZADOS QUE CORRESPONDE A LA ACCIÓN ESTRATÉGICA 1- RECURSOS DE EXPLOTACIÓN DE LOS POZOS 56 Y 88 DEL GAS DE CAMISEA

No	TIPO DE INVERSIÓN	TIPO	CÓDIGO	ACCIÓN ESTRATÉGICA 1		FASE 1						FASE 2						FASE 3					
				EN SOLES	EN DÓLARES	166.4						287.8						396.2					
						21.4	3.7	29.5	36	37.5	38.2	38,5	40.5	47.2	50.7	53.7	57	60.4	64	67.9	67.9	67.9	67.9
						2021	2022	2023 2024	2025 2026	2027 2028	2029 2030	2031	2032	2033 2034	2035 2036	2037 2038	2039 2040	2041	2042	2043 2044	2045 2046	2047 2048	2049 2050
1	REPOSICIÓN	Inversión 1	9675	306	92.7	8.9		10.1		16.1		12		10		10		25.4					
2	REPOSICIÓN	Inversión 2	9685	81	24.7	3.7		10.5			10.5												
3	REPOSICIÓN	Inversión 3	9686	96.8	29.3	8.8	3.7	8.8	5.6	2.2													
	PROYECTO DE INVERSIÓN	Inversión 4	7727	64.8	19.6				5.8		3.9		9.8										
	PROYECTO DE INVERSIÓN	Inversión 5	1117	574.3	174				10,2		11.5		20.1		25		25		27.1		30		24.9
13	PROYECTO DE INVERSIÓN	Inversión 13	2444	23	6.9				2		4,8												
14	REPOSICIÓN	Inversión 14	2446	5	1.5				1.5														
15	REPOSICIÓN	Inversión 15	2469	5.9	1.8				1.8														
16	PROYECTO DE INVERSIÓN	Inversión 16	4098	84.9	25.7								0.6	2.5		10.2		12.2					
TOTAL				2,806.5	850.4	21.4	3.7	29.5	36	37.5	38.2	38.5	40.5	47.2	50.7	53.7	57	60.4	64	67.9	67.9	67.9	67.9

APÉNDICE D: CRONOGRAMA DE PAGOS DE PROYECTOS DE INVERSIÓN PRIORIZADOS QUE CORRESPONDE A LA ACCIÓN ESTRATÉGICA 2- RECURSOS DE EXPLOTACIÓN DE LOS OTROS POZOS DEL GAS DE CAMISEA

No	TIPO	DESCRIPCIÓN	CÓDIGO	OTROS POZOS		FASE 2		FASE 3					
						63,432,221		196,459,158					
				EN SOLES	EN DÓLARES	**31,437,671**	**31,994,549**	31,809,495	32,894,256	32,448,866	32,773,354	33,101,088	33,432,099
						2039	**2040**	2041	2042	2043-44	2045-46	2047 - 48	2049-50
1	PROYECTO DE INVERSIÓN	Inversión 1	2171117	50,174,654	15,204,441		7,602,220		7,602,220				
2	PROYECTO DE INVERSIÓN	Inversión 2	2235006	50,174,654	15,204,441		7,918,432		7,286,009				
3	PROYECTO DE INVERSIÓN	Inversión 3	2251218	122,139,382	37,011,934	7,402,387		5,721,347	8,000,000	7,000,000	8,888,201		
4	PROYECTO DE INVERSIÓN	Inversión 4	2234996	291,014,901	88,186,334					17,637,267	16,631,251	20,485,717	33,432,099
5	PROYECTO DE INVERSIÓN	Inversión 5	2172848	154,046,712	46,680,822	9,336,164		5,721,347	3,942,437	7,811,599	7,253,903	12,615,371	
6	PROYECTO DE INVERSIÓN	Inversión 6	108427	82,963,188	25,140,360	7,542,108	7,542,108	7,542,108	2,514,036				
7	PROYECTO DE INVERSIÓN	Inversión 7	11635	58,567,643	17,747,771	3,549,554	5,324,331	5,324,331	3,549,554				
8	OPTIMIZACIÓN	Inversión 8	2359317	19,625,292	5,947,058	1,189,412	1,189,412	3,568,235					
9	OPTIMIZACIÓN	Inversión 9	18807	28,935,125	8,768,220	2,418,046	2,418,046	3,932,128					
TOTAL				**857,641,551**	**259,891,379**	**31,437,671**	**31,994,549**	**31,809,495**	**32,894,256**	**32,448,866**	**32,773,355**	**33,101,088**	**33,432,099**

APÉNDICE E: CRONOGRAMA DE PAGOS DE PROYECTOS DE INVERSIÓN PRIORIZADOS QUE CORRESPONDE A LA ACCIÓN ESTRATÉGICA 3- RECURSOS DE ENDEUDAMIENTO

No	TIPO	DESCRIPCIÓN	CÓDIGO	FASES		FASE 1							FASE 2						FASE 3
				No DE ENDEUDAMIENTO			PRIMER ENDEUDAMIENTO						SEGUNDO ENDEUDAMIENTO					
				EN DÓLARES	EN SOLES		GESTIÓN DEL ENDEUD.	CONCERT. DE LA DEUDA	INCORP. PRESUP.	EJECUCIÓN DE FONDOS			GESTIÓN DEL ENDEUD.	CONCERT. DE LA DEUDA	INCORP. PRESUP.	EJECUCIÓN DE FONDOS		
						2021	2022	2023	2024	2025	2026	2027	2028	2029	2030	2031	2032	2033
1	PROYECTO DE INVERSIÓN	Proyecto 1	2195097	17,934,452	59,183,690		X	X	X	19,727,897	19,727,897	19,727,897						
2	OPTIMIZACIÓN	Proyecto 2	108334	2,727,273	9,000,000		X	X	X	3,000,000	3,000,000	3,000,000						
22	PROYECTO DE INVERSIÓN	Proyecto 2	37974	629,110	2,076,063		X	X	X	692,021	692,021	692,021						
23	PROYECTO DE INVERSIÓN	Proyecto 2	37946	756,941	2,497,906		X	X	X	832,635	832,635	832,635						
24	PROYECTO DE INVERSIÓN	Proyecto 2	37921	780,015	2,574,050		X	X	X	858,017	858,017	858,017						
25	PROYECTO DE INVERSIÓN	Proyecto 2	37972	629,110	2,076,063		X	X	X	692,021	692,021	692,021						
26	PROYECTO DE INVERSIÓN	Proyecto 2	223369	7,011,567	23,138,172		X	X	X	7,712,724	7,712,724	7,712,724						
28	OPTIMIZACIÓN	Proyecto 2	108334	2,727,273	9,000,000					3,000,000	3,000,000	3,000,000						
	PROYECTO DE INVERSIÓN	Proyecto 2	40815	68,639,468	226,510,246								X	X	X	75,503,415	75,503,415	75,503,415
	PROYECTO DE INVERSIÓN	Proyecto 2	2172848	12,139,291	40,059,660								X	X	X	13,353,220	13,353,220	13,353,220
MONTO TOTAL				**125,547,912**	**414,308,108**	**0**	**0**	**0**	**0**	**49,246,068**	**49,246,068**	**49,246,068**	**0**	**0**	**0**	**88,856,635**	**88,856,635**	**88,856,635**
						MONTO 1ER ENDEUDAMIENTO				147,738,203			MONTO 1ER ENDEUDAMIENTO			266,569,906		

GUIOVANI GASTAÑAGA ALVAREZ. **Estudió en el Glorioso Colegio Nacional de Ciencias, licenciado de la Escuela Militar de Chorrillos en la carrera profesional de ciencias militares con mención en ingeniería de Material de Guerra y magíster en Desarrollo y Defensa Nacional otorgado por el Centro de Altos Estudios Nacionales. Laboró cerca de 30 años en el campo logístico, en especial en las áreas del sistema de inversión pública, en las áreas de contrataciones nacionales y extranjeras relacionadas a equipamiento destinado para la defensa y en los campos de planeamiento, endeudamiento y presupuesto, en los primeros años como técnico especialista y luego como gestor, asesor y docente dentro del sector Defensa – Ejército.**

El libro el "Plan de Inversiones" se constituye en una guía para realizar y desarrollar el "Planeamiento Estratégico" que permita la implementación de proyectos de inversión, reposiciones, optimizaciones, ampliaciones marginales y rehabilitaciones destinada a la defensa, al apoyo a los desastres naturales, al desarrollo nacional. Es pertinente indicar que los procedimientos que establece este libro pueden ser aplicables a diversos sectores de la gestión pública y otras entidades del Estado, porque su metodología y procedimientos permiten de manera adecuada, partiendo de la concepción de una organización ideal de lo que se aspira en el futuro, disponer, luego del estudio de la Pertinencia y Finalidad de cada Inversión y a través de las Políticas de Estado, Políticas Públicas, los Programas Presupuestales y las Fuentes de Financiamiento, y del dimensionamiento de Ejes de Desarrollo Estratégicos y de Acciones Estratégicas, materializar con alta probabilidad la implementación de diversas inversiones con recursos económicos catalogados como Financiamiento de Núcleo Duro y de Financiamientos Coyunturales .

www.ingramcontent.com/pod-product-compliance
Lightning Source LLC
LaVergne TN
LVHW080551160826
845677LV00010B/1808

* 9 7 8 6 1 2 0 0 5 2 8 0 8 *